图文版

餐饮管理与服务实操应用全案

CANYIN GUANLI YU FUWU
SHICAO YINGYONG QUANAN

周军　主编

中国工人出版社

图书在版编目（CIP）数据

图文版·餐饮管理与服务实操应用全案 / 周军主编. —北京：中国工人出版社，2013.9
ISBN 978-7-5008-5606-1

Ⅰ.①餐… Ⅱ.①周… Ⅲ.①饮食业—商业管理②饮食业—商业服务 Ⅳ.① F719.3
中国版本图书馆 CIP 数据核字（2013）第 225916 号

图文版·餐饮管理与服务实操应用全案

出 版 人	李庆堂
责任编辑	姚远
责任校对	赵贵芬
责任印制	栾征宇
出版发行	中国工人出版社
地　　址	北京市东城区鼓楼外大街 45 号　邮编：100120
网　　址	http://www. wp-china. com
电　　话	（010）62350006（总编室）；（010）62005039（营销出版部） （010）62382916（职工教育分社）
发行热线	（010）62005996（分社发行电话）；（010）82075964（分社传真）
经　　销	各地书店
印　　刷	北京睿特印刷厂
开　　本	787 毫米 × 1092 毫米　1/16
印　　张	20.5
字　　数	328 千字
版　　次	2013 年 10 月第 1 版　2013 年 10 月第 1 版第 1 次印刷
定　　价	42.00 元

PREFACE
本书导读

“民以食为天”。长期以来，餐饮业作为第三产业中的主要行业之一，对刺激消费需求、推动经济增长发挥了重要作用。

但是，近几年来，由于受国内外经济增长放缓、食品安全事件层出不穷等因素的影响，餐饮业在发展的同时，面临着食品原材料成本上升、劳动力成本提升、管理人才匮乏、成本控制难等多方面的问题。同时行业竞争愈演愈烈，许多餐饮店都发生了营业收入增幅放缓、成本高企、利润下滑等现象，有些甚至直接倒闭。

要想解决这些问题，同时在竞争中获胜，以获得更高收入，餐饮店各级管理人员必须通过不断地学习，提高自己的管理和服务水平，以便向客人提供更优质的服务。

基于此，我们在多年探索和研究的基础上，结合餐饮店的特点和实际工作的需要，编写了《图文版·餐饮管理与服务实操应用全案》一书，为餐饮店管理人员的学习与工作提供良好的参考。

本书重点内容如下：

◇第一部分“怎样避免餐饮管理的不规范”，明确指出餐饮店在楼面管理、厨房管理、营销管理等方面可能存在的各种不规范行为，并明确提出实行规范化管理应当注意做好的工作、采取的措施、防范的事项等，如要处理好饭菜中出现异物的情况，应将已经上桌的饭菜立即撤下来，从而保证顾客满意。

◇第二部分“怎样规范餐饮店管理组织架构”，明确列举了餐饮店的组织架构，同时根据该架构，列举了相应的岗位职责，如楼面经理的岗位职责、迎宾员的岗位职责等。

◇第三部分“怎样规范餐饮管理作业流程”，将餐饮管理的各项重点内容以流程的形式清晰地展示出来，方便读者按照流程进行学习并用于实际工作中，如上菜服务流程将上菜分为“选择上菜位置”“确定上菜顺序”“掌握上菜要领”等步骤，当需要上菜时，即可按照这些步骤进行。

◇第四部分“怎样进行餐饮专项事务管理”，将楼面管理、厨房管理、营销管理的核心内容分为专项制度管理、专项表格管理两大板块加以讲述。其中专项制度管理部分列举了餐饮管理的各项规范化制度；专项表格管理部分则列举了餐饮管理工作中最常用的一些表格。

本书板块设置精巧，以简洁精确的语言对餐饮管理进行了非常生动、全面的讲解。读者在将本书内容运用于实际餐饮管理工作中时，要注意按照本书要求采取措施避免各种不规范行为的发生，按规定履行自己的岗位职责，同时按照各种流程开展日常管理工作。当需要用到各种制度和表格时，读者可以根据需要从本书中调取，以便即学即用。

CONTENTS

目 录

第一部分　怎样避免餐饮管理的不规范

餐饮店是为顾客提供各类餐饮食品的场所，餐饮店如果出现不规范现象，很容易影响日常经营，例如菜品中出现异物，不仅会严重影响顾客的就餐心情，而且可能危及顾客的健康。因此，餐饮店应当积极实施规范的餐饮管理，采用各种规范的措施，以确保日常餐饮管理工作的顺利开展。

第一章　楼面管理七项注意

楼面泛指餐饮店内为顾客提供直接就餐服务的场所。要做好对顾客的服务工作，楼面各级人员必须注意做好一些基本工作，如与营销部做好沟通、与厨房做好沟通、及时处理饭菜中出现异物的情况等，确保楼面能够顺利地向顾客提供质量合格的饭菜，并使顾客获得愉悦的就餐体验。

第二章　厨房管理八项预防

厨房是餐饮店制作各类食品的主要场所。厨房各级人员都应当采取各类措施，积极预防各项不规范现象的产生，如预防食材采购问题的产生、预防厨房员工个人卫生问题的产生、预防冰箱问题的产生等，全面保障厨房管理的规范性。

第三章　营销管理九大掌握

营销是指根据市场需要组织生产产品，并通过销售手段把产品提供给需要的客户。要想扩大知名度，提高销售额，餐饮店就必须开展营销工作。餐饮店可以灵活运用各种营销方式来提升营销效果，如广告营销、菜单营销、网络营销等。开展营销工作必须掌握一些基本要点，如室内装饰营销应当注意做好餐饮形象设计、异国情调设计等工作。

第四章　食材采购、验收与储存管理七项要求

餐饮店的正常运营离不开各类食材，食材质量的好坏直接影响着最终菜品的质量。而食材的管理涉及采购、验收以及储存等环节，餐饮店必须加强对每个环节的管理工作，严格按照相关要求进行管理。如采购猪肉时，必须要求其肥肉部分为白色且清新，以保证食材的质量。

第五章　卫生管理八项提高

卫生管理的目标是确保餐饮店干净、整洁，避免出现四处脏污、害虫乱爬等不规范现象。因此，餐饮店必须采取措施从各个方面严格管理餐饮卫生，如提高员工的卫生意识、提高对病虫害的防治水平、提高食物卫生管理水平等。

第六章　安全管理九项防范

安全无小事，餐饮店各级人员都应当重视安全管理，从各个方面采取措施做好防范工作，避免食物中毒、食物过敏、偷盗、火灾等情况的发生，全面保障餐饮店的安全。

第七章　工程管理七项做好

良好的工程管理对维持餐饮店的正常运转起着非常重要的作用，同时也能降低餐饮店因发生工程事故而造成的损失。要确保工程管理质量，餐饮店各级工程人员必须严格做好各方面的工作，如对空调设备进行维修保养，管理好电梯设备、电气设备等。

第二部分　怎样规范餐饮店管理组织架构

餐饮店是由楼面、厨房、营销部等多个部门组成的，各个部门规范的组织架构有利于餐饮店合理安排各部门人员，提高员工工作效率，同时减少人力成本。

第一章　楼面组织架构与岗位职责

楼面主要负责为顾客提供保质保量的菜品和优质的服务，因此，应建立规范的组织架构，明确各级人员所处的位置，并规定其岗位职责。楼面各级人员应当熟知自己的岗位职责，并按照具体职责要求开展工作，不做违背职责之事。

第二章 厨房的组织架构与岗位职责

厨房主要负责生产菜品，要确保厨房的正常运转，餐饮店必须建立规范的组织架构，明确各级人员所处的位置，并规定其岗位职责。厨房各级人员应当熟知自己的岗位职责，并按照具体职责要求开展工作，不做违背职责之事。

第三章　营销部组织架构与岗位职责

营销部是主要负责餐饮店各项营销事务的部门，要确保营销部的正常运转，餐饮店必须建立规范的组织架构，明确各级人员所处的位置，并规定其岗位职责。营销部各级人员应当熟知自己的岗位职责，并按照具体职责要求开展工作，不做违背职责之事。

第四章　采购部组织架构与岗位职责

采购部主要负责餐饮店各项食材、设备、餐具等的采购工作。采购部在餐饮店中具有非常重要的地位，要确保采购部的正常运转，餐饮店必须建立规范的组织架构，明确各级人员所处的位置，并规定其岗位职责。采购部各级人员应当熟知自己的岗位职责，并按照具体职责要求开展工作，不做违背职责之事。

第五章　保安部的组织架构与岗位职责

保安部是负责餐饮店各项保安事务的部门，其工作目标就是要确保餐饮店的安全。餐饮店必须建立规范的保安部组织架构，明确各级人员所处的位置，并规定其岗位职责。保安部各级人员应当熟知自己的岗位职责，并按照具体职责要求开展工作，不做违背职责之事。

第六章　工程部的组织架构与岗位职责

工程部是负责餐饮店日常工程事务、设备管理的部门，餐饮店必须建立规范的工程部组织架构，明确工程部各级人员在部门中所处的位置，并规定其岗位职责。工程部各级人员应当明确了解自己的岗位职责，并按照具体职责要求开展工作，不做违背职责之事。

第三部分 怎样规范餐饮管理作业流程

流程是指工作开展的具体步骤。每项工作只有按照流程进行，才能做到有条不紊，少出差错。餐饮店各级人员都要按照各项流程做好自己的工作，确保为顾客提供一个满意的就餐环境。

第一章 楼面管理流程

楼面是餐饮店最主要也最繁忙的工作场所。楼面管理人员要带领各部门人员按流程做好各项常规服务工作，如餐位预订、迎宾等，并处理好各类异常情况。

第二章 厨房管理流程

厨房管理是餐饮店管理的重要组成部分，厨房是向顾客提供食品的生产部门，厨房生产对餐饮店经营至关重要。厨房管理流程包括日常管理流程和菜品创新管理流程两大部分，厨房员工应当按照流程要求做好各自的工作。

第三章　营销管理流程

营销管理是扩大餐饮店销售收入的重要措施。营销管理涉及广告营销、菜单营销、宴会营销、重大节假日营销以及网络营销等五个方面。营销人员应当按照相关流程做好这五方面的营销管理工作，为餐饮店带来更多客源，增加餐饮店的收入。

第四章 食材采购、验收及储存管理流程

采购是餐饮管理的重要事项，良好的采购能使餐饮店获得质优价廉的食材，并最大限度地节约成本。而只有做好了验收和储存工作，才能确保进入餐饮店的食材质量合格，三项工作都需要按照流程进行，以避免出现混乱现象。

第五章 卫生管理流程

卫生管理是餐饮管理的核心工作。卫生管理主要包括人员与场所卫生管理、厨房卫生管理和垃圾与病虫害处理三个方面，每个方面都包含多项内容，都应当按照相关流程开展工作，只有这样才能确保餐饮店的卫生。

第六章 安全管理流程

安全管理关系着餐饮店和顾客的切身利益，餐饮店一旦发生不安全事件，如食物中毒等，不仅会影响顾客健康，还会给餐饮店造成非常不利的影响。因此，餐饮店各级人员要从食品安全、日常安全和消防安全三个方面，按照相关流程要求做好安全管理工作，全面保障餐饮店和顾客的安全。

第七章　工程管理流程

良好的工程管理是保障餐饮店保持正常运转的前提。工程管理流程主要包括两大部分，即设施设备管理流程和节能降耗管理流程。通过对设施设备的管理，可以维持其正常运转，而通过节能降耗管理，则可以节约能源，进而节约成本，增加收益。

第四部分 怎样进行餐饮专项事务管理

餐饮店专项管理主要由专项制度管理、专项表格管理两大部分构成。其中，专项制度列举了专用的各项餐饮店管理制度，为餐饮店工作的顺利开展提供了良好的制度保障。专项表格则列举了餐饮店工作中最常用的一些表格，便于在工作中使用。

第一章 楼面事务专项管理

楼面可谓是餐饮店的“脸面”，直接给顾客留下对餐饮店的第一印象。楼面人员众多，因此，楼面管理人员必须对楼面的各项事务做好管理工作，确保楼面始终处于正常、平稳的工作状态中。

第二章 厨房事务专项管理

厨房是负责制作菜肴的地方，是餐饮店的“心脏”。因此，餐饮店必须加强对厨房的管理，确保厨房能够顺利供应菜品。厨房的日常管理中，可以实行专项管理，以保证管理的可执行性。厨房事务专项管理主要包括厨房事务专项制度管理、厨房事务专项表格管理。

第三章　营销事务专项管理

营销部门的主要责任是为餐饮店招揽更多顾客，提高餐饮店的收入，同时处理餐饮店各项公关事务。餐饮店营销的日常管理中，可以实行专项管理，以保证管理的可执行性。营销事务专项管理主要包括营销事务专项制度管理、营销事务专项表格管理。

第四章　食材采购、验收及储存专项管理

餐饮店食材采购、验收及储存的日常管理中，可以实行专项管理，以保证管理的可执行性。食材采购、验收及储存事务专项管理主要包括食材采购、验收及储存事务专项制度管理和食材采购、验收及储存事务专

项表格管理。

第五章　卫生事务专项管理

良好的卫生管理对餐饮店的正常运转起着非常重要的作用。在餐饮店的日常卫生管理中，可以实行专项管理，以保证管理的可执行性。卫生事务专项管理主要包括卫生事务专项制度管理、卫生事务专项表格管理。

第六章　安全事务专项管理

对餐饮店来说，安全管理至关重要。没有安全的食物、安全的就餐环境等，顾客就很难会光顾。在餐饮店的安全管理中，可以实行专项管理，以保证管理的可执行性。安全事务专项管理主要包括安全事务专项制度管理、安全事务专项表格管理。

第七章　工程事务专项管理

餐饮店的正常运转离不开良好的工程管理，这需要工程部人员齐心协力做好相关工作，确保餐饮店正常运转。在餐饮店的工程管理中，可以实行专项管理，以保证管理的可执行性。工程事务专项管理主要包括工程事务专项制度管理、工程事务专项表格管理。

第一部分

怎样避免餐饮管理的不规范

餐饮店是为顾客提供各类餐饮食品的场所，餐饮店如果出现不规范现象，很容易影响日常经营，例如菜品中出现异物，不仅会严重影响顾客的就餐心情，而且可能危及顾客的健康。因此，餐饮店应当积极实施规范的餐饮管理，采用各种规范的措施，以确保日常餐饮管理工作的顺利开展。

第一章　楼面管理七项注意

楼面泛指餐饮店内为顾客提供直接就餐服务的场所。要做好对顾客的服务工作，楼面各级人员必须注意做好一些基本工作，如与营销部做好沟通、与厨房做好沟通、及时处理饭菜中出现异物的情况等，确保楼面能够顺利地向顾客提供质量合格的饭菜，并使顾客获得愉悦的就餐体验。

注意01：楼面与营销部进行沟通时应注意做好哪些工作

楼面往往包含多个餐厅、包间等。如果一家餐饮店包含多个楼层，往往会为每个楼层设置一个楼面经理，负责楼面所有餐厅的管理工作。营销部是负责餐饮营销事务的部门，负责接受顾客预订等。楼面必须经常与营销部做好沟通工作，及时从营销部获取各类预订信息，以方便安排好日常工作。楼面与营销部进行沟通时应注意做好以下工作：

- 了解预订情况：营销部负责餐饮店的营销工作，其主要工作在于争取大客户，如宴会客户前来预订，楼面主管要与营销部做好沟通，随时了解这些大客户的预订情况。
- 获悉客情：每天下班前，楼面人员应到营销部了解次日的客情，以便合理安排次日的工作计划。例如，本周末在三楼大厅要举行一场婚宴，这时，楼面主管应了解新郎、新娘对婚宴有无特殊要求，是否需要布置展台，是否需要设计摆台等，只有弄清客情后，才能充分做好接待前的一切准备工作。
- 获取反馈信息：顾客意见对企业的经营具有很重要的意义，而这些意见一般由营销部通过市场调查工作获得，所以，楼面主管要注意及时从营销部获得各项反馈信息，以作为改进的依据。

楼面与营销部进行沟通时应注意做好的工作

注意02：楼面与厨房进行沟通时应注意做好哪些工作

厨房是餐饮店内出产各类菜品的部门，厨房及时供应菜品是楼面正常运转的前提，因此，楼面要注意与厨房做好沟通工作。楼面与厨房进行沟通时应注意做好以下工作：

记住推荐菜：为了满足顾客的需要，餐饮店会要求厨房不断推出新菜品，同时，要每一天或每周推出一道或几道特色菜、风味菜推荐给顾客。楼面的服务人员必须记住这些菜肴的名称、食材、味道、典故和适合的顾客群体，才能将菜品信息及时地传递给顾客，顺利地开展服务工作。

记住沽清菜：由于季节、温度、长途运输等原因，餐厅的一部分菜肴会出现季节性的短缺。如果就餐的顾客点了某种沽清菜，但是服务人员并不知道，往往容易引起顾客的不满。因此，楼面服务人员要经常和厨师们沟通交流，记住沽清菜。

加强联系：顾客到餐厅用餐，由于年龄结构、口味偏好、饮食习惯等各不相同，对待同一种菜品的态度也不相同，这就需要楼面与厨房部密切配合，共同做好服务。

楼面与厨房进行沟通时应注意做好的工作

注意03：处理饭菜中出现异物时应注意事项

在餐饮服务中，有时会发生饭菜中存在异物的情况，如菜肴中出现草根，米饭中有毛发等，这些情况很容易使顾客感到愤怒，以致发生纠纷。楼面服务人员应注意做好此类事项的处理工作。楼面服务人员处理饭菜中出现异物时应注意以下事项：

事项一：饭菜中出现异物时，服务人员应首先向顾客表示歉意，而不要急着辩解。

事项二：不论其价格高低，服务人员都要将顾客已经上桌的饭菜立即撤下来，仔细分辨是什么东西。经过分辨，认定是异物时，要立即为顾客重新做一份新的饭菜，或者征求顾客的意见换一款与之相近的菜肴。同时，再次向顾客表示诚挚的歉意。

事项三	有时还要免收部分餐费，楼面管理人员还要亲自向顾客赔礼道歉，以示重视。要对异物产生的原因进行分析，是菜肴清洗方面的原因，还是不安全操作的原因，或者是厨房卫生方面的原因，以便今后更加注意防范。

楼面服务人员处理饭菜中出现异物时的注意事项

注意04：处理顾客反映饭菜口味不对时应注意哪些事项

楼面服务人员处理顾客反映饭菜口味不对时应注意以下事项：

事项一	如果是由于咸淡味不合适而造成顾客的不满，服务人员应将菜肴从餐台撤下，送回厨房重新制作。淡了可再加些质料进行补救，咸了则重新制作一份，服务人员要向顾客表示歉意。
事项二	如果是由于烹调方法造成顾客的不满，服务人员也应该向顾客表示歉意，然后婉转而礼貌地向顾客介绍一下本餐厅此种菜肴的制作方法，以求得顾客的谅解。
事项三	如果是食材的质量出了问题，服务人员要立即撤下菜肴，向顾客道歉，并请顾客重新订一款与此口味相近的菜肴，立即制作，上桌后请顾客再次品尝。

楼面服务人员处理顾客反映饭菜口味不对时应注意的事项

注意05：处理顾客未付账就离开应注意哪些事项

顾客未付账就离开，容易给餐饮店造成损失，因此楼面服务人员要做好处理工作。楼面服务人员处理顾客未付账离开应注意以下事项：

事项一	服务人员应马上追上前，有礼貌地、小声地把情况说明，请顾客补付餐费。
事项二	如顾客与朋友在一起，应请顾客站到一边，再将情况说明。这样，可照顾顾客的面子而不致使顾客难堪。

事项三	在整个过程中要注意礼貌，如果粗声粗气地质问顾客，有可能使顾客反感而不承认，给工作带来更大的麻烦。

处理顾客未付账就离开应注意的事项

注意06：怎样应对想给自己敬酒的顾客

楼面服务人员在应对想给自己敬酒的顾客时，应注意做好以下工作：

应对一	向顾客说明，餐厅的规章制度要求服务人员一律不准喝顾客的酒、吃顾客的菜。
应对二	顾客若表明敬酒是为了感谢服务人员的周到服务，服务人员可表示感谢，并向其表明，为顾客热情、周到地服务是自己的职责，是分内应该做的事。
应对三	顾客若是出于其他目的来敬酒，比如想与服务人员套近乎、亲近，或是提出其他不合理的要求，服务人员应果断地加以拒绝，措辞要温和，但是态度一定要坚决。
应对四	当顾客仍然纠缠不休时，服务人员可以做一些别的事情来分散顾客的注意力，比如撤餐具、端茶水、拿纸巾等。这样做，既不使顾客难堪，又可以分散他的注意力，也可以借机去为其他的顾客服务，达到推托敬酒的目的。

应对想给自己敬酒的顾客

注意07：处理顾客餐后要求代管物品应注意哪些事项

有些顾客会在餐后要求餐饮店代其照管自己的物品，楼面人员应按照餐饮店的相关规定做好处理工作。楼面服务人员在处理顾客餐后要求代管物品时，应做好以下工作：

事项一	耐心地对顾客解释，说明食品与酒品关系到健康问题。为了防止意外和对顾客负责，餐厅规定一般不宜替顾客保管物品。
事项二	服务人员可以主动替顾客打包，请顾客带走。

事项三	如果顾客要求保存剩下的酒品，餐厅应根据酒的种类和顾客的具体情况酌情处理。
事项四	一般葡萄酒类的酒品，开瓶后保存时间不宜过长，顾客假若要求代管剩下的葡萄酒，服务人员可以为其服务，并提醒顾客记住下次用餐时饮用。为顾客代管的酒品，要挂上顾客的名牌，放在专用的冰箱里。冰箱应有锁，由专人负责保管。
事项五	如果顾客要求保存的是白酒，则放在酒柜里即可，也要上锁，并由专人负责。

处理顾客餐后要求代管物品应注意的事项

第二章　厨房管理八项预防

厨房是餐饮店制作各类食品的主要场所。厨房各级人员都应当采取各类措施，积极预防各项不规范现象的产生，如预防食材采购问题的产生、预防厨房员工个人卫生问题的产生、预防冰箱问题的产生等，全面保障厨房管理的规范性。

预防01：怎样预防菜品中出现异物

预防菜品中出现异物的具体措施如下图所示。

严格作业时的操作规程和卫生质量标准：食材粗加工的过程，一定要将杂物剔出干净，尤其是蔬菜类的择洗加工。切割好的食材放置在专用料盒中，并加盖防护盖，避免落入异物。切割食材时，对抹布的使用要特别注意，避免线段等混入菜料中。

加强对厨房、餐厅废弃物的管理：所有的废弃物必须使用专用设备存放，并且要加盖防护。派专人按时对垃圾箱的废弃物进行清理。餐厅内设有专门的隐藏式废弃物桶，严禁服务人员将废纸巾、一次性用品等乱扔乱倒，尤其要禁止将餐厅内的废弃物与餐饮具混放在一起。

加强对菜品卫生质量的监督与检查：从粗加工、切配、烹制到上菜等环节的岗位，员工必须对食材或菜品成品认真检查，杜绝一切可能混入菜品中的杂物。下一道工序或环节对上一道工序或环节的卫生质量进行监督，发现卫生质量问题，立即退回重新加工处理。

预防菜品中出现异物的措施

预防02：怎样预防食材采购问题产生

食材采购是指采购人员按照合理的市场价格将餐饮店需要的食材，如肉、禽、蔬菜等采购回餐饮店，用于日常菜品的生产。食材采购往往容易产生问题，如食材质量未达到餐饮店标准、采购数量不符等。

这些问题都会对食材采购的正常开展造成不利影响，因此，餐饮店必须采取相应措施预防这些问题的产生。

预防食材采购问题产生的具体措施如下图所示。

措施一	推行采购负责制，每个采购人员必须对自己所采购的食材负责。
措施二	采购人员应加强对所采购食材的检查，确保食材处于良好的卫生状态，没有腐败、污染和其他感染，食品的来源必须符合有关卫生标准和要求。
措施三	无生产厂址、无生产厂名、无生产日期的食品应禁止采购。
措施四	国家明令禁止的动物、植物必须严格按卫生部门的要求禁购。
措施五	采购的活禽必须按相关规定宰杀加工。
措施六	重视食品安全法，以工业色素为食品染色，以福尔马林浸泡变质食品，以超标准的添加剂防腐剂保鲜食品，禁止采购。

预防食材采购问题产生的措施

预防03：怎样预防厨房员工个人卫生问题产生

厨房员工个人卫生状况事关菜品质量，一旦厨房员工出现个人卫生问题，如衣服脏污、手不洁净等，很容易对最终出产的菜品卫生状况造成影响。因此，厨房应采取措施，预防员工卫生问题的产生。预防厨房员工个人卫生问题产生的具体措施如下图所示。

措施一	不准在工作时间及工作场所中吸烟、吃零食、饮酒、嚼口香糖等。
措施二	不准随意在灶台、切配台等菜品加工的设备上坐卧。
措施三	试尝菜肴口味时，应用小汤匙取汤置于专用的尝味碟中，尝后将余汁倒掉，不可直接用手勺尝汤。

措施四	用手拿放干净的餐具、烹饪用具时，不可用手与其内缘直接接触。
措施五	手持烹饪用具、餐具时，只可接触其柄、底部、边缘，以免污染手部和餐具其他部位。
措施六	用于加工、准备菜品的用具，不可与工作人员身体的任何部位接触。
措施七	一般情况下，工作人员的手不宜直接接触菜品等食品，装盘时应使用食夹等工具。
措施八	传递菜品时，手指不要直接接触菜品。
措施九	熟菜品掉落地上，则应完全丢弃，不可食用。
措施十	不可使用破裂的餐具、器皿盛装菜品。

预防厨房员工个人卫生问题产生的措施

预防04：怎样预防冰箱卫生问题产生

冰箱是厨房中用来储存各类食物的重要设备。冰箱的卫生问题包括内部长期未清理导致有异味、冰箱内有病虫害等。厨房应当采取措施，预防冰箱内卫生问题的产生。预防冰箱卫生问题产生的具体措施如下图所示。

措施一	应按照内部储藏位置对冰箱进行绘图，标示食物的位置及购入时间，不得过量存放。
措施二	应尽量少开，每开一次应将所需物品一起取出，以减少冰箱耗电、故障率及病虫害等物体进入的机会。
措施三	至少每周彻底清理一次。
措施四	各类食物应用塑胶袋包装或加盖冷藏，以防止水分蒸发，并污染冰箱。

措施五	冰箱非存物箱。食物要待冷凉且加盖后，才放进冰箱，且要留有空间，使冷气流通。
措施六	放入及取出饮料时，避免倾倒在冰箱内，以免冰箱产生异味和卫生问题。
措施七	冰箱内最好置入冰箱脱臭剂，以消除冰箱内特殊食品的气味，净化冰箱内的空气。

预防冰箱卫生问题产生的措施

预防05：怎样预防厨房工作人员割伤

割伤往往是由于不规范的操作导致，预防厨房工作人员割伤的具体措施如下图所示。

使用刀具方面

（1）厨房员工用刀具操作时应集中注意力，按正确的方法使用刀具，并随时保持砧墩的干净和不滑腻。

（2）操作时不得持刀具指手画脚，携刀具时不得刀口向人。

（3）放置时不得将刀具放在工作台边上，以免砸在脚上。一旦发现刀具掉下不要随手去接。

（4）禁止拿着刀具进行打闹。

（5）清洗时要求分别清洗，严禁将刀具浸在放满水的池中。

（6）刀具要妥善保管，不能随意放置。

使用设备方面

（1）要求厨房员工懂得设备的操作方法才可使用。

（2）使用时要小心，如使用绞肉机，必须使用专用的填料器推压食品。

（3）在清洗设备时，要求先切断电源再清洗。

（4）清洁锐利部位要谨慎，擦时要将揩布折叠到一定的厚度，从刀口中间部位向外擦。

预防厨房工作割伤的措施

预防06：怎样预防厨房工作人员跌伤

预防厨房工作人员跌伤的具体措施如下图所示。

- 措施一：加强地面清洁工作，使地面始终保持干燥，油、汤、水撒地后要立即擦掉，尤其是炉灶作业区。
- 措施二：厨房员工的工作鞋要具有防滑性能，不得穿薄底鞋、已磨损鞋、高跟鞋以及拖鞋、凉鞋。脚趾不得外露，鞋带要系紧。
- 措施三：厨房员工行走的路线要明确，避免碰撞。
- 措施四：禁止在厨房里跑跳。
- 措施五：厨房内的地面不得有障碍物。发现地面铺面砖块松动，要立即修理。
- 措施六：在厨房内高处取物时，要使用结实的梯子，并小心使用，注意安全。

预防厨房工作人员跌伤的措施

预防07：怎样预防厨房工作人员烫伤

预防厨房工作人员烫伤的具体措施如下图所示。

- 措施一：厨房员工使用油锅或油炸炉时，要严禁水分溅入，以免引起爆溅灼伤人体。
- 措施二：厨房员工使用蒸锅或蒸汽箱时，首先要关闭阀门，再背向揭开蒸盖。
- 措施三：厨房员工使用烤箱或烤炉时，严禁直接接触设备。
- 措施四：煮锅中搅拌食物要用长柄勺，防止卤汁溅出烫伤。
- 措施五：容器中盛装热油或热汤时要适量，端起时要用垫布，并提醒别人注意，不要碰撞。
- 措施六：清洗设备时要冷却后再进行，取放在热源附近的金属用具时应用垫布。

措施七 → 严禁在炉灶间、热源处嬉闹。

预防厨房工作人员烫伤的措施

预防08：怎样预防厨房工作间发生火灾

火灾会对厨房造成严重损害，不仅会损伤餐饮店的各类物资、设备，甚至会危及员工的人身安全，因此，厨房必须采取措施，预防火灾的发生。预防厨房工作间发生火灾的具体措施如下图所示。

正确使用油锅

（1）油锅在加温时，厨房员工不可离开，以免高温起燃。

（2）操作中要防止油外溢，以免流入供热设备引起火灾。

（3）要经常清洁设备，以防积在设备上的油着火。

（4）要防止排烟罩油垢起火，串入排风道。

正确使用煤气设备

（1）要求使用煤气设备的员工一定要知道煤气的危险性。

（2）发现煤气灶有漏气现象时，要立即检查，等绝对安全后再使用。

（3）煤气火突然熄灭，要立即关闭阀门，以防煤气外泄，导致在第二次点火时引起爆炸起火。

（4）工作结束后，一定要关闭阀门。对煤气设备的使用一定要严格遵循操作规则。

（5）对电器、烟蒂也不能忽略，要定期检查，从而消灭火灾隐患。

正确使用灭火器

厨房必须备有足够的灭火设备，培训每个厨房员工，使其知道灭火器的位置和使用方法。

预防厨房工作间发生火灾的措施

第三章　营销管理九大掌握

营销是指根据市场需要组织生产产品，并通过销售手段把产品提供给需要的客户。要想扩大知名度，提高销售额，餐饮店就必须开展营销工作。餐饮店可以灵活运用各种营销方式来提升营销效果，如广告营销、菜单营销、网络营销等。开展营销工作必须掌握一些基本要点，如室内装饰营销应当注意做好餐饮形象设计、异国情调设计等工作。

掌握01：室内装饰营销应掌握哪些要点

室内装饰营销是指餐饮店通过对室内进行各式各样的装饰，吸引顾客前来就餐的营销方式。对整个餐饮店来说，室内装饰是一个有力的营销手段。室内装饰营销应掌握以下要点：

餐饮形象设计：要设计好餐饮店的店徽，印刷在自己的菜单、广告和其他宣传品上，用来宣传自己的形象。

异国情调的设计：餐饮店选用某一国的特色来设计布置，收集该国的民俗工艺品在店内展示、装饰，用该国的国旗、国花和民歌渲染气氛，其家具、设备也要有一定的该国特色，营销该国的菜肴或酒水。在办该国食物节时也可用此法。

“动物园”餐饮店：有很多供给野味的餐饮店和以吸引儿童为主的餐饮店常布置成动物园的样子，顾客一进餐饮店就听到动物的啼声：鸟、狗、田鸡等，还用鹦鹉招呼顾客“欢迎、请进”，或用英文招呼顾客。餐饮店内张贴各种宠物的照片，如各类狗、猫、昆虫的图片等，附有简介和宠物比赛的新闻，来吸引顾客。

“运动”餐饮店：有些餐饮店在一侧设微型室内高尔夫训练场，依照顾客打入洞次数，餐饮店可打折扣。也有的餐饮店备有乒乓球、背肌力测定器、飞镖、扩胸器等，来吸引喜欢运动的顾客。

"未来世界"情调的餐饮店：以新型太空材料装潢，让人有置身时光隧道般的气氛。将未来世界的知识性、超现代感作为吸引顾客的营销手段。

"明星"餐饮店：在餐饮店内张贴各种明星的照片，陈列明星们用过的东西（衣饰、拍片用的道具等）、放些资料片或歌曲，并附有简介，以吸引顾客，尤其是追星族。

一厅多风格：把餐饮店分隔成一个个小间，每一小间选用不同的装饰风格，体现不同的主题。例如，有些餐饮店每晚都变换一个主题。礼拜一是"巴黎之夜"，配上法国菜单和法国装饰，女招待也穿法式服装。礼拜二又变成"威尼斯之夜"，场景也随之改更。不光改变菜单，整个视觉环境也随之改变。这些做法已被证实是成功的。

室内装饰营销应掌握的要点

掌握02：员工营销应掌握哪些要点

餐饮店可以发动各级员工进行营销，也就是员工营销。餐饮店的每一个员工，如餐饮店经理、厨师、服务人员等都是很好的营销员，如餐饮店的总经理、营销部经理可以站在门口迎接顾客，使顾客感到受尊重，这也是一种很好的营销方式。员工营销应掌握的要点具体如下：

餐饮店经理：餐饮店的总经理、营销部经理应站在餐饮店的门口，问候每一位顾客，必要时同他们握手，这样会让顾客感到自己被正视、被尊重了，就更愿意来就餐，并有利于刺激消费。

厨师：利用厨师的名气来进行宣传营销，也会吸引来一批顾客。对重要顾客，厨师可以亲手端送自己的特色菜肴，并对原料及烹制过程做简短介绍。

服务人员：服务人员除了提供优质服务外，还得诱导顾客进行消费。其中，服务人员对顾客口头建议式营销是最有效的。但是有些口头建议不起作用，如"你不想要瓶酒来佐餐吗"，而另一些则具有良好的效果，如"我们自制的索特恩白葡萄酒味道很好，恰好配你们订的鲽鱼片"。餐饮店要培训所有服务人员（尤其是点菜员）把握语言的技巧，用建议式的语言来营销自己的产品和服务。

开展员工营销应掌握的要点

掌握03：额外服务营销应掌握哪些要点

额外服务是指在正常服务范围之外的服务形式，如知识性服务、附加服务、标语服务等，这些额外服务能够有效提升餐饮店的知名度，吸引更多顾客来店消费。额外服务也是一种很好的营销方式，开展额外服务营销应掌握以下要点，具体如下图所示。

要点一：知识性服务。在餐饮店里备有报纸、杂志、书籍等以便顾客阅读，或者播放外语新闻、英文会话等等节目。或者将餐饮店布置成有藏书楼意义的餐饮店。

要点二：附加服务。如在午茶服务时，赠予一份蛋糕或者给女士送一支鲜花等等。

要点三：表演服务。用乐队伴奏、钢琴吹奏、歌手驻唱、现场电视、卡拉OK、时装表演等形式起到营销的作用。

要点四：情调服务。白天是正统的餐饮店，晚间则改为俱乐部、酒廊、KTV等，具有充分利用场地的长处。

开展额外服务营销应掌握的要点

掌握04：广告营销应掌握哪些要点

广告营销是指餐饮店通过广告对产品展开宣传推广，促成顾客入店消费，提高自身的知名度、美誉度和影响力的活动。餐饮店开展广告营销应掌握的具体要点如下图所示。

借约广告：借约是指以服务抵偿债务，即餐饮店以食物饮料的服务来抵偿餐饮店为登广告而购买的版面和时间。一般说来，餐饮店在缺少广告经费时，才会考虑采用借约广告。而且，必须把这种抵偿的时间限制在餐饮店生意平淡的日子，否则借约就不值得了。

免费广告：免费广告一般是由信用卡公司提供的。当餐饮店是信用卡公司的客户时，该公司会及时地为其客户购买广告版面，另外公司还在发给个体信用卡持有者的信函上登广告，这些广告都是免费的。如你拥有某信用卡公司的信用卡，则应及时与他们取得联系，看他们是否愿意给你登广告。

路旁广告牌	路旁广告牌能将广告的内容传递给成千上万个驾车驶过的人。假如这些广告牌位于市中央的道路两侧，看到这些广告牌的，除了车主和乘客以外，还有众多的过往行人。此外，很多高速公路上的广告牌也能使很多旅行者对其内容留下或深或浅的印象。
餐饮店门口的告示牌	招贴诸如菜肴特选、特别套餐、节日菜单和增加新的服务项目等的告示牌。其制作同样要和餐饮店的形象一致，经专业员工之手。另外，用词要考虑对顾客的感染力。“本店下战书十点打烊，明天上午八点再见”，比“营业结束”的牌子来得更亲切。
标志牌	标志牌都应具体地说明餐饮店的名称和地址，告诉顾客餐饮店待售的服务，有助于说服潜在的顾客到餐饮店来。假日旅馆建筑物上面的标牌起着多方面的作用。它不仅指明了假日旅馆就在此处，并且，标牌上的可以变动的字母还能及时地告诉人们饭店的服务项目。
电梯内的餐饮广告	电梯的三面厢壁通常被用来做餐饮店、酒吧和娱乐场所的广告，这对顾客是一个很好的营销方法。陌生人一道站在电梯内是较尴尬的，附近的文字对其则更为有吸引力，也能更好地取得效果。
帐篷式台卡	用于营销某种鸡尾酒、酒水、甜品等等，印刷比较精美，也应印上店徽、地址、电话号码等资料。

开展广告营销应掌握的要点

掌握05：内部宣传品营销应掌握哪些要点

内部宣传品营销是指使用各种宣传品、印刷品和小礼品进行营销。餐饮店开展内部宣传品营销应掌握的要点具体如下：

按期流动节目单	餐饮店将本周、本月的各种餐饮流动、文娱流动印刷后放在餐饮店门口或电梯口、总台发送和传递信息。
火柴	餐饮店每张桌上都可放上印有餐饮店名称、地址、标记、电话等信息的火柴，送给顾客带出去做宣传。火柴可定制成不同规格、外形、档次，以供不同餐饮店使用。

小礼品

餐饮店可以经常在一些特别的节日和流动时间，甚至在日常经营中送一些小礼品给用餐的顾客，这些小礼品要精心设计，根据不同的对象分别赠予，其效果会更为理想。常见的小礼品有：生肖卡、特制EL布、印有餐饮店广告和菜单的折扇、小盒茶叶等等。

开展内部宣传品营销应掌握的要点

掌握06：价格营销应掌握哪些要点

价格营销是指以价格为手段，通过价格的变动来促成更多顾客入店消费的营销方式。餐饮店开展价格营销应掌握的具体要点如下图所示。

奇数定价法

针对顾客的不同心理进行产品的定价，并以此进行促销，同样会引导、刺激顾客消费。心理定价最常用的是奇数定价法。有人对美国242家餐饮店作过一次调查，结果发现，58%的餐饮店的菜单价格以阿拉伯数字9结尾，35%的价格以5结尾，6%的价格以0结尾。餐饮店价格的末位数上通常不泛起1、2、3、4、6、7这几个数字。在经济等级餐饮店，菜肴价格的尾数常是9，而在一些档次较高的餐饮店，数字5常在价格的尾数上出现。

折扣优惠

折扣优惠一般是要鼓励顾客反复光顾和在营业的淡季时间里购买、消费。因此在消费达到一定的数额或次数后，将给予一定的折扣优惠。另外，餐饮店还可在淡季和非营业高峰时间推广“快乐时光”，实行半价优惠和买一送一等营销方法。

开展价格营销应掌握的要点

掌握07：菜单营销应掌握哪些要点

菜单是向顾客介绍餐饮经营产品的目录单，同时又是指挥、安排和组织餐饮生产与服务的计划任务书，是餐饮生产和服务运转的第一环节。菜单营销是指针对不同类型的顾客制作不同类型的菜单，吸引其入店消费。餐饮店开展菜单营销应掌握以下要点：

特选菜单

特别营销一些时令菜、每周特选和新出品种等，可以丰富固定菜单，也使常客有新的感觉。

儿童菜单	增加对儿童的营销，供给符合儿童口味的营养菜肴。
情侣菜单	供给双份套餐，菜名较浪漫，菜肴也比较符合年轻人的口味。
中年人菜单	根据中年人体力消耗大的特点，提供满足他们需求的热量的食物，并吸引讲究美容的顾客。这种菜单往往被顾客带走的较多，应印上餐饮店的地址、订座电话号码等等，以便营销。另外，房内用餐菜单和宴会菜单等都具有同样的营销作用。

开展菜单营销应掌握的要点

掌握08：对儿童进行营销应掌握哪些要点

儿童是很多家庭出外就餐的决议计划者。因此，餐饮店应针对儿童进行营销，针对他们的营销应掌握以下要点：

要点一	提供儿童菜单和儿童份额的餐饮品，多给儿童一些特别关照。
要点二	提供为儿童服务的具体措施。例如儿童座椅、儿童餐具、围兜，一视同仁地接待小顾客。
要点三	赠予儿童小礼物，尤其选送他们喜欢的与餐饮店宣传密切联系的礼品。
要点四	娱乐活动。儿童对新颖好玩的东西较感爱好，餐饮店常在一角设有儿童游戏场，放置一些木马、积木之类的玩具，还有的专门为儿童开设专场木偶戏表演、魔术和小丑表演，或放映卡通片、讲故事等。尤其在周末、假期、儿童节日，这是吸引全家用餐的好方法。
要点五	儿童生日营销。餐饮店可以印制生日菜单。进行宣传，给予一定的优惠。
要点六	抽奖与赠品。常见的做法是发给每位儿童一张动物画，让儿童用蜡笔涂上颜色，进行比赛，给获奖者颁布奖品，增加了儿童的不少乐趣。

要点七	赞助儿童事业，树立餐饮店形象。餐饮店可以给孤儿院等儿童慈善机构进行募捐，设立奖励学金，赞助儿童体育比赛，绘画、音乐比赛等，可以吸引新闻焦点，树立企业在公众中的形象。

开展儿童营销应掌握的要点

掌握09：微信营销应掌握哪些要点

微信营销是网络经济时代企业对营销模式的创新，是伴随着微信的火热而产生的一种网络营销方式，微信不存在距离的限制，餐饮店注册微信后，可与周围同样注册的“朋友”形成一种联系，餐饮店订阅自己所需的信息，餐饮店通过提供顾客需要的信息，推广自己的产品的点对点的营销方式。餐饮店开展微信营销应掌握以下要点：

要点一	首先要在微信上注册一个账号，账号可以以餐饮店的名称称呼。
要点二	积极查找餐饮店周围的“朋友”，并与之互相关注，向其推送餐饮店的各类促销打折信息，促使其来店消费。
要点三	要经常与这些关注的“朋友”互动，与他们建立良好的关系，促使其更多地来店消费。

开展微信营销应掌握的要点

第四章 食材采购、验收与储存管理七项要求

餐饮店的正常运营离不开各类食材，食材质量的好坏直接影响着最终菜品的质量。而食材的管理涉及采购、验收以及储存等环节，餐饮店必须加强对每个环节的管理工作，严格按照相关要求进行管理。如采购猪肉时，必须要求其肥肉部分为白色且清新，以保证食材的质量。

要求01：肉类采购应达到哪些质量要求

肉类是非常重要的食材。肉类主要包括猪肉、牛肉、家禽等。肉类采购应达到以下质量要求：

家畜肉类（牛、猪肉）

（1）猪肉其瘦肉部分为粉红色，肥肉部分为白色且清新，指压有弹性，表面无出水现象。

（2）牛肉则瘦肉部位为桃红色，肥肉呈白色，牛筋为浅黄色。

（3）病畜肉上常有不良颗粒，瘦肉颜色苍白；死畜肉呈暗黑色或放血不清有淤血现象。

家禽类

（1）活的家禽类，头冠鲜红挺立，羽毛光洁明亮，眼睛灵活有神。

（2）杀好的家禽类，以外皮完整光滑、整体肥圆丰满者为佳。

内脏

（1）肝应选灰红色、筋少、有弹性、无斑点。

（2）猪肚应选肥厚、色白、表面光亮、无积水。

肉类采购应达到的质量要求

要求02：水产类采购应达到哪些要求

水产类主要包括鱼类、虾类、蟹类等。水产类采购应达到以下质量要求：

鱼类

（1）鳞片整齐而完整。
（2）眼睛明亮而呈水晶状。
（3）鱼鳃鲜红，鱼肚坚挺而不下陷，鱼身结实而富弹性。
（4）只有正常的鱼腥味而无腐臭味。

虾类

（1）虾身硬挺、光滑、明亮而饱满。
（2）虾身完整，头壳不易脱落。
（3）具自然的虾腥味而无腐臭味。

蟹类

（1）蟹身丰满肥圆。
（2）蟹眼明亮、肢腿坚挺、胸背甲壳结实而坚硬。
（3）腹白而背壳内有蟹黄。

蛤蚌螺类

（1）外壳滑亮洁净。
（2）外壳互敲时，声音清脆，无腐臭味。

水产类采购应达到的质量要求

要求03：调味品采购应达到哪些要求

调味品采购应达到以下质量要求：

食用油类	（1）固体猪油以白色、无杂质且具有浓厚香味者为上品。 （2）液体油则以清澈、无杂质及异味者为佳。
酱油类	有品牌、经卫生检验有明显标示、具有豆香味、无杂质及发霉味。
食盐	色泽光洁、无杂质、干松。
味精	色泽光洁、无杂质、干松。
食醋	种类繁多，有清纯如水者，也有略带微黄者，光洁、清澈、无杂质。
酒类	调料用酒大多以黄酒、高粱酒、米酒居多，宜选用清澈、无杂质者。

糖类	干松而无杂质。

调味品采购应达到的质量要求

要求04：食材验收的基本要求有哪些

各类食材采购到店后，餐饮店验收人员要做好验收工作，只有验收合格才能入库储存，否则应退货。食材验收应注意以下基本要求：

包装	包装的完整性，例如有无破损、挤压或遭开封过。
气味	正常新鲜的食品都会有其特定的气味，验收时可从气味上判定其品质有无异变。
色泽	色泽也是判定物品品质的一个方式，验收人员可多吸收这方面的专业知识。
温度	食品类物料对温度差异的敏感度与要求很高，正确良好的低温配送与贮存，对食品运送过程中的品质维持非常重要。
外观	通过外表确认其品质。
口感	某些特定的可食性物料，用其他方式无法确知其品质时，试吃可能是最有效的方式。
制造标示	产品必须是出自于较具规模与品牌形象的供应商，才具有参考价值。
有效期限	有效期限的确认，必须和订货数量的预估使用期限相配合。

食材验收的基本要求

要求05：验收工作对场所和设备有哪些要求

开展验收工作应按相关要求准备好验收场所和验收设备。验收工作对场所和设备的具体要求如下图所示。

验收场所要求

验收的位置和场所的大小直接影响货物交接验收的效率和工作量。理想的验收位置应当位于货物入口与储藏室之间，和厨房、酒楼在同一个区域，这样便于控制运到的食品；同时减少搬运距离和次数，使工作失误减少到最低限度。此外，验收常涉及许多发票、账单等，所以要有验收室，并配备一定的办公用具来处理这些事务。

设备要求

验收人员为了有效地工作，应当有合适的设备，这里最要紧的是称重量必需的量器，即磅秤。磅秤的称量范围要能满足验收所需，因此要大小合适，两面可读；磅秤应精准，要放置在利于使用的位置，保证始终称量准确，始终处于工作状态。除了磅秤，还需其他一些设备，如开启箱、罐用的小刀等，搬运用的推车，盛装用的网篮和筐箱等。

验收工作对场所和设备的要求

要求06：蔬菜类食材的储存要求有哪些

蔬菜类食材采购入店后，应做好储存工作。蔬菜类食材的储存的具体要求如下图所示。

要求一 → 除去败叶尘土及污物，保持干净，用纸袋或多孔的塑胶袋套好，放在冰箱下层或阴凉处，趁新鲜食用，储存愈久，营养损失愈多。

要求二 → 冷冻蔬菜可按包装上的说明使用，不用时保存在冰冻库，已解冻的不再冷冻。

要求三 → 在冷藏室下层柜中整棵未清洗过的，可放5～7天，清洗过沥干后，可放3～5天。

蔬菜类食材的储存要求

要求07：豆类、奶类、蛋类储存要求有哪些

豆类、奶类、蛋类储存要求具体如下：

豆类

（1）干豆类略为清理保存，青豆类应漂洗后沥干，放在清洁干燥容器内。

（2）豆腐、豆干类用冷开水清洗后沥干，放入冰箱下层冷藏。

乳品

（1）未开瓶的鲜奶若不立即饮用，应放在5℃以下冰箱贮藏。

（2）未用完的罐装奶，应倒入有盖的玻璃杯内，再放入冰箱，并尽快饮用。

（3）乳粉以干净的勺子取用，用后紧密盖好。

（4）奶油可冷藏1～2周，冷冻2个月。

蛋

（1）擦拭外壳污物，钝端向上置于冰箱蛋架上。

（2）新鲜鸡蛋可冷藏4～5周，煮过的蛋1周，不可放入冷冻室。

豆类、奶类、蛋类储存要求

第五章　卫生管理八项提高

卫生管理的目标是确保餐饮店干净、整洁，避免出现四处脏污、害虫乱爬等不规范现象。因此，餐饮店必须采取措施从各个方面严格管理餐饮卫生，如提高员工的卫生意识、提高对病虫害的防治水平、提高食物卫生管理水平等。

提高01：怎样提高员工的卫生意识

员工卫生意识是指员工对卫生的个人观念。餐饮店应当积极采取措施，提高员工的卫生意识。提高员工的卫生意识具体措施如下图所示。

措施一 → 加强卫生意识宣导，向员工反复强调卫生对食品安全工作的重要性。

措施二 → 加强培训，通过培训不断强化员工的卫生意识，使其意识到卫生工作的重要性。

措施三 → 加强考察，管理人员要随时对员工进行考察，观察其卫生意识状况，对卫生意识不佳的员工要安排更多培训，促其改进。

提高员工的卫生意识的措施

提高02：怎样提高餐饮店的清洁工作效率

要使店内变得整洁与干净，餐饮店必须加强对清洁工作的管理，提高清洁工作效率。提高餐饮店清洁工作效率的具体措施如下图所示。

措施一 → 聘请专职清洁人员，安排好清洁时间，提出清洁要求，督促其做好清洁工作。

措施二 → 为餐饮店各区域划定责任人员，在规定的时间内由其进行清洁工作，并安排专门人员监督清洁工作的效率。

措施三 → 购置先进的清洁设备，对损坏的清洁设备及时进行维修。

提高餐饮店的清洁工作效率的措施

提高03：怎样提高卫生用具的管理水平

卫生用具是指用于卫生清洁工作的工具，如拖把、抹布等。卫生用具也是餐饮店的资产，因此要做好管理工作，防止乱扔乱放。餐饮店要提高卫生用具的管理水平，可采取的措施如下图所示。

措施一 → 厨房所使用的各种卫生用具必须由专人负责管理。

措施二 → 拖把要分区间管理，抹布要分部门、用途管理，分色存放使用。

措施三 → 每次用完后一定要清洗干净，消毒后晾干。

措施四 → 卫生用具应设置专门位置存放。

提高卫生用具的管理水平的措施

提高04：怎样提高卫生检查水平

提高卫生检查水平的具体措施如下图所示。

措施一 → 编制专门的卫生检查表，详细列明所有需检查的项目，并按项目进行检查。

措施二 → 增加检查频次，如由原来每天检查两次改为每天检查三次。

措施三 → 扩大检查人员范围，检查人员不应只由管理人员参与，而要把各级员工，如楼面服务人员也包含进来，使他们一同参与检查，以更好地发现卫生问题。

提高卫生检查水平的措施

提高05：怎样提高对病虫害的防治水平

病虫害是病害和虫害的并称，餐饮店要提高对病虫害的防治水平，避免病虫害的产生。提高对病虫害的防治水平的具体措施如下图所示。

- 措施一 → 加强日常卫生管理，始终保持餐饮店各区域的清洁卫生，彻底杜绝病虫害出现的土壤。
- 措施二 → 加强日常卫生检查，不断发现病虫害的栖息场所，并予以彻底铲除。
- 措施三 → 定期开展消杀工作，不断消除病虫害的影响。

提高对病虫害的防治水平的措施

提高06：怎样提高食物卫生管理水平

餐饮店可以采取以下措施来提高食物卫生管理水平：

- 要求一 → 食物应彻底清洗，调理、贮存场所及容器均应保持清洁。
- 要求二 → 食物要尽快处理，然后烹饪供食。做好的食物也应尽快食用。加热与冷藏时应注意，细菌在超过60℃以上才能被杀灭，10℃以下能使细菌生长速度减慢，-18℃以下细菌则根本不能繁殖。
- 要求三 → 食材尽可能选用新鲜的，因为不新鲜的食材含细菌较多，处理以后也可能有细菌残留，而且细菌很容易繁殖。菜单中鱼肉炼制品、煎蛋沙拉、香肠等较易成为中毒原因食物，所以夏季最好不用。
- 要求四 → 食物如果受到老鼠粪、苍蝇、蟑螂等污染，也会引起中毒，因此，食物应保存在柜橱及有盖容器内，以免受到污染；包装容器在贮藏中易受到尘埃、昆虫、老鼠等污染，因此必须注意保存。使用时最好预先以含有效氯50ppm（英文parts per million的缩写，表示一百万份单位质量的溶液中所含溶质的质量）以上的水消毒后再用。此外，外包装不要太厚，以免因散热不良而导致细菌大量繁殖。

要求五

保存时应注意不受外界细菌污染及繁殖，并保存于10℃以下的冷藏库。如果通风良好时，也可以防止细菌繁殖及腐败；因此盒饭不要太早装入。热盒饭叠放，或直接晒太阳，或放在温热的地方，都会有不良的影响，应该尽量避免。

提高食物卫生管理水平的措施

提高07：怎样提高烹饪过程中的卫生管理水平

提高烹饪过程中的卫生管理水平的具体措施如下图所示。

生、熟食品一定要分开存放

（1）无论是菜品的加工烹制，还是菜品食材及菜品成品的存放，餐厅都应严格执行生熟食品隔离的原则，以防止食品的交叉污染，避免熟的菜品食品被生的食品食材进行再次污染。

（2）可以考虑在托盘的把手处，标示不同的颜色加以区分和警示，比如在托盘的把手处插上颜色记号，红色代表生料，蓝色代表半熟品，绿色代表熟品。

保持良好的环境卫生

（1）做好菜品加工制作场地和用具的清洁消毒工作，保持室内空气新鲜，严防尘土飞扬。

（2）熟品存放时应加罩或盖，以防微生物污染。

（3）凡接触过或盛放过熟食制品的用具和盛器，要做到每使用一次消毒一次。

严格盛装时的卫生要求

（1）菜品食品装盘之前，盛器必须经过严格的洗净消毒处理。

（2）装盘时手指要保持清洁，并且不要与菜肴发生接触。

（3）装盘时还应适当防止菜肴和卤汁外溢，如果溢出盘外，一般不要用抹布擦拭盘边，正确的处理方法是另换一只盘盛装。

妥善保管剩余食材

（1）对已打开的并已使用的经过严格卫生包装的食品食材及半成品，以及冲制后的蛋、乳制品及其糊浆，调料汁等食材，预制时尽可能根据当天的业务量需要加工。

（2）允许现制现用的可以随时根据需要加工或开启包装，以一次使用完为妥，对剩余的部分食材要妥善保管。

注重员工个人卫生

（1）餐厅员工更衣室、洗浴间、卫生间的卫生，当值工作人员应在规定时间打扫清洁，间隔时间在半小时之内。

（2）进行菜品加工的过程中，一定要把个人的卫生保持好，严格要求自己，加强个人的卫生管理，以确保菜品的卫生质量与就餐者的健康安全。

提高烹饪过程中的卫生管理水平的措施

提高08：怎样提高餐具洗涤间的卫生管理水平

餐具洗涤间是餐饮店对餐具进行洗涤的主要场所，也是卫生管理的重点区域。餐饮店要积极提高洗涤间的卫生管理水平，确保洗涤质量，具体措施如下图所示。

餐具柜：也称保洁柜，是存放经过洗涤、消毒后的干净餐具的，在使用前必须经过清洗、晾干与消毒处理，并要保持每天或定期进行消毒，柜内不得存放其他物品，必须专柜专用。

洗碗机：洗碗机是将餐具的清洁、洗涤、消毒、烘干等环节融为一体的机械化现代设备，使用中同样需要对机器经常进行清洗，最好是每次用完后彻底清洗一次，以清除残留的污垢、油渍等，特别是洗碗机底部，很容易残留污垢，应定期进行消毒处理。

废弃物：餐具洗涤间的废弃物要用专门箱桶盛装，特别是剩余的饭菜、汤汁等，在较高的温度环境下很容易腐烂变质，应随时处理并清洗专用的垃圾箱桶等。如果使用的是专用垃圾袋，则要及时封袋、及时处理。餐具洗涤间的地面、墙壁等卫生，也要随时清洗，并定期进行消毒处理。

水槽：水槽、脚踏板等每次洗涤结束后，都要用消毒清洁剂进行洗涤处理，保证无毒无菌。

洗涤池：洗涤池要标明蔬菜洗涤池、荤菜洗涤池，禁止蔬菜、荤菜混用洗涤池。

提高餐具洗涤间的卫生管理水平的措施

第六章　安全管理九项防范

安全无小事，餐饮店各级人员都应当重视安全管理，从各个方面采取措施做好防范工作，避免食物中毒、食物过敏、偷盗、火灾等情况的发生，全面保障餐饮店的安全。

防范01：怎样防范细菌性食物中毒的发生

细菌性食物中毒是指由于进食被细菌或其细菌毒素所污染的食物而引起的急性中毒性疾病。导致细菌性食物中毒的病原体有沙门氏菌、副溶血性弧菌（嗜盐菌）、大肠杆菌、变形杆菌等。防范细菌性食物中毒发生的具体措施如下图所示。

沙门氏菌

（1）工作人员做定期的健康检查和保持个人卫生，并避免带菌者工作；保持加工场所的清洁，防止鼠类和蝇蚊等昆虫侵入厨房。

（2）杜绝熟食长时间放置在室温下，应及时冷却保藏。

（3）对鸡、蛋类的食品加工应防止带菌污染。

副溶血性弧菌

（1）利用冷冻和冷藏阻止繁殖，可抑制生长。

（2）加热杀菌彻底。

（3）盛装海产品的盛器必须洗涤干净，以免间接污染。

（4）不生食海产品。

葡萄球菌

（1）有感冒、受伤及咽喉炎、鼻炎的工作人员不能参与食品制作。

（2）食品应及时冷藏。

肉毒梭菌

（1）罐头要充分加热后再食用。

（2）食品应冷藏。

（3）在肉制品及鱼制品中加入食盐或硝酸盐有抑菌作用。

（4）防止受土壤及动物粪便的污染。

黄曲霉毒素	（1）花生、大豆、大米等应储藏于低温干燥处，以免高温潮湿而发霉使食品产生毒素。 （2）以上几种发霉的食品不能食用。

不同细菌的预防措施

防范02：怎样防范化学性食物中毒的发生

化学性食物中毒是指健康人经口摄入了正常数量，在感官上无异常，但确含有某种或几种“化学性毒物”，如有毒金属及其化合物、农药等的食物，随食物进入体内的“化学性毒物”对机体组织器官发生异常作用，破坏了正常生理功能，引起功能性或器质性病理改变的急性中毒。防范化学性食物中毒发生的具体措施如下图所示。

措施一	从可靠的供应商处采购食品。
措施二	化学物质要在远离食品处安全存放，并由专人保管。
措施三	不使用含有毒物质的食品器具、容器、包装材料，如使用铜、锌、镉、锡、铅等器具，盛装酸性液体食品或腐蚀性食品，其盛器金属成分易溶入食品中。塑料包装材料应选用聚乙烯、聚丙烯材料制成的制品。
措施四	厨房使用化学杀虫剂要谨慎安全，并由专人负责。
措施五	厨房清扫时，化学清洁剂必须远离食品。
措施六	各种蔬菜、水果要洗涤干净，以进一步消除残留的杀虫剂。
措施七	食品添加剂的使用，应严格执行国家规定的品种、用量及使用范围。

防范化学性食物中毒发生的措施

防范03：怎样防范有毒动植物食物中毒的发生

有毒动植物食物中毒是指误食有毒动植物或食用方法不当而引起的食物中毒。包括有毒动物组织中毒，如河豚、贝类、动物甲状腺及肝脏等；有毒植物中毒，如毒蕈、木薯、四季豆、发芽马铃薯、山大茴及鲜黄花菜等。防范有毒动植物食物中毒发生的具体措施如下图所示。

措施一 → 毒蕈草含有毒素且种类很多，所以餐饮中只可食用证明无毒的蕈类，可疑蕈类不得食用。

措施二 → 白果的食用要加热成熟，少食，切不可生食。

措施三 → 马铃薯发芽和发青部位有龙葵素毒素，加工时应去除干净。

措施四 → 苦杏仁、黑斑甘薯、鲜黄花菜、未腌透的腌菜不能食用。

措施五 → 秋扁豆、四季豆烹调要加热彻底，不可生食。木薯亦不宜生食。

措施六 → 死甲鱼、死贝类不能食用。

措施七 → 河豚有剧毒，餐饮中不能选用。

措施八 → 含组氨酸高的鱼类在不新鲜时不能选用。

措施九 → 带有米芯肉的猪肉，不得加工出售。

防范有毒动植物食物中毒发生的措施

防范04：怎样防范内部员工偷盗

防范内部员工偷盗的具体措施如下图所示。

员工的预防教育 → 应对员工进行从入职开始的不间断的教育工作。教育分正面、反面等多种方式，采用开会、板报等多种方式。必须阐明公司具备严格的管理制度和监视系统、公司对偷盗严厉打击的措施和处罚方法、员工应具备在本行业工作的最基本的道德规范、员工因偷窃将给个人带来严重的后果，包括承担刑事责任等。

内部安全调查	为严厉打击内盗，保安部每日都要进行安全调查。安全调查不仅仅是案件发生后或接到举报后进行的取证工作，也是日常工作中随时对正在进行的偷盗行为予以制止和查处。保安部人员要注意员工的一些可疑情形，如员工背大包上下班，员工在工作时间内未从员工通道进出，员工在操作间、洗手间、电梯间吃东西，附近无管理层在现场，夜间作业的场所，发现较多的商品空包装等，对这些可疑情形要特别注意，必要时可加以盘问。
实施内部举报制度	控制内盗是餐饮店每一位员工的责任和工作内容。因此应鼓励员工检举偷盗行为，调动员工的积极性；设立内部举报制度、奖励制度，如设立举报电话、员工信箱，接受内部员工的举报；对于举报经查证属实者，对举报者给予一定的经济奖励，根据举报案例所挽回的经济损失，具体决定奖励的数额。

防范内部员工偷盗的措施

防范05：怎样防范外盗的发生

防范外盗发生的具体措施如下图所示。

灯光照明	充足的灯光可以减少店内和店外犯罪行为的发生： （1）在阴雨天和天将黑时，要打开外围的灯光。 （2）在天黑时，要打开屋顶招牌灯。 （3）投射灯需能照到走道、后门、前门及外围景观。 （4）营业时间用餐区需打开灯光。 （5）坏掉的灯需随时换新。
门窗	（1）后门要加装猫眼，利用猫眼来确认想要从后门进来的任何人，后门最好保持锁着的状态。 （2）如果后门没有猫眼装置，则请想从后门进来的人改从前门进入。 （3）后门的门面不要有把手或其他类似零件，要使后门只能从店内打开。 （4）检查门窗是否有玻璃破损及任何螺丝脱落的情况，有则应立即找人修理。 （5）控制餐厅钥匙的数量，只限店长、经理或开店及打烊的管理人员拥有。

店面外的景观	经常检查建筑物的前后及室外垃圾处理区（如果有的话），尤其是有庭院的餐厅，还要检查是否杂草丛生，一旦植物生长过高或过于茂盛，不但影响视野的清晰度，更易成为歹徒躲藏之处。

防范外人盗窃的措施

防范06：怎样防范意外受伤事件的发生

餐饮店员工防范意外受伤事件发生的具体措施如下图所示。

措施一	一旦地面有油渍、水渍、汤汁或食物，必须马上清理干净。
措施二	清除在工作区、走道、储藏区及进出口的障碍物。
措施三	修理或更换有缺口的桌、椅和其他安装物。
措施四	修理破裂的地毯。
措施五	确保高脚椅十分稳固。
措施六	去除装潢物、家具及工作台的尖角外缘。
措施七	更换有缺口或破损的器皿、器具或设备。
措施八	刀叉等尖锐用具及厨房器具正确使用及储存。
措施九	训练员工正确搬货举物的技巧。
措施十	笨重物品储存正确及稳固。
措施十一	训练相关人员对各项电器设备正确使用、保养及清洁。

措施十二 → 定期检查插座、插头、电线、电路开关，发现有破损，应立即请专人修理。

防范意外受伤事件发生的措施

防范07：怎样防范火灾事故的发生

防范火灾事故发生的具体措施如下图所示。

- **厨房**：染有油污的抹布、纸层等杂物，应随时消除，炉灶油垢常清洗，以免火层飞散，引起火灾。炒菜时严禁随便离开，或分神处理其他厨务。每日工作结束时，必须清理厨房，检查电源及瓦斯、热源火种等开关是否确实关闭。防火检查不可遗忘，以防万一。
- **火源**：易燃、易爆危险物品不可靠近火源，例如酒精、汽油、木柴、瓦斯钢瓶、火柴等，不可放置在炉具或电源插座附近。马达动力机器使用过久，常会生热起火，应切实注意定期检修维护保养。
- **瓦斯类**：瓦斯炉、瓦斯管线，勿靠近电气线路或电源插座等装置。炉具及钢瓶凡未经检验合格的，不可采用。瓦斯钢瓶不可横放，管线及开关不可有漏气现象。平日可用肥皂水检查瓦斯管及接头处是否有漏气现象，瓦斯管以金属材质代替橡胶材质，可防虫咬或鼠咬。
- **电器类**：确定所有的开关及插座都有覆盖壳。用电烹煮食物，需防水分烧干起火。用电严禁利用分叉或多口插座、同时使用多项电器，以免超过负荷，导致电线走火。电线配线老化、外部绝缘体破裂或插座头损坏，应立即更换或修理。
- **烟蒂**：严禁抽烟，如闻到烟味，应立即察看热源处，并搜寻每一个垃圾桶中是否有未熄灭的烟蒂或火种。

防范火灾事故发生的措施

防范08：怎样防范台风造成的危害

台风是一种强热带气旋，是指发生在热带或副热带洋面上的低压涡旋，是一种强大而深厚的热带天气系统。台风具有极强的破坏力，因此，餐饮店必须对台风进行防范。

防范台风造成危害的具体措施如下图所示。

措施一	检查门窗是否坚固，铰链有无锈蚀失灵。
措施二	关闭非必要的门窗，如属中强度台风，风力达12级以上，迎风面的门窗，应加钉木板，以防玻璃破碎，并准备强粘胶带，以备粘贴玻璃门窗。
措施三	检查电路、瓦斯，注意炉火，慎防火灾。
措施四	准备照明手电筒及电池（不可使用蜡烛），以防停电。
措施五	多备两三日的食物蔬菜，并节约用水。
措施六	房屋外、庭院内各种悬挂物件、盆花及零星物件易被吹落者，应立即取下收藏，以防伤人。
措施七	如因风害有财物损失，立即通知财务部。
措施八	台风后，立刻整理环境，清除污物，喷洒消毒药品。
措施九	台风若引起水灾，应将易浸坏的用具、设备、物品垫高，或移往高处。
措施十	若水已淹入，不可开电源，以免触电。

防范台风造成危害的措施

防范09：怎样防范地震造成的危害

防范地震危害的具体措施如下图所示。

措施一	不使用电器设备时，应养成随手拔掉插头的习惯。

措施二	电器上面或其附近如有易燃物，应除掉。
措施三	易燃物附近及靠近出入口的地方，绝不使用电器用具及用火器具。
措施四	危险物品不要放置在高架上。
措施五	吊起来的盛物架，要尽量增大其强度。
措施六	玻璃容器或器皿应尽量放置在盛物架的下面。
措施七	盛物架前面应设置防止物品滑落的栅栏。

防范地震造成危害的措施

第七章　工程管理七项做好

良好的工程管理对维持餐饮店的正常运转起着非常重要的作用，同时也能降低餐饮店因发生工程事故而造成的损失。要确保工程管理质量，餐饮店各级工程人员必须严格做好各方面的工作，如对空调设备进行维修保养，管理好电梯设备、电气设备等。

做好01：对空调设备进行维修保养应做好哪些工作

空调设备对餐饮店的采暖、通风、降温起着非常重大的作用。对空调设备进行维修保养应做好以下工作：

工作一	定时检修，半年一小修，两年一大修。
工作二	每半年对箱体多叶调节阀加油，进行润滑、调整、检修，更新管路截门。
工作三	检查空调箱内轴承、叶轮主轴、离心风机、软接短管、叶轮、皮带、风机壳的腐蚀情况，进行必要的更换。
工作四	检查软接短管的运行情况，如有破损，立即更换。根据电机传动皮带的声音及时进行调整或更换。
工作五	每年的四月检查风道、支架，如有破损，立即修理。每两年大修一次保温材料，更新吸音保温材料。
工作六	每年对冷、热交换器进行整理。每半个月卷缠过滤网一次，保证其灵活转动；对于扳手过滤器应拿出清洗。根据实际情况给转动条加油。

对空调设备进行维修保养应做好的工作

做好02：电梯设备管理应做好哪些工作

电梯设备是餐饮店必不可少的运输工具，对电梯设备的管理应做好以下工作：

工作一 → 严格按照相关操作标准，保养、维修电梯设备，确保电梯安全运行。

工作二 → 遵守电梯机房的值班制度、门禁制度，确保其设备安全、整洁。

工作三 → 维修人员要服从值班工程师的指令，坚守岗位，随时排除电梯故障，确保电梯正常服务。

工作四 → 严格执行电梯巡检制度，对电梯进行周期性保养，认真填写维护保养记录表。

工作五 → 检查、维修电梯电源开关柜、机房照明设备。

工作六 → 及时上报主管电梯所需要的补充备件、备品，以便进行采购补充。

对电梯设备的管理应做好的工作

做好03：电气设备管理应做好哪些工作

餐饮店应加强对电气设备的运行管理，以减少对人体健康和环境的危害。电气设备管理应做好以下工作：

工作一 → 变压器、高低开关柜要附设符合其电压等级的绝缘胶垫。为了确保绝缘，绝缘工具要有专门的存放处并进行定期测试。

工作二 → 标示牌要符合要求，且配备齐全。

工作三 → 严禁在变配电房堆放易燃易爆品及杂物。

工作四 → 采取措施防止小动物进入变配电房内。

工作五	严禁与变配电房无关的管道进入其内。
工作六	保持变配电房内设备、地面清洁。
工作七	变配电房内应设置各种灭火设备。
工作八	变配电房必须设置与本系统完全相同的一二次接线操作模拟图板，以便于操作。
工作九	值班人员进行操作时，应备有相应的基本安全品、辅助安全品和必要的防护用品。

电气设备管理应做好的工作

做好04：广播音响、电视设备管理应做好哪些工作

广播音响、电视是餐饮店必备的设备，对其管理应注意做好以下工作：

工作一	全面熟悉掌握广播音响、电视设备的工作原理、性能和操作程序。
工作二	严格按照操作程序进行操作，执行机房巡检制度，认真填写“巡视检查记录”。
工作三	定期对广播音响、电视设备进行维修保养。
工作四	保证机房良好的运行环境，保持设备无灰尘，地面整洁。
工作五	严禁与工作无关人员进入机房禁地。

广播音响、电视设备管理应做好的工作

做好05：电话设备管理应做好哪些工作

电话设备是餐饮店不可或缺的通讯设备，对其管理应做好以下工作：

工作一	保证电话设备的运行正常，通信顺畅。
工作二	认真执行保密制度，严禁私自阻断电话或窃听他人通话。
工作三	及时处理发生的故障，正确分析，尽快排除。
工作四	完成日常装机任务的同时，负责与机房设备相关的外围设备、线路的正常运行。
工作五	严禁无关人员进入电话机房重地。

电话设备管理应做好的工作

做好06：给排水设备管理应做好哪些工作

给排水设备主要包括餐饮店各处污水泵、喷泉水泵、喷淋器等水处理设备，对其管理应做好以下工作：

工作一	定期巡检并记录各个控制点的电流、压力、水位、温度。
工作二	检查各层水泵、水箱，各处污水泵、喷淋器、消防栓等，如有问题，及时解决。
工作三	定期调试水泵，发现问题，及时解决。
工作四	控制花园和庭院的水下射灯、喷泉水泵。

给排水设备管理应做好的工作

做好07：配电房管理应做好哪些工作

配电房是餐饮店的电力控制中心，是电力供应的核心部位，对其管理应做好以下工作：

工作一	设专职人员对配电房实行24小时值班管理。
工作二	经常对配电房进行清扫，保持配电房地面及设备外表无尘、无污垢。
工作三	定期对配电房设备进行检查，发现异常，及时维修。
工作四	加强对配电房消防设施的安全管理，保证应急灯在停电状态下能正常使用。
工作五	做好配电房的防水、防潮工作，堵塞漏洞；严防老鼠等小动物进入配电房。

配电房管理应做好的工作

第二部分

怎样规范餐饮店管理组织架构

餐饮店是由楼面、厨房、营销部等多个部门组成的，各个部门规范的组织架构有利于餐饮店合理安排各部门人员，提高员工工作效率，同时减少人力成本。

第一章　楼面组织架构与岗位职责

楼面主要负责为顾客提供保质保量的菜品和优质的服务，因此，应建立规范的组织架构，明确各级人员所处的位置，并规定其岗位职责。楼面各级人员应当熟知自己的岗位职责，并按照具体职责要求开展工作，不做违背职责之事。

第一节　楼面的组织架构

餐饮店规模不同，其楼面的组织架构也会有所不同，大型餐饮店楼面的组织架构往往较为复杂，层级较多，而中小型餐饮店楼面的组织架构则较为简单，餐饮店应根据自身的规模、客流量等实际情况设置楼面的组织架构。

架构01：大型餐饮店楼面的组织架构

大型餐饮店往往拥有多个楼层的经营区域，每个楼层又设有多个餐厅或专门的包间，规模非常庞大，因此，楼面的组织架构也会比较复杂。例如，在中餐主管下面设置了宴会领班、传菜领班、餐厅领班等岗位。大型餐饮店楼面的组织架构如下图所示。

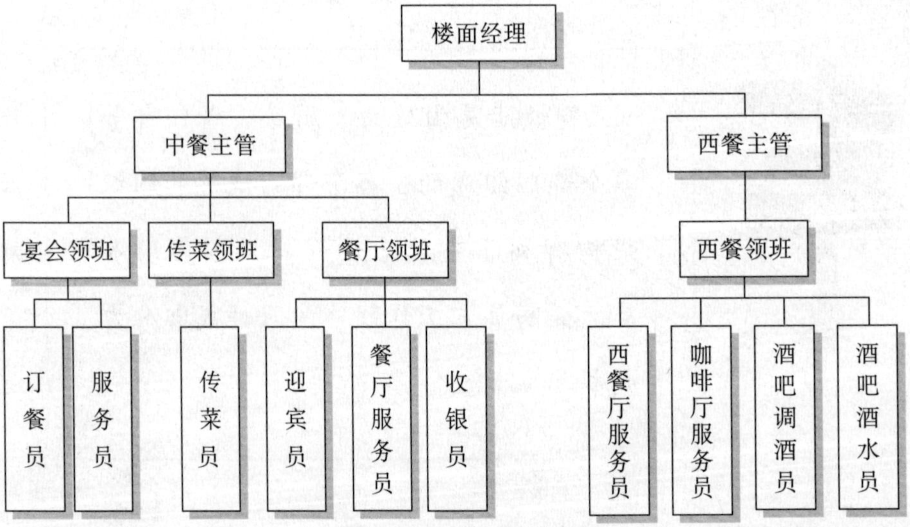

大型餐饮店楼面的组织架构

架构02：中小型餐饮店楼面的组织架构

中小型餐饮店的规模较小，往往只拥有一到两个楼层的经营区域，每个楼层设置的餐厅数目也不多，因此，楼面的组织架构比较简单，往往由楼面主管直接领导服务员、迎宾员等开展工作。中小型餐饮店楼面的组织架构如下图所示。

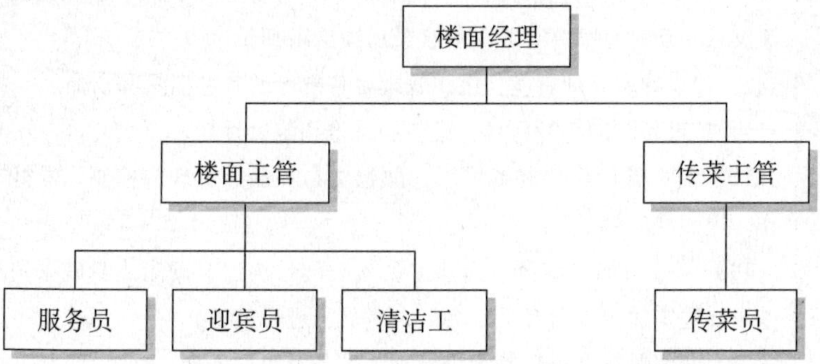

中小型餐饮店楼面的组织架构

第二节 楼面的岗位职责

在楼面，因为分工不同，各岗位的职责也有所不同。例如，楼面经理负责制订楼面各餐厅的工作计划、促销策略等，而迎宾员则需要热情友好地迎送顾客等。楼面各级人员应当各司其职，共同维持楼面工作的顺利开展。

职责01：楼面经理岗位职责

楼面经理岗位职责具体如下表所示。

楼面经理岗位职责

岗位名称	楼面经理
岗位职责	（1）负责制订楼面各餐厅的工作计划、促销策略，制定服务标准、工作程序及要求，并组织实施。 （2）根据各区域领班上报的工作状况，调整工作计划。 （3）迎送重要顾客，处理顾客投诉，并就顾客的投诉意见向上级领导汇报。 （4）根据不同时期的顾客反馈意见，指导楼面领班制订相应的培训计划，并检查执行情况。

（续表）

岗位职责	（5）传达餐饮店的经营方针和各项规章、规定的要求，组织执行并及时收集员工意见汇报上级领导。指导楼面领班工作，并对餐厅所属员工进行工作绩效评估。 （6）巡察本区域营业时间的各项服务工作情况，督导本部员工工作，掌握营业状况。 （7）与厨师长保持良好的工作合作关系，根据季节和顾客意见提出对菜品改进的建议，并及时将顾客对菜品的意见反馈给厨师长。 （8）建立物资管理制度，组织管理好各餐厅的各种器具和物品。 （9）负责餐厅的各种用具、设备的维修和购置计划。 （10）负责餐厅经营成本控制，加强对易耗品的管理与控制，做好节水、节电工作，提高经济效益。 （11）每日参加班前会，会前主动与厨师长沟通，确定当日缺菜情况，在班前会中予以通知。定期召开员工会议，对员工进行奖评。 （14）负责餐前和餐后的卫生检查、准备及收尾工作。 （15）餐中对各岗位服务人员的工作进行检查、督导。 （16）掌握员工的思想动态，处理员工纠纷，解决员工困难。 （17）检查餐厅的设备、器具的合理使用及维护保养，使各项设备处于完好状态。 （18）了解常客喜好，对菜品及服务及时调配，使服务更加完善。 （19）建立小件物品代管卡，并定期清查餐厅的设施和餐具。 （20）掌握员工出勤情况，合理调配人员，做好员工评估工作。 （21）确保防火、防盗、消毒等各项安全条例的实施并进行检查。 （22）完成领导交办的其他任务。

职责02：西餐厅主管岗位职责

西餐厅主管岗位职责具体如下表所示。

西餐厅主管岗位职责

岗位名称	西餐厅主管
岗位职责	（1）负责检查落实部门规章制度的执行情况和各项工作的完成情况。 （2）安排、带领、督促、检查员工做好营业前的各项准备工作，及时如实地向经理反映岗位情况，并向经理汇报各员工的工作表现。 （3）负责本餐厅布、香巾及其他物资消耗品的管理，控制易耗品的发放，按《低值易耗品考核办法》领用物品，监督服务员对易耗品的使用和配制。做好各项班次物品、单据交接工作。 （4）加强公关意识，与顾客建立良好的业务关系，树立餐饮店良好的形象。

（续表）

岗位职责	（5）加强现场管理意识，及时处理突发事件。掌握顾客心态，带领员工不断提高服务质量。 （6）熟悉业务，在工作中发扬吃苦耐劳、兢兢业业的精神，起到模范带头作用，协助经理增强本部门员工的凝聚力。 （7）检查当班服务员的工作着装及个人的仪态仪表。 （8）做好每位员工的考勤、排休工作，严格把关，不徇私情。 （9）主持每日班前会，听取服务员的工作汇报，及时总结并发挥主观能动性，对经营管理上的不足之处，提出自己的意见、设想，上报经理。 （10）模范遵守规章制度，监督检查所有规章制度的执行情况。 （11）经常与下属沟通，激励下属充分发挥自己的工作热情，并善于不断培养服务员的应变能力。 （12）与其他岗位保持联系，加强团结，做好协调工作。 （13）抓好卫生及安全工作，认真贯彻执行餐饮卫生制度，开展经常性的安全防范、消防常识教育，确保本区域的安全。 （14）抓好设备、设施的维护与保养工作，加强日常管理，防止事故发生。 （15）完成领导交办的临时性工作。

职责03：西餐厅领班岗位职责

西餐厅领班岗位职责具体如下表所示。

西餐厅领班岗位职责

岗位名称	西餐厅领班
岗位职责	（1）在西餐厅主管的领导下，负责西餐厅的具体领导工作。 （2）做好餐厅营业前的各项准备工作，及时、如实地向新餐厅主管反映工作情况，并对异常状况进行报告。 （3）加强现场巡查，现场指导员工及时处理各类异常事件。 （4）如实掌握顾客心态，带领员工不断提高服务质量。 （5）加强与顾客的沟通，了解顾客对餐饮店的印象，并做好记录。 （6）积极熟悉业务，协助西餐厅主管增强本部门员工的凝聚力。 （7）协助西餐厅主管检查当班服务员的工作着装及个人的仪态仪表，对不符合餐饮店标准的地方予以改进。 （8）做好日常卫生管理工作，认真贯彻执行餐饮卫生制度，协助西餐厅主管开展经常性的安全防范、消防常识教育。 （9）完成领导交办的临时性工作。

职责04：西餐厅服务员岗位职责

西餐厅服务员岗位职责具体如下表所示。

西餐厅服务员岗位职责

岗位名称	西餐厅服务员
岗位职责	（1）积极配合领班工作，认真完成上级交给的各项任务。 （2）熟练掌握本餐厅的业务工作。 （3）具有良好的沟通能力，善于运用语言技巧，为顾客提供最佳服务。做到文明有礼、掌握原则、有问必答、言简意明。 （4）迎宾带客到位，并主动向前替顾客拉椅子，做好服务接待工作。 （5）接待顾客应主动、热情、礼貌、耐心、周到，使顾客有“宾至如归”之感。 （6）工作时要做到四勤，即“口勤”、“眼勤”、“手勤”、“脚勤”。及时了解顾客的心理需求，为顾客提供针对性服务。 （7）善于向顾客介绍和推销本餐厅饮品及菜肴。 （8）具备娴熟的业务操作知识，为顾客提供不同的就餐及饮品方式。 （9）工作责任心强，有独立处理事物的能力，发现问题及时上报。 （10）做好上班前后的卫生工作，认真检查备用餐具、餐台上器皿及需用品是否整洁和齐备。 （11）积极参加业务知识的培训，不断提高服务技能、技巧，全面提高自身素质。 （12）服务结束后，要提醒顾客带好物品，发现客遗物品及时上交领导。 （13）处理顾客的各种要求及意见，要热情、细致、灵活应变。 （14）维护餐饮店设施、设备，发现问题及时上报。 （15）完成上级领导交办的临时性工作。

职责05：中餐主管岗位职责

中餐主管岗位职责具体如下表所示。

中餐主管岗位职责

岗位名称	中餐主管
岗位职责	（1）掌握服务员的出勤情况，每天班前会点名，补充楼面经理未尽事宜。在餐厅经理不在的情况下，主持工作。 （2）负责检查服务员仪容仪表、区域卫生及有关餐中服务物品的准备情况，带领并督促服务员做好各项工作。 （3）了解当日客情，必要时向服务员详细布置当班任务。 （4）模范执行规范服务的程序，并督导服务员为顾客提供最优质的服务。

（续表）

岗位职责	（5）检查服务备品橱里的备品是否合乎要求，及餐前各方面准备情况。 （6）负责本餐厅布、香巾及其他物资消耗品的管理，控制易耗品的发放，按《低值易耗品考核办法》领用物品，监督服务员对易耗品的使用和配制。 （7）负责审核订餐通知单，视客源情况随时调整服务员。 （8）开餐时，协助楼面经理与厨房做好协调，保证按时按质上菜。 （9）主动与顾客沟通，了解顾客要求。 （10）模范遵守规章制度，监督检查所有规章制度的执行情况。 （11）经常与下属沟通，激励下属充分发挥自己的工作热情，并善于不断培养服务员的应变能力。 （12）与其他岗位保持联系，加强团结，做好协调工作。 （13）确保各项安全条例的实施。 （14）检查餐厅各项设备、设施及日常用品的使用情况。 （15）定期组织下属员工学习，提高对客服务技能、技巧，加强餐饮店意识、推销意识和安全意识的训练。 （16）完成上级领导交办的临时性工作。

职责06：宴会领班岗位职责

宴会领班岗位职责具体如下表所示。

宴会领班岗位职责

岗位名称	宴会领班
岗位职责	（1）负责检查服务员及临时工仪表仪容。 （2）依宴会指示，布置、检查开餐前的准备工作。 （3）督导服务员在指定区域按宴会形式给顾客提供高质量餐前准备工作。 （4）负责用餐前领取所需器皿、台布、口布及玻璃器皿，以便餐前准备工作。 （5）负责巡视检查各宴会厅灯光、摆设、地毯、门面的整洁卫生、安全作业。 （6）按宴会服务流程，严格要求每一环节的服务过程，以保持高质量的服务作业。 （7）负责统计正确的用餐人数以便开账单。 （8）负责指导服务员准时地按宴会所需摆设及翻场工作。 （9）负责宴会后退还送洗所有器皿、台布、口布及玻璃器皿，减少遗失破损。 （10）遇上宴会繁忙时，亲自代理服务员的工作。 （11）遇到重要宴会时亲自服务贵宾席。 （12）协助厨房有关自助餐补菜工作。 （13）服务过程中若遇有顾客投诉事件应及时向经理汇报以便处理。 （14）执行其他由领导所指派的任务。

职责07：宴会厅订餐员岗位职责

宴会厅订餐员岗位职责具体如下表所示。

宴会厅订餐员岗位职责

岗位名称	宴会厅订餐员
岗位职责	（1）同顾客建立良好的关系，争取客源。 （2）接受各种形式的预订。 （3）主动向顾客介绍餐饮店的餐饮特色和风味菜肴。 （4）认真填写餐饮预订单，注明顾客的单位、身份、人数、风俗习惯、口味特点，明确用餐者抵达时间、用餐标准和接待单位。 （5）据预订记录和要求，编制宴会通知单，并及时分发至各有关部门和岗位。 （6）有重要顾客和宴会，要向餐厅经理汇报或请其与顾客洽谈。 （7）建立宴会档案，记录大型活动及一般宴会的日期、人数、规格、消费水平等。 （8）与顾客建立密切的业务关系。 （9）负责清理工作区域卫生，领取各种用品。 （10）熟知餐饮店餐饮情况并能为顾客提供就餐设计。 （11）熟练掌握老客户、关系单位对就餐的特殊要求及爱好。 （12）完成上级领导交办的临时性工作。

职责08：迎宾员岗位职责

迎宾员岗位职责具体如下表所示。

迎宾员岗位职责

岗位名称	迎宾员
岗位职责	（1）做好工作区域的环境卫生。 （2）熟知餐位、包房的特点，熟悉各餐厅菜品的特色。 （3）站位前准确掌握餐厅当天的餐桌安排情况及订餐单预订情况，发生变化要及时与订餐员联系协调。 （4）随时掌握上座率，顾客进、离店情况，以便更好地满足顾客需求，提高上座率。 （5）热情友好迎接、欢送顾客，礼貌规范使用问候语、欢迎语、欢送语，留意常客姓名和职务，以增加顾客的亲切感和自豪感。 （6）引位做到灵活、快捷、准确、及时，向顾客介绍各式菜点、饮品或特色，并提供拉椅服务。

（续表）

岗位职责	（7）每日熟记订餐顾客姓名、单位及有关情况，准确引位，并负责向服务员转达顾客已订的标准及其他要求。 （8）客满时，负责安排好后到的顾客，使顾客乐于等位。 （9）熟悉掌握服务技能，开餐高峰期做好辅助服务。 （10）完成上级领导交办的临时性工作。

职责09：宴会厅服务员岗位职责

宴会厅服务员岗位职责具体如下表所示。

宴会厅服务员岗位职责

岗位名称	宴会厅服务员
岗位职责	（1）着装整洁、仪容大方、举止端庄、语言文明，“三带齐全”，即笔、打火机、开瓶器。 （2）负责清洁餐具及服务用品，做好餐厅区域内卫生。 （3）负责按标准布台，做好服务前的一切准备工作。 （4）熟知酒类、饮料、菜品、面食的特点、价格等各种服务知识，做好各项推销工作。 （5）掌握各种服务技能，如折花、摆台、倒茶、斟酒、上茶、撤盘等。 （6）运用各种服务技巧和良好的应变能力，实施灵活服务。 （7）按主动、热情、耐心、礼貌、周到的要求，不断完善对客服务。 （8）严格按规定的服务程序服务，做到“手勤”、“眼勤”、“脚勤”、“口勤”，为顾客提供尽善尽美的服务。 （9）负责填写内部意见反馈单，及时了解顾客的各种需求。 （10）解答顾客提出的问题，竭尽全力满足顾客的正当需求，对处理不了的问题及时向上级领导汇报。 （11）上班时要精神集中，调整情绪，保持良好的状态。 （12）负责顾客走后收拾餐台的工作，随时准备好翻台，迎接下一批顾客。 （13）维护餐饮店设施、设备，节约每一度电、每一滴水，降低能源消耗。 （14）贯彻执行防火、防盗、防中毒等工作要求。 （15）完成上级交办的临时性工作。

职责10：酒吧酒水员岗位职责

酒吧酒水员岗位职责具体如下表所示。

酒吧酒水员岗位职责

岗位名称	酒吧酒水员
岗位职责	（1）负责酒水的领取、发放以及储存等各项工作。 （2）负责餐中的销售和餐后盘点工作。 （3）月末清点盘查储存量，确保数量准确，并向餐饮店财务部报送酒水销售月盘表。 （4）负责吧台区域的卫生及各类设备的维护保养工作。 （5）根据规定明码标价，确保无过期酒水、商品。 （6）熟知各种产品的价格、产地、度数及摆放位置。 （7）负责填写每日报表工作。 （8）完成上级领导交办的临时性工作。

职责11：传菜领班岗位职责

传菜领班岗位职责具体如下表所示。

传菜领班岗位职责

岗位名称	传菜领班
岗位职责	（1）做好传菜前的准备工作，积极合理地安排传菜员的传菜顺序，做到忙而不乱，即快速又安全。 （2）负责传菜区域的工作。对传菜质量（卫生、速度、准确度等）全面负责。 （3）负责管理保养各种传菜用具。负责好每餐所需用的物品。 （4）全面掌握每日的订餐情况，熟悉菜肴的品种和特点，对菜品的直接感观质量负责再次把关（包括数量、外观造型、有无异味等）。 （5）负责前后信息沟通，及时通知餐厅经营过程中的销售缺菜情况，并进行协调。 （6）负责餐厅指定部分工作区域的卫生清理工作。 （7）开餐前认真检查下属员工的仪表仪容，并根据当天的就餐情况做好有关传菜的注意事项。 （8）完成上级领导交办的临时性工作。

职责12：传菜员岗位职责

传菜员岗位职责具体如下表所示。

传菜员岗位职责

岗位名称	传菜员
岗位职责	（1）按照出菜的顺序进行传菜。要严格遵守“一紧、二快、三不上”的原则，做好传菜工作。即：海鲜类产品要紧上；拔丝类产品要快上，易出水的菜品要快上；有异味、异物的菜品不上，有容器损伤的不上，与点菜单名称不符的菜品不上。 （2）负责工作区域的卫生及传菜前的准备工作。 （3）了解菜品特点、名称和服务方式，提醒值台服务员。 （4）协助值台服务生餐中撤盘和餐后收台工作。要注意撤盘过程中对餐具的保护。 （5）沟通前后台信息，及时把顾客需求传递至后厨。 （6）对菜品的直接感观质量负责把关（包括数量、有无异味清洁等）。 （7）传送过程要注意安全和速度，既快又稳。 （8）上岗前认真检查个人卫生是否合乎要求。 （9）完成上级领导交办的临时性工作。

职责13：餐厅领班岗位职责

餐厅领班岗位职责如下表所示。

餐厅领班岗位职责

岗位名称	餐厅领班
岗位职责	（1）配合中餐主管的工作，确保各项具体工作的落实和实施。 （2）掌握服务员的出勤情况和平时工作表现，定期向上级汇报。 （3）负责检查服务人员的仪容仪表，带领并督促服务员做好各项工作。 （4）掌握、了解当日客员情况，根据预订桌数、要求、标准向服务员详细布置任务，做好餐前准备工作。 （5）确保按规定布置餐厅和摆放，负责维持高标准服务。 （6）负责班组物料用品的领用、发放和保管工作，严格控制物料消耗。 （7）检查服务柜里的用品、调味品的准备情况，开餐时参加并监督食品和饮料的服务，与厨房协调，保证按时按质上菜。 （8）处理顾客投诉，并向上级汇报。 （9）负责订餐，推销茶肴、酒水，亲自为重要顾客服务。 （10）及时向有关部门汇报餐厅财产、设备损坏情况，确保及时维修，使餐厅处于最佳状态。 （11）检查所有规章制度的执行情况，以身作则，为员工树立良好的形象。

（续表）

岗位职责	（12）下班前负责为下一餐布置好台面，负责交接班的工作，并做好交接班记录。 （13）核查账单，保证在宾客付款前完全正确，并核查签单顾客签名。 （14）负责员工培训，提高员工素质。 （15）当班工作结束后，填写“领班报告单”（每日工作日志）。 （16）关心员工生活和思想情况，抓好班组建设。

职责14：餐厅服务员岗位职责

餐厅服务员岗位职责如下表所示。

餐厅服务员岗位职责

岗位名称	餐厅服务员
岗位职责	（1）负责对顾客的点菜服务工作。 （2）负责擦净餐具、服务用具，搞好餐厅卫生工作。 （3）负责餐厅棉织品的送洗、记录等工作。 （4）负责布置餐桌摆位，做好服务前的一切准备工作，保证所有餐具、玻璃器皿清洁，无斑迹，装满调味盅。 （5）负责补充工作台。 （6）熟悉餐饮店各种酒水、饮料等，需前厅推销的物品，做好推销工作。 （7）熟悉菜单上各种不同的菜肴，了解其特点，掌握菜肴服务方式。 （8）按餐厅规定的服务程序和规格，为顾客提供尽善尽美的服务。 （9）负责将所有使用过的餐具洗刷干净。 （10）负责在顾客走后翻台或为下一餐摆台。 （11）负责引领顾客结账或为顾客结账及送客服务。 （12）负责做好结束工作。

职责15：餐厅收银员岗位职责

餐厅收银员岗位职责如下表所示。

餐厅收银员岗位职责

岗位名称	餐厅收银员
岗位职责	（1）收银员在工作前，要清点好当日的备用金，如有短缺应该立即与餐厅领班联系，查找原因。

（续表）

岗位职责	（2）餐厅收银员应熟练掌握自选餐具的色彩及价格，快速计算并收银。 （3）当餐厅服务员将点菜单交到出纳台，收银员必须马上将点菜单的总金额计算好，并立即在菜单上填写好金额，不得随意涂改。 （4）菜单的填写必须规范，顾客所订的菜必须一一列出，明码标价，不得采取模糊不清的书写方法。合菜必须把菜名列出后，再填写金额。 （5）不得擅自涂改菜单，如遇到菜单上的菜没有或顾客要求退换时，须由切配师签名后认可，收银员无权对菜单上的菜名进行涂改。 （6）当顾客需要再次添菜的，应该另开菜单，不得在同一张菜单上添加。 （7）遇到打折情况，应经收银领班签字同意后，并在菜单总计金额的下方写明打折的比例，并折算出打折后的总金额。 （8）当一天营业结束后，收银员应该将菜单按顺序排列，不得跳号，并且菜单上的金额应与现钞及就餐卡金额相同，如有短缺，由收银员本人赔偿。 （9）收银员必须及时上交当天的营业款，如挪用公款、协助他人挪用公款或对挪用公款事件知情不报的，扣罚收银员当月全部效益工资并立即予以辞退，情节严重的将依法追究法律责任。

职责16：酒吧调酒员岗位职责

酒吧调酒员岗位职责具体如下表所示。

酒吧调酒员岗位职责

岗位名称	酒吧调酒员
岗位职责	（1）按照本店标准和顾客要求，负责吧台酒水饮品的供应工作，负责按程序补充酒吧酒水。 （2）负责掌握饮品的领取、保管和销售工作，每日进行一次清点和整理。并负责本吧台售出酒水的代管保存和整理。 （3）负责为顾客调制各式鸡尾酒，并负责管理酒吧玻璃杯、器皿和设备，使之处于完好状态。 （4）负责水果现榨的工作，及时提供给顾客饮用。 （5）负责填报酒水销售盘点日报表，做到报表和吧台库存实物相符，销售数额与账目金额相符。 （6）负责工作区域的卫生，包括设备、用具的卫生，并协助服务员工作。 （7）积极参加各种技术培训，不断提高技术水平。 （8）随时检查酒水、饮品、食品有无过期、变质情况。 （9）完成上级领导交办的临时性工作。

职责17：咖啡厅服务员岗位职责

咖啡厅服务员岗位职责如下表所示。

咖啡厅服务员岗位职责

岗位名称	咖啡厅服务员
岗位职责	（1）服从并完成上级的工作安排，自觉遵守餐饮店部门的各项规章制度。 （2）个人卫生达到餐饮店标准。 （3）负责做好餐前、餐中和餐后的清洁收尾工作。 （4）熟悉餐牌、酒水名称、价格、产地、口味，积极地向顾客推销。 （5）保持咖啡厅的环境卫生，维护好设施、设备。 （6）严格按照工作程序与服务标准实施服务。 （7）随时注意观察顾客的要求，提供服务时要主动、热情、细致。 （8）掌握现场加工食品的操作技能，便于现场服务。 （9）积极参加各项培训，不断提高服务技能。 （10）完成上级领导交办的临时性工作。

第二章　厨房的组织架构与岗位职责

厨房主要负责生产菜品，要确保厨房的正常运转，餐饮店必须建立规范的组织架构，明确各级人员所处的位置，并规定其岗位职责。厨房各级人员应当熟知自己的岗位职责，并按照具体职责要求开展工作，不做违背职责之事。

第一节　厨房的组织架构

餐饮店规模不同，其厨房的组织架构也会有所不同，大型餐饮店厨房的组织架构往往较为复杂，层级较多，而中小型餐饮店厨房的组织架构则较为简单，餐饮店应根据自身的规模、客流量等实际情况设置厨房的组织架构。

架构01：大型餐饮店厨房的组织架构

大型餐饮店往往规模非常庞大，每天要生产的菜品很多，因此，厨房的组织架构也会比较复杂。例如，同时设置中餐厨师长和西餐厨师长，并在其下设置各级领班，领班之下才是各位厨师、洗碗工等。大型餐饮店厨房的组织架构如下图所示。

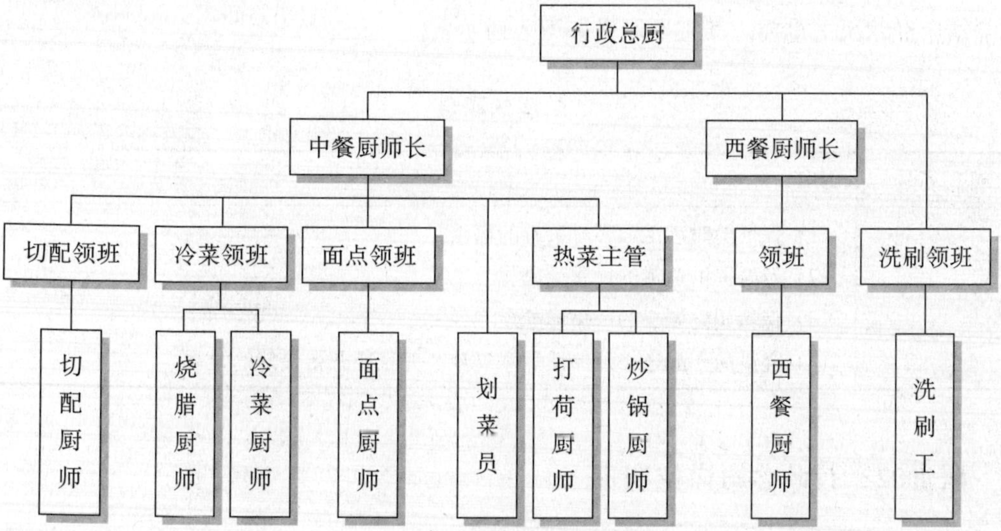

大型餐饮店厨房的组织架构

架构02：中小型餐饮店厨房的组织架构

许多中小型餐饮店未设西餐厨房，只有中餐厨房，其组织架构如下图所示。

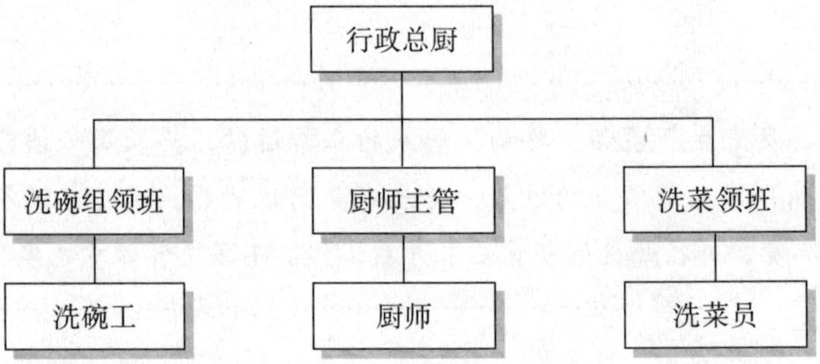

中小型餐饮店厨房的组织架构

第二节　厨房的岗位职责

在厨房中，因为分工不同，各岗位的职责也有所不同，例如行政总厨负责监督检查、协调各厨师长的工作，而中餐厨房划菜员则负责按程序出菜。厨房各级人员应当各司其职，共同维持厨房工作的顺利开展。

职责01：厨房的职责

厨房管理是餐饮店管理的重要组成部分，是向顾客提供食品的生产部门，厨房生产对餐饮店经营至关重要。其主要职责如下表所示：

厨房的职责

部门名称	厨房
部门职责	（1）保证随时满足顾客对菜肴的需求。 （2）及时提供适量的优质菜品。 （3）保持始终如一的产品形象。 （4）提供的产品还必须保证卫生安全，并且能获得最佳的盈利。

职责02：行政总厨岗位职责

行政总厨岗位职责如下表所示。

行政总厨岗位职责

岗位名称	行政总厨
岗位职责	（1）监督检查、协调各厨师长的工作，对厨师长的工作进行考核和评估，并根据工作业绩提出奖惩意见。 （2）参与菜单、价格、毛利率的确定。 （3）根据各厨房的生产特点，结合经营的需要，编制工作时间表，定期检查下属的工作情况。 （4）严格控制厨房的库存和剩余食品食材，协助厨师长做好厨房的成本控制，审核中、高档烹饪食材的申购计划。 （5）负责菜点规格的制定，组织确定标准菜谱卡，制定各厨房的生产标准，并以此为依据检查厨房的产品生产过程和产品质量。 （6）根据厨房的生产要求，制订厨房改造，厨房设备、用具的添置和更换计划。 （7）参与招聘厨房员工，制订并组织实施业务培训计划。 （8）制订新产品的开发、试验和推广计划，并督促检查计划的实施。 （9）制订厨房的季度、年度计划。 （10）不定期考察市场，监督物价情况，合理利用食材，控制成本工作。 （11）严格执行“防火安全手册”，每日对安全情况进行督检。 （12）督导检查厨房食品加工卫生，贯彻《食品卫生法》，严防食物中毒现象的发生。 （13）定期安排厨房设备的保修和检修工作，以保证设备运行的正常。 （14）每日参加采购部产品采购的验收，保证食材的质量。 （15）针对洗碗房的工作程序，每周抽查洗刷质量和损耗率，不少于两次，并针对问题拿出相应的措施，将跑坏、不洁等现象降低到最小的程度。 （16）加强对食品食材、各类物资、水电、燃料等的管理工作。 （17）广泛听取顾客意见，了解销售情况，不断改进，提高食品质量。 （18）根据不同季节和重大节日，协同营销部组织特色美食节，推出时令菜式。 （19）定期实施厨师技能培训，组织厨师学习新技术和先进经验，不断推出新菜式，定期对厨师技能进行考核，评估厨师工作，对厨师的晋升调整提出意见。 （20）巡查各厨房工作情况，合理安排人力及技术力量，统筹各个工作环节。 （21）完成上级领导交办的临时性工作。

职责03：中餐厨师长岗位职责

中餐厨师长岗位职责具体如下表所示。

中餐厨师长岗位职责

岗位名称	中餐厨师长
岗位职责	（1）安排中餐厨房的生产，检查并督促厨房各岗位按规定的操作程序进行生产。 （2）协助行政总厨编制零点菜单及价格制定，负责宴会菜单的设计，根据季节变化，不断创新菜品和推出每月（周、日）的特色菜。 （3）负责厨房机械设备的使用、维修保养，确保良好地运转。 （4）审批食材申购单，并对每日采购的食材进行验收，确保食材质量、数量符合用料标准。 （5）钻研业务，指导厨师工作，不断推陈出新，增加菜肴品种。 （6）每日主持班前会进行讲评，按时参加部门召开的例会，汇报厨房工作及提出合理化建议。 （7）同行政总厨、餐饮成本核算员、采购部一起加强核算，控制食品成本。 （8）开餐时，现场指挥并参加生产，把好菜肴质量关。合理调配人力、物力，保证正常工作。 （9）拟订厨房培训计划，定期组织厨师培训，不断提高厨师的技能水平。 （10）每天对环境卫生，个人卫生，食材及制作过程进行检查，落实贯彻《食品卫生法》，避免出现食品不合格事故。 （11）每月同行政总厨、采购人员一起，进行市场调研，不断发现新的食材品种，为菜品创新提供依据。 （12）严格执行餐饮店和部门规章，记录员工考勤，评估员工表现。 （13）加强对物资、水、电、燃料的管理，降低消耗。 （14）完成上级领导交办的临时性工作。

职责04：中餐厨房划菜员岗位职责

中餐厨房划菜员岗位职责具体如下表所示。

中餐厨房划菜员岗位职责

岗位名称	中餐厨房划菜员
岗位职责	（1）负责由出品到服务的环节控制，确保按质、按量、按标准、按程序出菜。 （2）协助厨师长把好成品菜肴质量关，并协调餐厅运作，使菜肴及时准确地供应给顾客。 （3）负责划菜区域卫生清洁。 （4）负责餐厅送交的菜单分类，配好夹子，分送厨房各岗位。 （5）掌握上菜程序和节奏，监督饭菜质量，不合格的菜点退回厨房。 （6）及时反馈餐厅服务员所提供的顾客反馈意见。

（续表）

岗位职责	（7）准确、清晰地将菜肴名称报给传菜员，并解答简单问题。 （8）负责催菜的协调和缺菜的临时通知工作。 （9）保存菜单，汇总计算当餐菜肴销售情况，每餐上班前交质检成本核算员（并会同点菜单原始单一起交成本核算员）。 （10）完成上级领导交办的临时性工作。

职责05：中餐切配领班岗位职责

中餐切配领班岗位职责具体如下表所示。

中餐切配领班岗位职责

岗位名称	中餐切配领班
岗位职责	（1）负责带领粗加工人员和切配厨师完成菜肴的切配制作工作。 （2）根据预订和客情预测，负责当日食材物资的计划领用。 （3）负责指导本班组员工进行食材切配加工及综合利用。 （4）负责本班组技术考核，带领督导员工按操作程序及规范进行操作。 （5）负责个人使用的设施、设备的维护保养，确保良好运转。 （6）检查本班组人员的仪容仪表及个人卫生。 （7）协助厨师长制定工作程序及规范要求，合理使用食材，保证毛利率。 （8）随时根据员工技术情况进行岗位培训及指导。 （9）把好质量关，确保各种菜品的切配质量和数量。认真贯彻执行《食品卫生法》及有关政策，杜绝使用霉变、腐烂食品。 （11）负责所辖区域卫生达到标准，防止食物中毒事故的发生，定期对切配使用的物品进行消毒处理。 （12）加强对食材、水、电、燃料的控制。下班后及时检查，关闭所有水、电、气、油等开关。 （13）完成上级领导交办的临时性工作。

职责06：中餐切配厨师岗位职责

中餐切配厨师岗位职责具体如下表所示。

中餐切配厨师岗位职责

岗位名称	中餐切配厨师
岗位职责	（1）具体负责菜肴食材的切配制作工作。 （2）根据安排和预订情况领用食品食材物资。 （3）根据宴会和菜单要求，把食品食材进行加工处理，保证食材要色彩协调，块形均匀，并合理使用食材，杜绝浪费。 （4）负责向冰箱内存放食材，根据先进先出的原则取用食材，确保食品食材的新鲜。 （5）针对市场的变化，及时提出合理化建议，购买必需的工作器具和存储设备。 （6）保养所使用的设施设备，使其处于良好运转。 （7）负责区域卫生的清洁与保养。 （8）保持良好的个人卫生习惯。 （9）完成上级领导交办的临时性工作。

职责07：中餐热菜厨师领班岗位职责

中餐热菜厨师领班岗位职责如下表所示。

中餐热菜厨师领班岗位职责

岗位名称	中餐热菜厨师领班
岗位职责	（1）负责指导本班组员工对菜品的制作、加工工作。 （2）协助厨师长制定本班组的工作程序和操作规范。 （3）协助厨师长研制新菜品和时令菜品的推出计划，严把质量关并控制食品成本。 （4）检查本班组员工的仪容仪表、个人卫生及区域卫生。 （5）计划和安排领用当日各种调料，制作不同卤汁。 （6）带领并督导本班组员工严格按成本规定烹饪菜品，严格工作程序和操作规范。 （7）负责员工的技术考评工作，并根据员工不同情况进行岗上培训和指导。 （8）维护保养各种设备、器具的安全使用和保养。 （9）严格执行贯彻《食品卫生法》及有关政策，杜绝使用霉变、腐烂食品，防止食物中毒事故的发生。 （10）加强对食材、水、电、燃料、油的管理与控制，下班后及时检查、关闭所有水、电、燃料、油等的开关，并对煤气进行安全检查，避免事故的发生。 （11）完成上级领导交办的临时性工作。

职责08：中餐打荷厨师岗位职责

中餐打荷厨师岗位职责如下表所示。

中餐打荷厨师岗位职责

岗位名称	中餐打荷厨师
岗位职责	（1）做好开餐前的各项准备工作。 （2）严格按照标准菜谱的要求，备好菜品的盘饰、料头以及炉头所需的调味品。 （3）灵活掌握菜肴的出菜顺序，协调好厨房各岗位，确保菜品及时提供给前厅。 （4）对配菜的数量和质量严格把关，并将信息及时准确传达给炒锅厨师。 （5）协助炒锅厨师完成工作区域的卫生及用具卫生。 （6）接受炒锅厨师的各项指令，做好辅助工作。

职责09：中餐炒锅厨师岗位职责

中餐炒锅厨师岗位职责如下表所示。

中餐炒锅厨师岗位职责

岗位名称	中餐炒锅厨师
岗位职责	（1）具体负责中餐菜品的烹饪和加工工作。 （2）了解当日客流量，要求每天查看前一天的业务情况，核对菜单，准备好当天的调料和佐料。 （3）认真做好中餐的烹调工作，使菜肴的味、色、形等符合规定的质量标准。 （4）负责工作区域的卫生清洁工作，保持案与灶上的卫生。 （5）在厨师长的指导下，不断改进烹饪技术，增加菜肴的特色品种。 （6）对每天用料消耗情况要做到心中有数，节约能源，降低成本。 （7）负责培训中厨徒工。 （8）负责区域设备、器具保养。 （9）对顾客有特殊要求的食品，根据顾客点菜要求或忌口，采用特殊方式烹制，保证顾客要求。 （10）每日每餐按顾客点菜顺序进行烹制，防止错乱，引起顾客不满。 （11）每天必须按菜单及特殊要求做好半成品的加工制作。 （12）完成上级领导交办的临时性工作。

职责10：西餐厨师长岗位职责

西餐厨师长岗位职责如下表所示。

西餐厨师长岗位职责

岗位名称	西餐厨师长
岗位职责	（1）协助行政总厨做好西餐厨房生产、人员的组织管理工作。 （2）根据行政总厨要求，制订年度培训、促销等工作计划。 （3）根据厨帅的技艺专长和工作表现，建议安排合适的工作岗位，负责对属下进行考核评估。 （4）负责制订西餐菜单，对菜点质量进行现场指导把关，重大任务亲自操作以确保质量。 （5）根据菜单，制定菜点的规格标准；检查库存食品的质量和数量，合理安排使用食品原料，审签原料订购和领用单，把好成本控制关。 （6）负责西餐厨房员工培训计划的制订和实施，不断研制新的菜点品种，并保持西餐的风味特色。 （7）督促员工执行卫生法规及各项卫生制度，严格防止食物中毒事故的发生。 （8）负责对西厨房各点所有设备、器具的正确使用情况进行检查与指导，审批设备检修报告单。 （9）主动与餐厅经理联系，听取顾客及服务部门对菜点质量的意见，与采购供应等部门协调关系，不断改进工作。 （10）参加餐饮店有关会议，贯彻会议精神，就改进西餐生产和管理工作及时向行政总厨汇报。

职责11：中餐面点领班岗位职责

中餐面点领班岗位职责如下表所示。

中餐面点领班岗位职责

岗位名称	中餐面点领班
岗位职责	（1）负责面点厨房的制作管理工作。 （2）根据季节合理制订推出时令面点食品及菜单。 （3）根据厨师长安排，分派员工工作，组织日常制作。 （4）计划并领用当日所需食材、佐料。 （5）协助厨师长把好质量关，并对员工进行业务督导。 （6）负责面点厨房各种设施、设备、用具的安全使用和保养。 （7）按照先进先出的原则使用食材。 （8）负责食品的成本核算，协助师长制定面点品种和价格。 （9）负责各种面点及风味小吃的研制与开发。

（续表）

岗位职责	（10）监督下属人员认真执行食品卫生法规，防止食品污染，杜绝浪费，决不向顾客提供霉变、过期、有味儿的食品。 （11）加强对食材、水、电、燃料、油的管理与控制，下班后及时检查、关闭所有开关，特别是煤气，避免事故的发生。 （12）完成上级领导交办的临时性工作。

职责12：中餐面点师岗位职责

中餐面点师岗位职责如下表所示。

中餐面点师岗位职责

岗位名称	中餐面点师
岗位职责	（1）具体负责中、西餐面点的加工制作。 （2）根据领导安排和顾客需要制订面点菜单。 （3）按照操作程序、质量标准、比例要求进行加工制作各种中西式面点。 （4）填写每日食材申请单。 （5）负责工作区域的清洁卫生，厨房及设备清洁卫生。 （6）负责保养所有厨具、设备，使其处于良好运转状态。 （7）提出合理化建议，调整季节性面点。 （8）不断钻研面点制作工艺，提高产品数量、质量，满足顾客需求。 （9）每天检查本区域所有水、电、气、油等开关，注意安全生产。 （10）杜绝使用不清洁、被污染的产品。 （11）完成上级领导交办的临时性工作。

职责13：中餐冷菜领班岗位职责

中餐冷菜领班岗位职责如下表所示。

中餐冷菜领班岗位职责

岗位名称	中餐冷菜领班
岗位职责	（1）负责凉菜的加工和研制工作。 （2）协助厨师长拟定本组工作程序和操作规范，领导并督促员工依照执行。 （3）协助厨师长提出控制毛利率的实施细则，确定食材配比方案，拟定新菜品和时令菜品的推出方案。

（续表）

岗位职责	（4）根据菜单和开餐任务，分派员工工作，组织制作各种冷菜。 （5）检查员工仪容仪表、个人卫生及所属区域公共卫生。 （6）计划领用当日各种食材和调料，提出凉菜所需食材申请单。 （7）协助厨师长严把质量关，负责本组员工业务考评，进行岗上培训及业务指导。 （8）负责区域内的设备、用具的保养，保证良好地运转。 （9）按先进先出的原则使用食材，避免食品造成浪费。 （10）严格执行《食品卫生法》及有关政策，做好刀具及菜板的清洁卫生，杜绝使用霉变、腐烂食品，防止食物中毒事件的发生。 （11）加强对食材、水、电、燃料等的控制，下班后及时检查、关闭所有开关并对煤气进行安全检查，避免事故的发生。 （12）完成上级领导交办的临时性工作。

职责14：烧腊厨师岗位职责

烧腊厨师岗位职责如下表所示。

烧腊厨师岗位职责

岗位名称	烧腊厨师
岗位职责	（1）协助领班做好日常工作，管理好出品间。 （2）负责出品间人员的卫生及考核工作。 （3）负责烧烤、卤、浸各类肉食品及大小酒会、宴会所需的食品。 （4）管理好出品员，做好各类食品的清洗、斩劈、当挖。 （5）做好各类食品、半成品、肉类品的保鲜工作。

职责15：中餐冷菜厨师岗位职责

中餐冷菜厨师岗位职责如下表所示。

中餐冷菜厨师岗位职责

岗位名称	中餐冷菜厨师
岗位职责	（1）负责凉菜的加工、制作工作。 （2）根据菜单和开餐任务，准备好符合标准的食品食材及用具。 （3）按菜谱的选料标准和操作程序选料加工，配制冷菜。 （4）根据菜品需要制作各种冷盘，做到图案新颖，造型美观，配色精巧，细腻协调。

（续表）

岗位职责	（5）综合利用食品食材，定量、定质，按价配制，减少损耗，降低成本。 （6）根据订单需要，负责食品雕刻，根据不同要求分别采用不同命题。 （7）负责区域卫生，保持厨具清洁光亮。 （8）负责保养厨具、器具设备。 （9）积极参加业余培训，不断提高业务技能。 （10）认真贯彻执行食品卫生法规及有关政策，杜绝使用霉变、腐烂食品，防止食物中毒事故的发生。 （11）完成上级领导交办的临时性工作。

职责16：中餐粗加工人员岗位职责

中餐粗加工人员岗位职责如下表所示。

中餐粗加工人员岗位职责

岗位名称	中餐粗加工人员
岗位职责	（1）负责入厨的各类食材的粗加工工作。 （2）按操作程序进行食材初步加工。 （3）对食材进行拣剔、洗涤，保证加工食材的清洁卫生。 （4）保证食材营养成分，尽可能地先洗后切，减少存放时间，及时送厨房备需。 （5）操作中做好水产、禽、畜类的苦胆控除和放血等工作，保持食材的色、味、形。 （6）了解食材不同部位的不同用途，注意分级利用，提高切削率。 （7）注意下脚料的综合利用，降低食品成本。 （8）负责区域卫生设备、器具的保养和清洁卫生。 （9）认真做好垃圾的分放、倾倒工作。 （10）杜绝使用腐烂、变质、过期的食品，发现上述情况要及时向上级报告。 （11）完成上级领导交办的临时性工作。

职责17：西餐厨房领班岗位职责

西餐厨房领班岗位职责如下表所示。

西餐厨房领班岗位职责

岗位名称	西餐厨房领班
岗位职责	（1）负责西餐菜品的烹饪加工制作工作。 （2）协助西餐厨师长制定西餐菜单。 （3）做好餐前准备工作，备好所需食材、调料。 （4）按照食谱规定的要求程序操作，合理使用食材、配料、调料，烹制出色。 （5）负责区域卫生，保持用具和设备的清洁。 （6）和厨师长一起不断改进烹调技术，增加花色品种。 （7）负责所用设备的保养，使其良好运转。 （8）对每天的用料消耗做到心中有数，注意节约水、电、煤气等能源，努力降低成本。 （9）负责填写每日领料单。 （10）完成上级领导交办的临时性工作。

职责18：洗刷间领班岗位职责

洗刷间领班岗位职责如下表所示。

洗刷间领班岗位职责

岗位名称	洗刷间领班
岗位职责	（1）负责餐厅物品、餐具、用具的保管工作。 （2）做好餐具、用具的洗刷消毒工作。 （3）负责对洗刷工的专业培训和素质培训工作。 （4）负责金银器皿及其他高档器具的保养保管工作。 （5）合理地调配人员，对器具进行洗刷，降低破损率。 （6）每日对器具进行消毒程序的检查，考核员工每日的工作业绩。 （7）每日针对器皿的使用情况进行登记保管。 （8）完成上级领导交办的临时性工作。

职责19：洗刷工岗位职责

洗刷工岗位职责如下表所示。

洗刷工岗位职责

岗位名称	洗刷工
岗位职责	（1）做好餐具、用具的洗刷消毒工作。 （2）负责清理区域卫生。 （3）负责洗刷间各类设备的合理使用、保管。 （4）负责清洗餐厅的餐、用具，清洗时轻拿轻放，减少破损，降低餐具的破损指标。 （5）做好备餐的餐具准备工作。 （6）对各种餐具、用具和器皿要摆放合理、整齐，对高档器具类要上锁保管，谁领用谁负责，完善领用制度。 （7）对破损餐具，要单独存放并做好记录。 （8）注意个人卫生。 （9）完成上级领导交办的临时性工作。

第三章　营销部组织架构与岗位职责

营销部是主要负责餐饮店各项营销事务的部门，要确保营销部的正常运转，餐饮店必须建立规范的组织架构，明确各级人员所处的位置，并规定其岗位职责。营销部各级人员应当熟知自己的岗位职责，并按照具体职责要求开展工作，不做违背职责之事。

第一节　营销部的组织架构

餐饮店规模不同，其营销部的组织架构也会有所不同，大型餐饮店营销部的组织架构往往较为复杂，层级较多，而中小型餐饮店营销部的组织架构则较为简单，餐饮店应根据自身的规模、客流量等实际情况设置营销部的组织架构。

架构01：大型餐饮店营销部组织架构

大型餐饮店往往规模非常庞大，每天要处理的营销事务很多，因此，营销部的组织架构也会比较复杂。例如，在营销部经理之下设置了副经理，协助其处理日常部门事务，同时还设置了专门的办公室，来负责日常办公事务。大型餐饮店营销部的组织架构如下图所示。

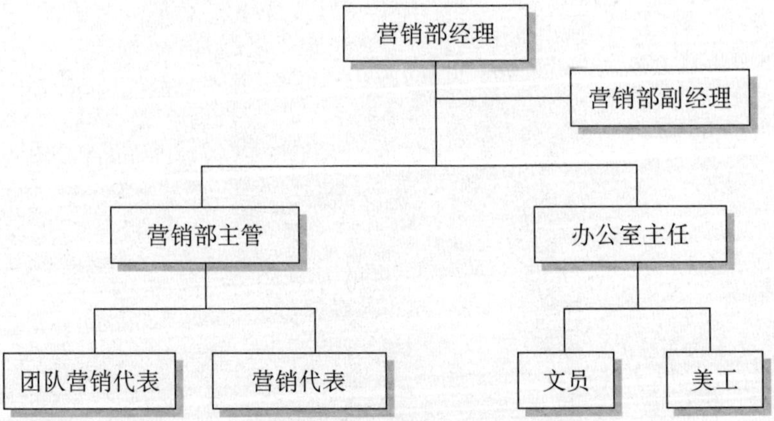

大型餐饮店营销部组织架构

架构02：中小型餐饮店营销部组织架构

中小型餐饮店的规模较小，营销部要处理的工作不多，因此，其组织架构比较简单，层级较少，往往由营销部主管直接领导营销代表开展日常工作，不设专门的办公室主任。中小型餐饮店营销部组织架构如下图所示。

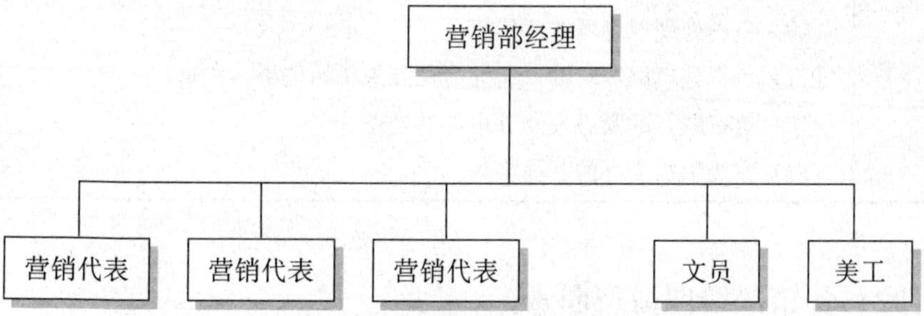

中小型餐饮店营销部组织架构

第二节　营销部的岗位职责

在营销部中，因为分工不同，各岗位的职责也有所不同，例如营销部经理负责制订营销部的工作计划，营销代表则负责开展各类销售工作。营销部各级人员应当各司其职，做好自己的工作，共同维持营销部工作的顺利开展。

职责01：营销部的职责

营销部的职能主要包括积极性职能与消极性职能两方面，具体如下表所示。

营销部的职责

部门名称	营销部
部门职责	（1）统筹餐饮店有关餐饮宴席等业务顾客的接待事宜。 （2）协调各部门的有关顾客服务事宜。 （3）配合业务推广部门拜会、计划、协调政府机构和人民团体接待贵宾等相关事宜。 （4）代表餐饮店参加公益活动或其他社团活动，建立餐饮店良好的形象及与相关组织团体的关系。 （5）负责餐饮店的文字宣传，包括报道、宣传、广告的简报，并呈送上级及分送有关部门参考。

（续表）

部门职责	（6）设计“意见调查表”，以统计分析顾客的反应，作为经营管理的参考。 （7）编列“广告预算计划表”，负责广告促销活动，如媒体选择、文字拟稿审核、广告刊登；协调美工制作宣传品以及宣传品（DM）的寄发等工作。 （8）负责餐饮店的报道、宣传事宜，并与媒体记者建立良好的公关关系。 （9）负责接待顾客、机关团体、学校的参观导游事宜。 （10）负责处理现场顾客的抱怨。 （11）负责处理顾客对餐饮店的信誉及抱怨的信函、传真。 （12）负责顾客的紧急及意外事件的处理。 （13）完成上级交办的其他事项。

职责02：营销部经理岗位职责

营销部经理岗位职责如下表所示。

营销部经理岗位职责

岗位名称	营销部经理
岗位职责	（1）领导营销部全体员工努力贯彻落实总经理的经营决策和各项计划，全面负责营销部的质量控制和日常运转工作。 （2）负责制订营销部的工作计划，根据餐饮店的近期和远期经营目标，负责提出并具体制订餐饮店对外销售、招揽客源的营销计划，经总经理批准后组织实施。 （3）定期向总经理提交市场调研报告，掌握餐饮市场动态，汇集整理对外推销、对内促销过程中得到的反馈信息。 （4）调整和完善本部门各项规章制度、岗位工作程序和岗位职责以适应餐饮店的发展。 （5）组织实施员工培训，使员工保持良好的业务技能状态，指导下属不断学习，更新专业知识，适应市场变化。 （6）编制餐饮店的市场销售预算报告，并以预算为标准在工作实施中控制各项支出。 （7）每天查阅各类报表，掌握餐饮店的各项经营状况，对每个细分市场制定销售目标，保证销售工作遵循潜在市场需求有效发展，按营销情况修订餐饮店的促销策略。 （8）负责餐饮店对顾客的宣传、推销工作，参与研究餐饮店产品的价格制定和产品的组合开发，及时对目标市场开展宣传、促销推广。 （9）制定员工销售指标，及时测量和评定部门及个人的销售业绩，激励员工的销售热情。

（续表）

岗位职责	（10）出席餐饮店的每日、每周例会，主持本部门的每日例会，将餐饮店的有关规定及时传送至本部门的员工。 （11）根据销售计划组织下属对潜在顾客安排访问的次数和时间，陪同重要顾客参观、了解餐饮店设施和服务。 （12）代表餐饮店对外签订宴会合同。 （13）密切与餐饮店有关部门的合作，安排好顾客预订的住宿、餐饮、娱乐、服务和特别活动。 （14）编制并每月上交工作报告和下月工作计划，包括销售工作动态、市场信息反馈和竞争者活动以及其他专项汇报工作。 （15）发挥工作主观能动性，积极完成上级领导交办的各项任务。

职责03：营销部副经理岗位职责

营销部副经理岗位职责如下表所示。

营销部副经理岗位职责

岗位名称	营销部副经理
岗位职责	（1）认真执行餐饮店的各项规章制度和上级的指令，向经理负责。 （2）深入调查市场，分析市场，全面掌握市场动向和竞争形势，及时提出调整营销策略、定位的意见和建议。 （3）全方位地开拓商务客户，广泛与政府部门、社会团体、企事业单位、个人等建立联系网络，坚持定期回访，交流感情，固定客源。 （4）广泛收集信息，善于捕捉信息，灵活机智，主动出击，立足销售价值，做好预订、签约的疏通工作，努力提高营销成果。 （5）与店内有关部门密切协作，切实做好各类客户的接待工作，随时协调处理接待中的问题，广泛征求客户意见和建议，及时反馈到相关部门，并跟踪改进和提高。 （6）认真建立各类客户档案，建立营销网络体系，不断完善，不断开拓，不断培植营销新的增长点。 （7）做好员工的思想教育和专业培训，核实下属工作任务，督促如期完成，定期考核，并提出奖惩建议。

职责04：营销部主管岗位职责

营销部主管岗位职责如下表所示。

营销部主管岗位职责

岗位名称	营销部主管
岗位职责	（1）协助营销部经理开展工作如各类宴会的销售策略及销售工作计划。 （2）建立并保持餐饮店与各政府机关、中外餐饮店、外办等顾客之间的密切联系，及时从顾客处了解对其餐饮店的感受与建议。 （3）有计划地对本地和外地主要城市的餐饮店、商社等机构进行促销访问，或以信函等其他方式与老顾客保持良好关系，并不断设法开发新顾客。 （4）具体负责餐饮店内使用的各种优惠卡的发放和管理工作，并与有关部门沟通，保证顾客享受优惠。 （5）完成部门经理要求的销售指标，指导营销代表制订细分市场计划及开展销售活动。 （6）负责对营销代表的日常培训和考核工作。

职责05：营销代表岗位职责

营销代表岗位职责如下表所示。

营销代表岗位职责

岗位名称	营销代表
岗位职责	（1）协助部门经理进行销售预测，制订餐饮销售策略及销售工作计划，并加以落实。 （2）运用灵活多变的推销方式，开展各类销售活动，吸引餐饮店的新、老顾客。 （3）协助部门主管收集市场信息，如房价促销活动等，并提出建议供部门经理参考。 （4）完成部门主管要求的销售指标，协助制订细分市场计划及开展销售活动。 （5）协助部门经理做好重点顾客的接待工作，收集顾客意见及信息，汇总上报。 （6）严格执行保密制度，各类价格切忌外泄。 （7）积极参加业务培训，增强工作责任心，发挥主动性和积极性，认真完成上级交办的其他任务。

职责06：营销部办公室主任岗位职责

营销部办公室主任岗位职责如下表所示。

营销部办公室主任岗位职责

岗位名称	营销部办公室主任
岗位职责	（1）在营销部经理的领导下，全面负责营销部办公室的管理工作。 （2）负责指导营销部文员和美工的日常管理工作。 （3）负责完成营销部经理下发的各项任务。 （4）负责做好部门员工的考勤记录，控制办公室文具的使用量。 （5）负责领取部门员工的工资和奖金，及时发放到个人并做好奖金记录工作。 （6）负责对营销部员工的日常培训、监督和考核工作。

职责07：营销部文员岗位职责

营销部文员岗位职责如下表所示。

营销部文员岗位职责

岗位名称	营销部文员
岗位职责	（1）协助营销部办公室主任做好横向业务联络和处理来函、来电等日常行政管理工作。 （2）负责拟写公函、便函、简报及公文等文件，经办公室主任审批后外发。 （3）负责整理并保管销售人员的销售报告、工作汇报及销售计划等。 （4）负责整理并保管部门所有营业推销信息资料、各种表格及其他有关文件。 （5）根据部门接受预订的情况记录，及时做好顾客流量的统计及客源层次的分析工作。 （6）根据部门各销售代表的工作总结和客源统计、分析资料，负责撰写月度部门工作总结及市场分析报告，经营销部经理审批后上交总经理室，并做好部门留档工作。 （7）协助办公室主任安排、落实好重要顾客的接待工作。 （8）负责领取部门员工的工资和奖金，及时发放到个人并做好奖金记录工作。 （9）积极参加培训，增强工作责任心，发挥主观能动性完成上级领导交给的任务。 （10）如有必要，参加日常的销售工作。

职责08：营销部美工岗位职责

营销部美工岗位职责如下表所示。

营销部美工岗位职责

岗位名称	营销部美工
岗位职责	（1）在营销部办公室主任领导下开展工作。 （2）根据餐饮店的经营活动需要进行各种设计和制作活动。 （3）设计及制作告示牌、广告牌、横幅、报刊广告、餐饮店各种对外宣传品产品包装、促销单页及广告主题创意和基本摄影等，保证制品的质量符合餐饮店的格调和声誉。 （4）随时掌握国内外有关信息，建立工作资料库，保持设计及制作的合理性及先进性。 （5）妥善保管、节约使用各种美术工具、颜料、材料，所有用过或展出过的美工用品应妥善安置，保持工作场地整齐清洁。 （6）估计所需美工器材并每月递交一次用品采购申请单，并在预算内合理用料。 （7）参观其他餐饮店并观察它们的美工手法，取其之长，为我所用。 （8）所有部门在需要美工协助工作时，应按照制作要求完成。 （9）完成上级领导交代的其他工作事项。

第四章　采购部组织架构与岗位职责

采购部主要负责餐饮店各项食材、设备、餐具等的采购工作。采购部在餐饮店中具有非常重要的地位，要确保采购部的正常运转，餐饮店必须建立规范的组织架构，明确各级人员所处的位置，并规定其岗位职责。采购部各级人员应当熟知自己的岗位职责，并按照具体职责要求开展工作，不做违背职责之事。

第一节　采购部的组织架构

餐饮店规模不同，其采购部的组织架构也会有所不同，大型餐饮店采购部的组织架构往往较为复杂，层级较多，而中小型餐饮店采购部的组织架构则较为简单，餐饮店应根据自身的规模、客流量等实际情况设置采购部的组织架构。

架构01：大型餐饮店采购部的组织架构

大型餐饮店往往规模非常庞大，每天要处理的采购事务很多，因此，采购部的组织架构也会比较复杂。例如，在采购部经理之下设置了原料组采购主管、设备及餐具采购主管，由主管具体负责下属采购员的日常管理。大型餐饮店采购部的组织架构如下图所示。

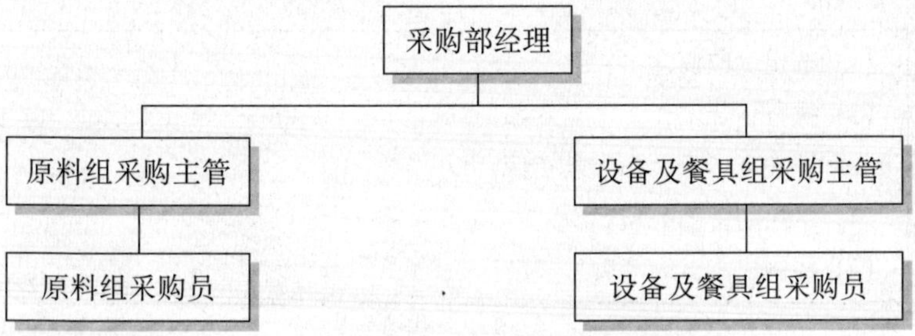

大型餐饮店采购部的组织架构

架构02：中小型餐饮店采购部的组织架构

中小型餐饮店的规模较小，采购部要处理的工作不多，因此，其组织架构比较简单，层级较少，往往由采购部经理直接领导各级采购员开展日常工作。中小型餐饮店采购部的组织架构如下图所示。

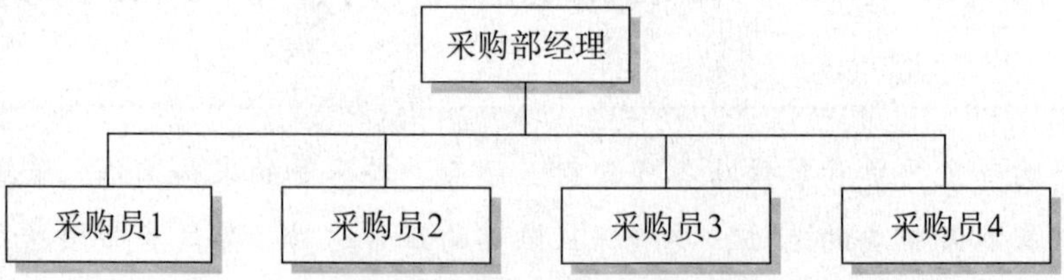

中小型餐饮店采购部的组织架构

第二节 采购部的岗位职责

在采购部中，因为分工不同，各岗位的职责也有所不同，例如采购部经理负责监督检查采购员的采购进度，而采购员则负责具体的采购事务。无论是采购部经理，还是采购员，都应当认真履行自己的职责，共同维持采购部工作的顺利开展。

职责01：采购部的职责

为使餐饮店的物资来源充足，而且在费用成本、品质条件、售后服务上获取最大的效益，采购部的职责如下表所示。

采购部的职责

部门名称	采购部
部门职责	（1）选定供应商。 （2）执行订货工作。 （3）开发新产品，拓展新货源。 （4）掌控物资的品质。 （5）控制成本。

职责02：采购部经理岗位职责

采购部经理岗位职责如下表所示。

采购部经理岗位职责

岗位名称	采购部经理岗位职责
岗位职责	（1）负责采购部的一切日常工作，确保各项采购任务的完成。 （2）认真监督检查各采购员的采购进度、质量及价格的控制。 （3）调查研究餐饮店各部门物资需求及消耗情况，熟悉各种食材的供应渠道和市场变化情况。 （4）熟悉和掌握餐饮店所需各类食材的名称、规格、单价、用途，检查购进物资是否符合质量要求。 （5）与供应商建立良好的协作关系，订立供货合同，确保以最合理的价格购到最好的食材。 （6）主持采购会议，及时解决存在的问题，协调内外关系。 （7）有计划地培训所属员工，组织学习业务知识，不断提高业务技能。 （8）经常检查本部门有关经济、海关、检疫、卫生等法律法规的执行情况，发现问题及时处理。遵守餐饮店有关财务规定。 （9）努力降低采购成本，扩大采购渠道，完善采购制度。 （10）完成餐饮店经理交办的其他工作。

职责03：原料组采购主管岗位职责

原料组采购主管岗位职责如下表所示。

原料组采购主管岗位职责

岗位名称	原料组采购主管
岗位职责	（1）在采购部经理的指导下负责原料组的采购工作。 （2）密切与各部门配合、沟通，做到每次购买的货品符合各用货部门的要求。 （3）负责制订设备及餐具组的采购计划，并安排采购员落实采购计划。 （4）负责与楼面经理、各厨房主管、财务主管一起和供应商进行谈判，商定进货价。 （5）负责对采购员的日常监督、培训和管理工作，监督采购员不得收受供应商的贿赂。 （6）协助餐饮店仓库部门做好食品原料的收发工作，收货时要按质按量，把好质量关，公正严明。 （7）定期开展对采购员的稽核工作，核查各项采购费用是否被滥用，如有滥用，要追究相关采购人员的责任。

职责04：采购员岗位职责

采购员岗位职责如下表所示。

采购员岗位职责

岗位名称	采购员岗位职责
岗位职责	（1）采购员应对各种食材的质量、价格、规格具有十分专业的知识。 （2）随时了解市场行情，熟悉市场内各大批发市场的地理位置并随时做市场的调查。 （3）采购员采购时要做到货比多家，在质量、价格上严格把关。 （4）定期与各厨房等用货部门代表前往购货，力求在采购物品时选料合理、符合规格，提高工作效率。 （5）采购员接申购单时要符合餐饮店的规定要求，由部门主管、仓管和总经理签署后，方可购买。 （6）非急用货品按正常时间采购；遇有急购货品时应立即采购，不得以任何理由延误。 （7）密切与各部门配合、沟通，做到每次购买的货品符合各用货部门的要求。 （8）负责与营业经理、各厨房主管、财务主管一起和供应商商定货价。 （9）采购员要协助仓库做好货品的收发工作，收货时要按质按量，把好质量关，公正严明。 （10）采购员要廉洁奉公，不得收取供应商的回扣和礼物，不得接受供应商的请客。 （11）采购员购货完毕后的单据，应尽量做到当天购物当天报销。确实未能报销时，可于第二天办理报销手续，报销单据不得积压超过三天。 （12）完成上级领导指派的其他工作。

职责05：设备及餐具组采购主管岗位职责

设备及餐具组采购主管岗位职责如下表所示。

设备及餐具组采购主管岗位职责

岗位名称	设备及餐具组采购主管
岗位职责	（1）在采购部经理的领导下负责设备及餐具组的日常管理工作。 （2）积极与楼面、厨房做好沟通工作，了解其设备和餐具的采购需求。 （3）负责制订设备及餐具组的采购计划，并安排采购员落实采购计划。 （4）负责对采购员的日常监督检查工作，监督采购员不得收受供应商的贿赂。

（续表）

岗位职责	（5）定期开展对采购员的稽核工作，核查各项采购费用是否被滥用，如有滥用，要追究相关采购人员的责任。 （6）餐饮店各类设备使用中出现问题时，要与设备供应商进行沟通，安排修理或更换。

职责06：设备及餐具组采购员岗位职责

设备及餐具组采购员岗位职责如下表所示。

设备及餐具组采购员岗位职责

岗位名称	设备及餐具组采购员
岗位职责	（1）采购员应对餐饮店所需各类设备和餐具的质量、价格、规格十分了解。 （2）随时了解设备和餐具的市场行情，熟悉市场内各大批发市场的位置。 （3）定期进行市场调查工作，全面了解设备及餐具的市场行情。 （4）采购时要做到货比多家，在质量、价格上严格把关。 （5）做好与设备供应商的日常沟通工作。 （6）要廉洁奉公，不得收取供应商的回扣和礼物，不得接受供应商的请客。 （7）采购员购货完毕后的单据，应尽量做到当天购物当天报销。确实未能报销时，可于第二天办理报销手续，报销单据不得积压超过三天。 （8）完成上级主管指派的其他工作。

第五章 保安部的组织架构与岗位职责

保安部是负责餐饮店各项保安事务的部门，其工作目标就是要确保餐饮店的安全。餐饮店必须建立规范的保安部组织架构，明确各级人员所处的位置，并规定其岗位职责。保安部各级人员应当熟知自己的岗位职责，并按照具体职责要求开展工作，不做违背职责之事。

第一节 保安部组织架构

餐饮店规模不同，其保安部的组织架构也会有所不同，大型餐饮店保安部的组织架构往往较为复杂，层级较多，而中小型餐饮店保安部的组织架构则较为简单，餐饮店应根据自身的规模、客流量等实际情况设置保安部的组织架构。

架构01：大型餐饮店保安部的组织架构

大型餐饮店往往规模非常庞大，每天进出餐饮店的人员众多，保安任务很重，因此，其组织架构较为复杂。例如，在保安部经理之下设置了大堂保安主管、监控中心主管、外保主管等，由各位主管指导各位保安员开展日常工作。大型餐饮店保安部的组织体如下图所示。

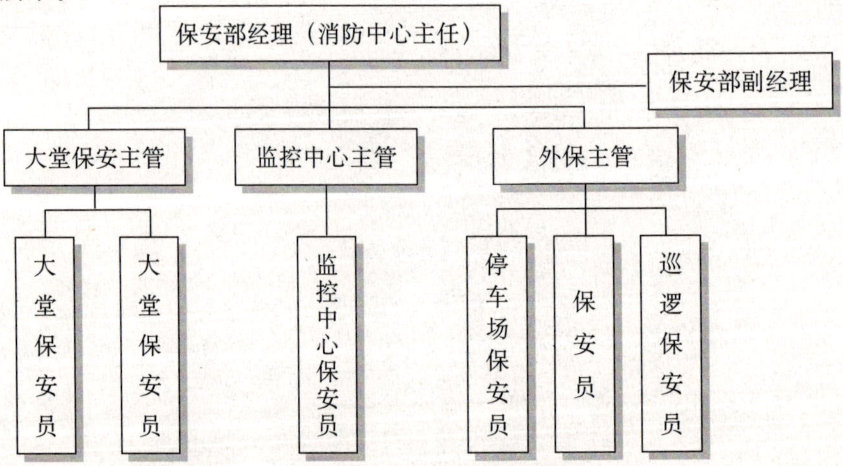

大型餐饮店保安部的组织架构

架构02：中小型餐饮店保安部的组织架构

中小型餐饮店的规模较小，保安部要处理的工作不多，因此，其组织架构比较简单，层级较少，往往由保安部经理直接领导大堂保安员、停车场保安员等开展日常工作。中小型餐饮店保安部的组织架构如下图所示。

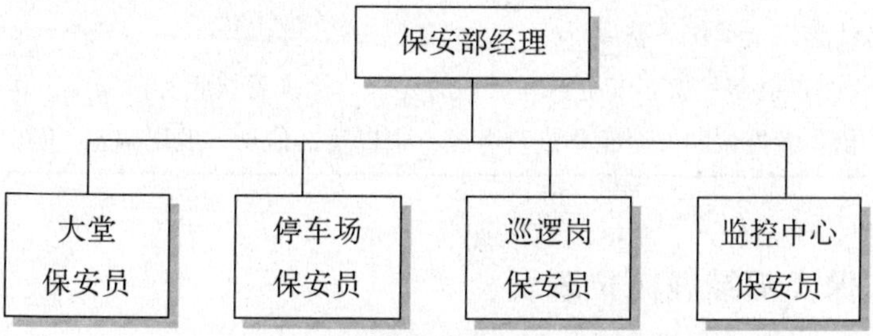

中小型餐饮店保安部的组织架构

第二节　保安部岗位职责

在保安部中，因为分工不同，各岗位的职责也有所不同。例如，保安部经理负责制定、健全餐饮店的安全保卫制度，而监控中心保安员则负责对餐饮店的日常监控工作，发现火警及时处理。保安部经理及其下属各位保安员，都应当认真履行自己的职责，共同保障餐饮店的安全。

职责01：保安部的职责

保安部的职责如下表所示。

保安部的职责

部门名称	保安部
部门职责	（1）在餐饮店内组织建立起专职的保安部门及餐饮店安全工作网络，并建立和完善有关安全工作的各项规章制度。 （2）全面调查和研究餐饮店内可能引起对顾客、员工及餐饮店造成损害的各种因素，结合餐饮店服务工作及经营活动的特点及实际，制订出符合餐饮店特点的安全管理计划。

（续表）

部门职责	（3）在实施餐饮店安全管理计划的过程中，要对各部门、各单位的安全工作及有关餐饮店安全的专项工作进行统一安排、分工合作的指导，明确餐饮店安全目标、各部门安全指标，并布置任务。 （4）与当地公安、消防部门以及其他执法机关联络，保持良好、有效的工作关系，取得它们对餐饮店安全工作的指导和协助；同时协调好餐饮店内各部门的安全工作，以便系统地组织餐饮店内外各部门的安全工作及力量，更有效地达到餐饮店安全工作的整体目标。 （5）根据餐饮店安全管理计划的要求，检查餐饮店各项安全工作，并定期对各部门、各岗位的安全工作进行考核；掌握反馈信息，发现偏差，及时予以纠正。

职责02：保安部经理岗位职责

保安部经理岗位职责如下表所示。

保安部经理岗位职责

岗位名称	保安部经理
部门职责	（1）坚持贯彻执行总经理的指示，做好总经理在保安工作上的参谋和助手，对餐饮店的安全负有重要的责任。 （2）有高度的责任感和事业心，有现代餐饮店管理的经验。 （3）敬业乐业，坚持原则，不徇私情，秉公执法，吃苦耐劳，勇于献身。带领和督导下属做好安全保卫工作，确保餐饮店人、财、物的绝对安全。 （4）负责制定、健全餐饮店的安全保卫制度，部署保安部的工作计划安排和检查落实，审定各部拟订的岗位安全制度、规定，报请总经理批准后实施。 （5）坚持餐饮店保安管理的规范化、程序化、标准化、制度化，坚持以身作则，最大限度地调动部门员工的工作积极性，并领导下属员工积极开展全面质量管理活动。 （6）维护餐饮店内部治安秩序，经常巡视餐饮店各重要器材设备，确保设备处于良好状态。 （7）组织调查内部发生的重大案件、事故，并向总经理提出建议，汇报查处结果。 （8）负责本部门员工的工作分派，带领本部门员工努力做好工作，保障员工和顾客的生命安全，对餐饮店经济部位和要害部位的安全要加强管理。 （9）与当地执法部门、司法部门及其他保安部门保持密切的合作关系，配合执法部门侦破违法犯罪案件。 （10）受理餐饮店有关本部门的顾客投诉。 （11）重视内勤工作，组织好保安工作档案材料的积累和科学管理工作。

（续表）

岗位职责	（12）协助总经理组建餐饮店安全委员会、消防委员会、交通安全委员会等组织，担任或选派各委员会主任并主持日常工作。 （13）协助培训中心组织开展以“防火、防盗、防破坏、防自然灾害”为中心的安全教育和法制教育。 （14）完成餐饮店领导及上级业务部门交办的各项临时性保安工作。

职责03：保安部副经理岗位职责

保安部副经理岗位职责如下表所示。

保安部副经理岗位职责

岗位名称	保安部副经理
岗位职责	（1）保安部经理不在时，代行经理职权。 （2）独立处理发生的各种治安问题。 （3）负责调动各部保安力量处理应急安全事务。 （4）督促餐饮店各部门落实安全管理岗位职责，分析存在的问题，及时提出改进意见，促使各部门加强安全管理，确保餐饮店及顾客的人身和财产安全。 （5）根据下属人员的工作表现情况，建议上级奖励或直接签单处罚。

职责04：大堂保安主管岗位职责

大堂保安主管岗位职责如下表所示。

大堂保安主管岗位职责

岗位名称	大堂保安主管
岗位职责	（1）在保安部经理的领导下全面负责大堂的保安工作。 （2）负责指导大堂保安员的日常保安工作。 （3）加强对大堂的巡查工作，随时关注大堂的情况，对发生的意外情况要及时处理。 （4）督导大堂保安员履行其职责，具体检查各项保安措施的落实。 （5）负责处理当值期间发生的异常事件，尤其是大堂保安员自己无法解决的事件。 （6）制订大堂保安员的培训计划，辅导新进保安员的培训工作。 （7）负责本部人员的考勤、考核工作，并负责消防防范布置及检查工作。

职责05：大堂保安员岗位职责

大堂保安员岗位职责如下表所示。

大堂保安员岗位职责

岗位名称	大堂保安员
岗位职责	（1）注意大堂出入顾客的动向，细心观察，保证餐饮店和顾客的生命财产安全。 （2）认真履行自己的岗位职责，保持高度的警惕，维护大堂的秩序，对在大堂发生争吵、大声呼叫、到处乱蹿的顾客要立即上前婉言劝说和制止，使大堂保持高雅宁静。 （3）注意保护大堂的公共设施，劝阻顾客，以保持大堂文明的环境。 （4）要防止顾客在大堂用餐时乱丢、乱吐、乱蹲、乱坐，发现此情况应立即委婉劝阻。 （5）有小孩在大堂追逐打闹、玩耍，或衣冠不整的顾客进入大堂时，要及时劝阻。 （6）不得在大堂和其他人闲聊。 （7）不得擅离职守，要热情礼貌、周到地回答顾客的询问。

职责06：监控中心主管岗位职责

监控中心主管岗位职责如下表所示。

监控中心主管岗位职责

岗位名称	监控中心主管
岗位职责	（1）在保安部经理领导下，全面负责对餐饮店的环境、治安、安全保卫和安全防火等安全隐患事故发生的监控工作。 （2）负责拟订餐饮店涉及安全监控的管理制度。 （3）协助公安、安全机关查处违法犯罪案件与人员，协助保安部经理处理餐饮店发生的各种治安和安全事件。 （4）拟订监控中心人员的岗位责任制度与职责规范，并保证制度的贯彻落实。 （5）参与制订餐饮店消防工作管理办法与措施，负责监控设备等的检查管理。 （6）负责餐饮店关键、要害部门，餐饮店大门和重大活动的监控工作，重点部位的监控管理与防范，防止意外事故的发生。 （7）与人力资源部配合，负责部门内部员工的综合素质及业务技能提高的教育、培训工作。

职责07：监控中心保安员岗位职责

监控中心保安员岗位职责如下表所示。

监控中心保安员岗位职责

岗位名称	监控中心保安员
岗位职责	（1）认真执行餐饮店和保安部制定的各项规章制度和监控系统操作规程，熟练掌握监控设备的操作程序和规范。 （2）负责监控中心设备的维护、保养和管理，发现设备故障，要及时排除。如故障排除有困难，应及时上报，配合维修部门尽快修复，保证设备正常运转。 （3）未经许可，阻止非监控中心工作人员入内。 （4）不准脱岗或在当值时睡觉，不得干与工作无关的事情。 （5）发生火警报警，及时将报警位置准确报告部门主管和相关部门，并跟踪反馈。 （6）密切注意观察餐饮店各区域的动向，发现情况及时报告部门主管，并做好录像追踪工作。 （7）监视所有摄像位置的图像，注意异常现象，发现情况即时通知部门主管，出现报警信号，立即核查信号真伪情况。 （8）对重点保卫区域和异常现象要做好记录和录像，以作必要时查证使用。 （9）监视电梯运作，守听电梯内警钟及对讲电源，有情况及时报告有关部门，并与电梯乘客及工程部联系处理。 （10）负责室内及设施设备的日常清洁工作，防止灰尘对设施设备造成损害。 （11）做好保密工作，不向无关人员泄漏自己的工作任务和监控设施。 （12）认真做好工作记录和交接班记录。

职责08：外保主管岗位职责

外保主管岗位职责如下表所示。

外保主管岗位职责

岗位名称	外保主管
岗位职责	（1）负责对巡逻保安员和停车场保安员的管理工作。 （2）负责制定巡逻保安员的巡逻路线。 （3）负责对停车场保安员和巡逻保安员的日常培训、监督、考核工作。 （4）负责与大堂保安主管、监控中心主管做好协调沟通工作。 （5）加强对保安执勤过程中发生的意外事故的处理工作。

职责09：巡逻保安员岗位职责

巡逻保安员岗位职责如下表所示。

巡逻保安员岗位职责

岗位名称	巡逻保安员
岗位职责	（1）认真履行自己的职责，发现事故苗头时要及时排除，确保安全。 （2）加强对重要区域的巡逻，发现可疑情况，应视情处理或及时向上级报告。 （3）对违反餐饮店规定，在餐饮店管理区域内闹事、斗殴、损坏餐饮店设施者，要对其进行劝阻或将其带到保安部酌情处理。 （4）若发生事故，如火警、盗警、凶杀、爆炸等等，要迅速组织顾客疏散并保护好现场，防止事态扩大。 （5）保护餐饮店花圃里的花草树木、园林建筑完好，对践踏草坪、采花折树者要立即劝阻，并妥善处理。

职责10：停车场保安员岗位职责

停车场保安员岗位职责如下表所示。

停车场保安员岗位职责

岗位名称	停车场保安员
岗位职责	（1）认真学习法律知识，认真学习餐饮店的各项制度和部门规定，增强法制观念，遵纪守法，廉洁奉公。 （2）维护好停车场交通治安秩序，做好防火、防盗、防偷、防破坏等工作，严格把好安全关。 （3）对进入停车场的车辆要指明停放地点，验明车况是否完好，并做好详细记录，填好表格，然后告知车主让其当场验证，同意属实签名后方可接收。 （4）做好对进入停车场停放车辆的收费工作，车走收费并注销，不得损公肥私、利用自己工作方便谋取私利，一经查获将按情处罚。 （5）对开出停车场的车辆要仔细、认真地做好验证工作，在情况属实时才可放行，如验证发现手续不齐和可疑情况，要立即进行查询、拦阻，并及时向上级报告。 （6）不得在停车场学开汽车、骑单车、骑摩托车，不得让闲杂人员在停车场停留。

第六章　工程部的组织架构与岗位职责

工程部是负责餐饮店日常工程事务、设备管理的部门，餐饮店必须建立规范的工程部组织架构，明确工程部各级人员在部门中所处的位置，并规定其岗位职责。工程部各级人员应当明确了解自己的岗位职责，并按照具体职责要求开展工作，不做违背职责之事。

第一节　工程部的组织架构

餐饮店规模不同，其工程部的组织架构也会有所不同，大型餐饮店工程部的组织架构往往较为复杂，层级较多，工作分类较细，而中小型餐饮店工程部的组织架构则较为简单，餐饮店应根据自身的规模、客流量、日常工程事务量等实际情况设置工程部的组织架构。

架构01：大型餐饮店工程部组织架构

大型餐饮店往往规模非常庞大，需要维护保养的各类设备也非常多，因此，工程部的组织架构较为复杂。例如，在工程部经理之下设置了维修领班，带领维修工、强电工、弱电工等开展日常工作。大型餐饮店工程部的组织架构如下图所示。

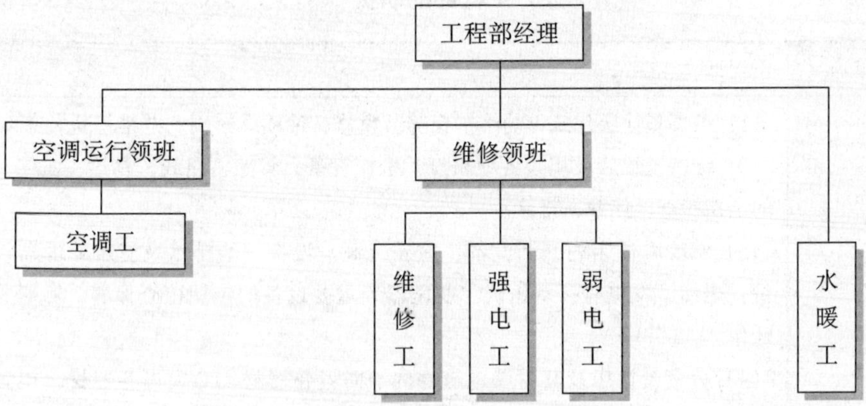

大型餐饮店工程部组织架构

架构02：中小型餐饮店工程部组织架构

中小型餐饮店的规模较小，工程部要处理的工作不多，因此，其组织架构比较简单，层级较少，往往由工程部经理直接领导维修工、电工等开展日常工作。中小型餐饮店工程部的组织架构如下图所示。

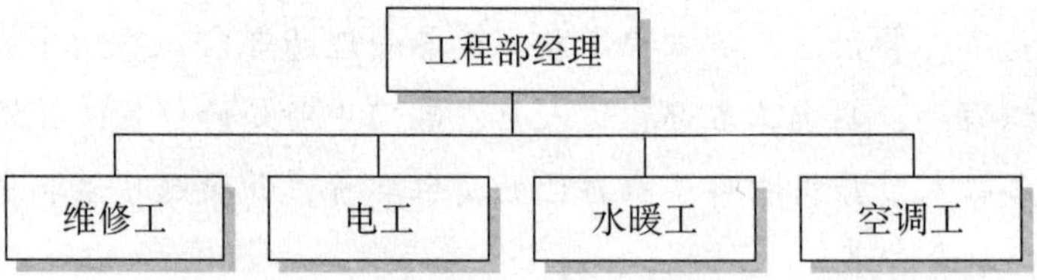

中小型餐饮店工程部组织架构

第二节　工程部的岗位职责

在工程部中，因为分工不同，各岗位的职责也有所不同。例如，工程部经理负责制订工程部年度工作计划，而空调工负责做好餐饮店所有空调的维护保养工作。无论是工程部经理，还是空调工，都应当认真履行自己的职责，共同维持餐饮店各项设备的正常运转，为餐饮店的日常运营提供支持。

职责01：工程部的职责

工程部如果运作良好，餐饮店就会运转良好；如果运作不良，就会影响餐饮店日常经营。工程部的职责具体如下表所示。

工程部的职责

部门名称	工程部
岗位职责	（1）负责餐饮店建筑物的维护保养、整修、油漆、粉刷，并维持新颖美观。 （2）维持餐饮店及周边各项路灯、机械设备、管路、路线、马达、水泵、排风机的定期检查、保养、维修。 （3）掌控餐饮店内空调设备、冷冻（藏）设备、给排水及滤水处理器设备、锅炉、电梯、发电机、空压机、变压器等重要设备的定期检查保养，务必保持正常运作。 （4）负责餐饮店及其附属建筑物内消防设备器材、防灾设备器材、电话总机器材、电视音响设备等的定期检查、保养及维修，务必保持正常运作。

（续表）

部门职责	（5）掌控餐饮店的水、电、油、煤气等能源使用情形的检查及详细记录，并研究改进节约使用方法。 （6）负责受理餐饮店内部各部门使用固定及非固定设备的损坏、故障的计划请修、电话请修、紧急请修或移动设备的送修。 （7）依据餐饮店的宴会通知单，派员协助器材组至宴会或会议场所，支援灯光、音响、投影等设备的装卸。 （8）编列预算，按期实施汰旧换新工程，增设或改装设备器材；负责施工、监督、完工验收的事宜。 （9）依据消防安全任务分工，派员负责水灾、火灾、风灾、地震等灾害抢救工作及灾害后处理工作。

职责02：工程部经理岗位职责

工程部经理岗位职责如下表所示。

工程部经理岗位职责

岗位名称	工程部经理
岗位职责	（1）全面负责工程部的日常运行和管理工作，制定本部门的组织机构和管理运行模式，使其操作快捷合理并能有效地保障餐饮店各系统设备安全经济正常地运行，保持餐饮店的建筑、装潢的完好。 （2）根据餐饮店具体情况，总结和归纳运行、维修的实践经验，编制工程部年工作计划，制定和审定工程部运行费用，制订或审定预防性保养维修计划且督促执行，保证餐饮店设施不断完善，始终处于正常、完好状态。 （3）根据营业情况和气候及市场能源价格情况，提出节能运行的计划和运行维修费用预算。 （4）制订员工培训计划，定期对员工进行服务意识、业务技能、基本素质的培训，并能处理各种突发事件。 （5）现场检查重要维修、改造工程的工作质量、进度及安全措施，对存在的问题进行协调和解决。 （6）加强与各部门的沟通与合作，经常征询对客服务部门的意见，不断改进硬件设施的不足，并组织实施技术改造。 （7）配合保安部搞好消防、安全工作，保证餐饮店的消防设备处于良好状态。 （8）考核工程部各员工并对其工作作出指导和评估。 （9）建立完整的设施设备技术档案和维修档案。 （10）完成上级下达的其他工作指令。

职责03：空调运行领班岗位职责

空调运行领班岗位职责如下表所示。

空调运行领班岗位职责

岗位名称	空调运行领班
岗位职责	（1）协助工程部经理做好空调系统的日常保养管理。 （2）协助工程部经理做好冷气供应的计划和协调工作，掌握和分析冷冻机房每天能耗情况，做好节能工作和能耗记录。 （3）指导空调工正确维护空调设备，保证设备完好和正常运行。 （4）认真分析冷冻机故障并对事故进行有效处理。 （5）负责空调工的工作安排和考勤、考核，抓好文明班组建设。 （6）做好交接班工作，交接清楚并有记录。

职责04：空调工岗位职责

空调工岗位职责如下表所示。

空调工岗位职责

岗位名称	空调工
岗位职责	（1）负责餐饮店中央空调系统的运行管理。 （2）负责餐饮店所有空调维护保养和检修。 （3）负责餐饮店中央空调水系统的维护保修和故障检修。 （4）负责空调控制电器的维护保养和故障检修。 （5）根据外界天气变化及时进行空调工况调节，努力使空调区域的温度、相对温度处在符合要求的数值范围；按运行记录做好记录。 （6）掌握设备运行的及时情况，发现解决不了的问题立即报告。 （7）主机开、停由指定的人员进行操作。 （8）按保养规程做好设备日常及月度保养工作，确保重点设备经常处于良好的技术状态。 （9）设备开、停必须及时转换运行状态牌，尤其是接到维修班停台维修通知后，应立即挂上检修牌，若因没有挂上牌造成事故，追究当班责任。 （10）发生故障，技术员、工程师不在时，要积极抢修，应急故障未处理完毕不得下班。

职责05：维修领班岗位职责

维修领班岗位职责如下表所示。

维修领班岗位职责

岗位名称	维修领班
岗位职责	（1）协助工程部经理做好餐饮店的维修管理工作。 （2）熟悉餐饮店各项设备和管道的布局，组织员工定期对营业场所的设备和管道等进行巡视检查、保养。 （3）沟通协调与餐饮店其他有关部门的联系和其他工种间的工作关系。 （4）负责对泥、木、漆、管工等工种的维修材料和工具的管理工作。 （5）编制维修工作计划表，定期按计划开展维修工作。 （6）负责维修工、弱电工、强电工的指导和监督工作。

职责06：维修工岗位职责

维修工岗位职责如下表所示。

维修工岗位职责

岗位名称	维修工
岗位职责	（1）做好餐饮店内各种土建、装修、装饰的管理以及餐饮店内门、窗、桌、椅的维修保养工作。 （2）确保店内的装修、装饰以及餐饮店内门、窗、桌、椅常年处于良好的状态。 （3）完成或配合完成餐饮店内的各项较小型的改建、新建项目。 （4）严格按有关工作程序、操作规程和安全规程操作，确保生产安全。 （5）向上一级提交常用备料清单，填写工作记录。

职责07：强电工岗位职责

强电工岗位职责如下表所示。

强电工岗位职责

岗位名称	强电工
岗位职责	（1）负责餐饮店电力系统的运行管理。 （2）负责高低压配电柜、变压器、发电机及控制设备的维修保养及故障检修。

（续表）

岗位职责	（3）负责餐饮店范围内所有照明设备的保养和故障维修。 （4）发生故障时，值班人员应保持冷静头脑，按照操作规程及时排除故障。 （5）故障未排除不得下班，尽理一次性把设备故障解决。一般性设备故障应交代清楚并做好记录。 （6）协助其他班组做好工作。 （7）努力学习技术，熟练地掌握本餐饮店供电方式状态、线路走向及所管辖设备的原理、技术性能及实际操作。 （8）定期巡视保养柜底，严防老鼠等小动物蹿入配电区域。

职责08：弱电工岗位职责

弱电工岗位职责如下表所示。

弱电工岗位职责

岗位名称	弱电工
岗位职责	（1）服从安排，做好所辖设备线路的运行、保养、巡视工作。 （2）做好餐饮店内通讯、音响、有线电视、床头集控板、电脑门锁等弱电专业工作。 （3）严格按照操作规程、安全规程和餐饮店制度，对弱电专业所辖的工作内容进行开机、巡视，确保餐饮店弱电项目能正常安全运作及安全生产。 （4）根据各种会议宴会的要求，安排做好灯光、音响的准备工作，确保灯光、音响正常。 （5）接受维修指令，迅速到故障点排除故障，保障弱电专业所辖功能能正常运作。 （6）严格遵守机房制度、设备操作规程、安全规程。

职责09：水暖工岗位职责

水暖工岗位职责如下表所示。

水暖工岗位职责

岗位名称	水暖工
岗位职责	（1）做好餐饮店的给排水系统管理工作，确保给排水系统正常运行。 （2）做好给排水系统的维护、保养工作，确保给排水系统畅通无阻，上、下水道均无阻塞、泄漏、渗漏现象。 （3）完成各种上、下水管道的改建、新增等工程项目。 （4）严格按操作规程、安全规程作业，确保设备安全和人身安全。 （5）向主管提交常用备件计划，做好工作记录。

第三部分

怎样规范
餐饮管理作业流程

流程是指工作开展的具体步骤。每项工作只有按照流程进行，才能做到有条不紊，少出差错。餐饮店各级人员都要按照各项流程做好自己的工作，确保为顾客提供一个满意的就餐环境。

第一章 楼面管理流程

楼面是餐饮店最主要也最繁忙的工作场所。楼面管理人员要带领各部门人员按流程做好各项常规服务工作，如餐位预订、迎宾等，并处理好各类异常情况。

第一节 楼面常规服务管理流程

楼面常规服务是指日常服务，如餐位预订、迎宾、零点摆台、宴会摆台等，楼面各级人员应当按照相关流程要求做好各项服务工作，确保工作顺利完成。

流程01：餐位预订流程

餐位预订是指顾客通过亲自到店或者电话方式预订餐位的行为。餐位预订流程如下表所示。

餐位预订流程

流程	流程说明
顾客提出预订申请	无论顾客是通过电话预订，还是亲自来餐饮店预订，接受预订的服务人员都要做好记录工作，确保顾客的预订信息无误。
↓ 办理预订	查询餐位预订记录，如有空位，就为顾客做好安排，如果没有空位，应询问顾客，是否接受预订等待，如果顾客接受预订等待，服务人员应当在“订位等待单”上做好记录，一旦出现空位，要及时通知顾客。
↓ 道别	礼貌地向顾客道别，如果顾客是通过电话预订，应等顾客先挂电话，然后才能挂断。

流程02：迎宾工作流程

当顾客来到餐饮店时，迎宾员要对顾客进行热情迎接。迎宾工作流程如下表所示。

迎宾工作流程

流程	流程说明
排成队列 ↓	楼面迎宾员横排对称站立在餐厅门口两侧。
表示欢迎 ↓	顾客一出现，须以微笑和愉快的态度主动迎上来客，面带微笑正眼注视着顾客的眼睛，并且微微点头表示敬意，称呼顾客的头衔，友善地主动与其打招呼。
服务 ↓	打过招呼以后，顾客如有随身物品或大衣，须协助交付保管，如无此设施，则帮顾客挂在餐厅内。
领位	询问顾客是否预订，有则根据订席簿上所预先安排好的座位，亲自或交由领台员引导顾客入席，引导前先询问一下顾客，是否对所安排的餐桌有意见。如果顾客没有预订，则需询问共有几位，以便寻找适合的餐桌给他们。

流程03：零点摆台流程

摆台就是将各种就餐用具按照一定要求摆放到餐桌上，具体内容包括布置餐桌、铺台布、安排席位、准备用具、摆放餐具、美化席面等。零点摆台是指为零散的客人进行摆台。零点摆台流程如下表所示。

零点摆台流程

流程	流程说明
铺台布 ↓	（1）根据餐厅的环境、布局及席位选用颜色和质地合适的台布，然后认真细致地检查台布，如有污垢、破损及皱褶等要立即更换。 （2）铺台布时，服务员应手持台布立于餐桌一侧（通常是副主人处），距桌边约40厘米，将台布抖开，覆盖在桌面上。 （3）铺好台布后再次检查台布质量及清洁程度。

（续表）

流程	流程说明
↓ 铺台裙	有的餐厅档次、规格较高，为了使台面美观、大方、高雅、舒适，就将整个餐桌边围上一周，这就是铺台裙。铺台裙就是先将台布铺好，再沿顺时针方向用针、胶带固定台布，台布的折摺要均匀平整，用针时针尖向内，防止对顾客造成伤害。
↓ 铺转盘	铺转盘时，服务员应先将转盘和玻璃台面放在转台上，轻轻转动，以检查其是否灵活。
↓ 摆餐碟	摆在每位顾客所对台面的正中，距桌边约2厘米（以大拇指指尖第一关节的长度为准）。
↓ 摆汤碗	摆在餐碟左侧稍上一些，与碟间距1厘米。
↓ 摆筷架、筷子、汤勺	筷架摆在餐碟右侧，与汤碗成一条直线，与餐碟间距1厘米，筷子尾部距桌边约1厘米。将汤勺摆在汤碗内，勺把朝右。
↓ 摆餐巾	将杯花插入杯中，盘花置于餐碟上。
↓ 摆公用筷架	8人以上的台面应摆放公用筷架，供主人为顾客布菜和其他人取菜用。公筷、公勺放在公用筷架上，筷架摆在个人用餐具上方或转台上。

流程04：宴会摆台服务流程

宴会摆台服务流程如下表所示。

宴会摆台服务流程

流程	流程说明
摆餐碟 ↓	摆在席位正中，从主位开始顺时针摆放，碟与碟之间距离要相等，碟边距离桌边2厘米。碟内图案花纹正向面对席位。

（续表）

流程	流程说明
摆筷子架	筷架置于餐碟右上方，其位置以筷子放上后尾部距桌边约1厘米为宜。
摆筷子	筷子置于筷架上，筷子前端距筷架约3厘米，尾端离桌边2厘米，距餐碟1厘米。筷子的文字或图案一律向上。如用筷套，筷套上的文字或图案应朝上并正对餐位方向。
摆酒杯	中餐宴会一般使用由水杯、红葡萄酒杯、烈性酒杯组成的三套杯。摆杯时先将各种杯依次放在圆托盘内，手持杯颈，杯口向上，红葡萄酒杯正对餐碟前1厘米，烈性酒杯摆在红葡萄酒杯右侧，杯距1厘米，水杯中插餐巾花置于红葡萄酒杯左侧。三个杯之间的距离以能插入手指、方便使用为度。三套杯也可摆成弧形或三角形，但总的要求是不妨碍顾客右手取菜。
摆公用餐具	10人桌通常摆放两套公用餐具。分别放在正、副主人酒具的前方，筷子和汤勺并排横放在公用盘上，筷子尾端和勺把一律向右。
摆牙签筒	10人桌宴会一般摆两个牙签筒，牙签筒放在公用盘右侧，相距1厘米。
摆烟灰缸	从主人右侧开始，每两个餐位放一个，烟灰缸上方要与酒具平行。
摆香烟、火柴	根据宴请要求摆设，若需要摆放，应置于烟灰缸右侧。
摆菜单	10人桌一般放两份，摆在主人、副主人餐具的一侧，其底部距桌边2厘米。
摆席次卡、座卡	席次卡摆在每张餐桌中央，台号朝向厅堂入口处。座卡放在每个餐位正中，卡上姓名正对就餐者。
摆筷子	（1）首先应检查椅子是否完好，有无晃动，是否干净、卫生。 （2）然后将椅子摆放在离桌边约10厘米的位置，并保证椅边恰好触及台布下垂部分。 （3）正副主位摆好后，其他座椅间距相等。

流程05：点菜服务流程

点菜服务流程如下表所示。

点菜服务流程

流程	流程说明
准备点菜单	准备点菜单，确保点菜单干净、清楚、整齐。点菜单通常是一式四联，并用不同的颜色加以区别。比如，收银员白联，厨房蓝联，酒吧黄联，服务员红联。
呈递菜单	顾客就座后，首先了解来宾中的主人及用餐性质，然后确认顾客是否开始点菜。若是的话，则事先检查一遍菜单，确保其清洁、美观。
推荐介绍餐饮店特色菜	（1）点单之前，首先记下订单日期、本人姓名及桌号、座位号、人数，若是加单应标上加单符号。 （2）主动根据顾客的心理需求，尽力向顾客推销本餐厅的时菜、特色菜、名菜、畅销菜和精品菜，当好顾客的参谋。
接受点菜	（1）点菜时站在顾客旁边半步距离的地方，身体微微向前倾斜，眼睛注视顾客，听清顾客所点菜名，适时帮助顾客选择食品和主动推荐介绍食品。接受酒水点单时，记清顾客所点酒水。 （2）若顾客有特殊要求，应在订单上清楚注明，并告知传菜服务员，以便引起重视。 （3）若顾客点了烹制时间较长的菜品，服务员要主动向顾客解释，并合理调整出菜顺序。
填写菜单	已建立点菜系统的餐厅，可以使用电脑填写菜单，也可以使用点菜单填写，然后到系统旁输入。
复述菜单	待顾客点完菜，应清楚地重复一遍顾客所点菜肴内容，待顾客确认后说："谢谢，请您稍等。"
分送点菜单	顾客点好菜后，负责点菜的服务员要及时将菜单分送至各点。比如，白色联送收银付账，蓝色联送厨房制作食品，黄色联送酒吧取饮品，红色联留底核对。

流程06：上菜服务流程

上菜服务流程如下表所示。

上菜服务流程

流程	流程说明
选择上菜位置	上菜一般应从顾客的左边上，上菜时要避免影响顾客用餐或将汤汁滴在顾客身上。
确定上菜顺序	各地因饮食习惯不同其上菜顺序也不同，但基本原则大体上相同，包括：先凉菜，后热菜；先咸味菜，后甜味菜；先佐酒菜，后下饭菜；先荤菜，后素菜等。
掌握上菜要领	（1）端菜上桌时，要确认自己已经将盘子拿稳，不会倒翻。 （2）先上调味品后上菜，冷菜尽快上；同时核对台号、品名，整理台面，留有空间，双手端上菜肴并报菜名，特色菜肴应作相应介绍。 （3）上菜时动作要轻，严禁将菜肴从顾客头上端过，同时要注意不能让自己的手指触碰到食物。
询问	菜上齐时应告知顾客，并征询顾客是否需要添菜；同时严禁打乱上菜的顺序及遗漏菜肴。
撤盘	随时撤下空盘，保持餐桌美观，注意色彩搭配；大圆桌应将刚上的菜肴转至主宾位，撤空盘时严禁盘子叠盘子。

流程07：餐中服务流程

在顾客就餐过程中，服务人员也要做好服务工作，如及时为顾客更换烟灰缸、更换骨碟等。餐中服务流程如下表所示。

餐中服务流程

流程	流程说明
更换烟灰缸	（1）烟灰缸里有两个烟头或明显的杂物时就要给顾客撤换。 （2）从顾客右侧撤换。撤换时，应用托盘托上干净的烟灰缸，用右手的拇指和中指捏紧干净烟灰缸的外壁，用食指按住烟灰缸的内侧，从顾客的右侧将干净的烟灰缸覆盖在已用过的脏烟灰缸上。 （3）将两只烟灰缸同时移入托盘，然后再将清洁的烟灰缸放回餐桌。这样，可以避免烟灰飞扬污染菜点或落在顾客身上。

（续表）

流程	流程说明
↓ 更换骨碟	（1）当顾客骨碟中的骨头超过三块时，就要考虑为顾客换骨碟。 （2）换骨碟时，服务员左手托放有干净骨碟的托盘，走到顾客面前说："对不起，帮您换个骨碟。" （3）从顾客右侧，按顺时针放置，女士优先。
↓ 斟茶	茶要有一定的热度，不能为顾客倒已经凉了的茶。倒茶时，要一手端壶把，一手按住壶盖；要注意卫生，不能用一桌用过的茶杯再给另一桌顾客斟茶。倒茶时要掌握适量，以八分满为好。
↓ 上小毛巾	在顾客进餐的整个过程中，必须向顾客提供4次小毛巾服务。当顾客入席后第一次送上；当顾客吃完带壳、带骨等须用手抓的食物后第二次送；当顾客吃完海鲜后第三次送；当顾客吃完甜食后第四次送。
↓ 整理台面	将顾客进餐中不需要的餐具撤走，再将所需的餐具摆好。撤餐具时手指不能伸入餐具内。根据顾客所订菜式的先后顺序，从顾客两侧由里及外摆放。台面保持整洁，有油渍处可用餐巾盖住。

流程08：结账服务流程

顾客用餐结束后，服务人员应当及时为其结账。结账服务流程如下表所示。

结账服务流程

流程	流程说明
取账单	当顾客示意结账时，服务员迅速到收银台领取顾客账单。
↓ 核对账单	应核对主账单和各分账单所开项目与价格是否相符；将账单放入账夹内，并准备结账用笔。
↓ 递送账单 ↓	从顾客右侧躬身礼貌地将账夹打开递给顾客，并说明是该顾客用餐账单。

（续表）

流程	流程说明
↓ 收款	（1）现金支付。用账夹把从收银台找回的零钱及账单顾客联递还顾客，向顾客唱收唱付。 （2）信用卡支付。向顾客出示账单，确认账单无误后，请顾客出示信用卡，用POS机为顾客刷卡，然后请顾客核对金额，并输入密码，密码无误，支付完成后，请顾客在信用卡签付单上签字，再将发票递给顾客。 （3）签单。须将账单及笔递给顾客，礼貌地要求顾客在账单上签名，写上房号；然后将房卡及账单交收银员处理。
↓ 致谢	一定要对顾客表示感谢。

流程09：食品打包服务流程

有些顾客会要求餐饮店将其未吃完的饭菜打包，服务人员应做好打包工作。食品打包服务流程如下表所示。

食品打包服务流程

流程	流程说明
顾客提出打包要求 ↓	有些顾客想将未吃完的饭菜带回家，会提出打包要求。
撤菜下桌 ↓	立即将食品撤下餐桌，并告诉宾客将在厨房为宾客包装食品及宾客所需等待的时间。
送厨房 ↓	将食品送到厨房，准备好食品盒、红丝绸带及带有店徽的塑料袋。
包装 ↓	将食品分类装入食品盒内，注意不外溢汤汁，且应保证包装整洁、精美。
送到服务边柜上 ↓	须经宾客许可后才将食品拿到服务边柜上。
递给顾客	请宾客过目后将食品盒装入食品袋内，递给宾客。

流程10：楼面清场工作流程

餐饮店全天营业结束后，应当及时进行清场，即对楼面进行整理、清扫等，使其恢复干净、整洁的状态。楼面清场工作流程如下表所示。

楼面清场工作流程

流程	流程说明
营业结束	到了营业结束时间，顾客全部离开后，应开始楼面的清场工作。
↓ 关掉部分灯光	关掉大部分的照明灯，只留适当的灯光供清场用。
↓ 撤器皿	（1）先清理桌面，再撤走服务桌上所有器皿，送到洗碗机房清洗。 （2）把布件分类清点，送备餐间（干净的与用过的要分开）。
↓ 整理楼面	对楼面桌椅等用具进行整理，确保整洁。
↓ 清洁	清洁四周护墙及地面，地毯吸尘。
↓ 落实安全措施	关闭水掣、切断电源，除员工出入口以外，锁好所有门窗。
↓ 填写安全检查表	对安全工作结果进行检查，填写安全检查表。

第二节　楼面异常情况处理流程

楼面日常工作中，可能会发生一些异常情况，如不慎将汤汁泼到顾客衣物上，顾客损坏餐具，顾客突然病倒等，楼面服务人员遇到异常情况时，不应慌张，而应按照相应流程进行处理。如顾客突然病倒时，要及时通告急救部门，做好现场处理，在医生到来之后还要协助医生做好处理工作。

流程01：不慎将汤汁弄到顾客衣物上的处理流程

不慎将汤汁弄到顾客衣物上的处理流程如下表所示。

不慎将汤汁弄到顾客衣物上的处理流程

流程	流程说明
问题发生	服务员因操作不小心将汤汁弄到顾客衣物上，应由餐饮店承担全部责任。
致歉	由餐厅的管理人员出面，真诚地向顾客表示歉意。
擦拭	（1）及时用湿毛巾为顾客擦拭衣服，但要注意先征得顾客的同意。 （2）女顾客一般应由女服务员为其擦拭，动作要轻重适宜。
洗涤	根据顾客的态度和衣服被弄脏的程度，主动向顾客提出为其免费洗涤的建议，洗涤后衣服要及时送还给顾客并再次道歉。
补偿	有时衣服被弄脏的程度较轻，经擦拭后已基本干净，餐厅主管此时应为顾客提供一些免费的饮料和食品，以表示对顾客的补偿。
赔偿	如果衣服被弄脏的程度较重，如有大面积油脂较浓的汤汁，即使洗涤也很难洗净，餐饮店应按照其价值与顾客进行协商赔偿。
记录存档	事件处理完毕后，必须做好处理记录，并存档。

流程02：顾客损坏餐具处理流程

顾客损坏餐具处理流程如下表所示。

顾客损坏餐具处理流程

流程	流程说明
查找原因	顾客损坏餐具的原因通常有两类，即有意损坏和无意损坏。

（续表）

流程	流程说明
↓ 处理	（1）对无意中损坏餐具的顾客，服务员首先应和气地给予安慰，并将损坏物品及时撤离餐桌，然后向顾客讲清赔偿原则，争取顾客主动给予赔偿。 （2）对有意损坏餐具的顾客，要及时与店内保安部门取得联络，让顾客照价赔偿，但要注意态度及方法。
↓ 通知当地公安部门	如果顾客态度恶劣，对餐具毁损的数目较大，给餐饮店造成重大损失，应及时通知当地公安部门前来处理。
↓ 记录存档	楼面处理人员要做好事件处理的记录，并存档。

流程03：顾客突然病倒处理流程

顾客突然病倒处理流程如下表所示。

顾客突然病倒处理流程

流程	流程说明
通告急救部门	对突然发病的顾客，服务员要保持镇静，首先打电话通知上级主管或120部门。
↓ 现场处理	（1）如果顾客昏厥或摔倒，不要随意搬动顾客。如果觉得顾客躺在那儿不雅观，可以用屏风把病者围起来。 （2）对有些顾客在进餐过程中，或进餐后尚未离开餐厅时，就突然出现肠胃不适等病症，服务员也要尽量帮助。
↓ 协助医生	服务员还要认真观察病人的病情，帮助顾客解开领扣，打开领带，等待急救医生的到来，并按医生的吩咐，做一些力所能及的事情，协助医生的工作。
↓ 事后处理	（1）根据医生检查得出的结论，如果是因为餐饮店食品问题导致顾客病倒，餐饮经理要对顾客做出赔偿，并通告餐饮店暂时停售该类食品。 （2）如果医生的结论显示为顾客自身身体原因导致病倒，餐饮经理也要对顾客表示慰问，并欢迎他下次再来就餐。
↓ 记录存档	对事件的整个处理流程都要做好记录，并存档。

流程04：突然停电处理流程

突然停电处理流程如下表所示。

突然停电处理流程

流程	流程说明
稳定顾客情绪	服务员要保持镇定，首先要设法稳定住顾客的情绪，请顾客不必惊慌。
↓ 打开应急灯	然后立即开启应急灯，或为顾客餐桌点燃备用蜡烛。
↓ 说服顾客	说服顾客不要离开自己的座位，继续进餐，并告知餐饮店将尽快处理。
↓ 联系工程部	（1）马上与有关部门取得联系，搞清楚断电的原因。 （2）如果是餐厅供电设备出现了问题，应立即要求派人检查修理，在尽可能短的时间内恢复供电。 （3）如果是地区停电，或是其他一时不能解决的问题，应采取相应的对策。
↓ 致歉	对在餐厅用餐的顾客要继续提供服务，并向顾客表示歉意，同时暂停接待新来的顾客。
↓ 记录存档	对事件的处理经过做好记录，并存档。

流程05：突然停水处理流程

突然停水处理流程如下表所示。

突然停水处理流程

流程	流程说明
查明原因	区分是自来水厂地区性停水还是大楼暂时性停水。
停水后处理	（1）停水后，洗碗机、中央空调、水冷式冰箱、生饮水系统、制冰机、汽水机、咖啡机、巧克力机等均无法使用，唯独啤酒机、冰红茶、冰咖啡不受影响，可继续出售。 （2）需将水冷式冰箱电源切断并上锁，以防因进出冷气不停外泄，造成蔬菜腐坏。 （3）关掉冷气系统，只留送风。如可能，所有餐点饮料以外带纸盒、纸杯包装，供应顾客，以减少杯盘使用，可避免因停水无法处理脏杯的苦恼问题。
水来后处理	（1）水来后，应检视中央空调系统，水塔需先补满，才可启动冷气。 （2）水冷式冰箱需重新开机，并设定温度，待气温下降至设定温度时才可开门。 （3）制冰机重新设定并循环一次后，再开始制冰。 （4）立即处理所有脏碗、碟等。
记录存档	对事件的处理经过做好记录，并存档。

第二章　厨房管理流程

厨房管理是餐饮店管理的重要组成部分，厨房是向顾客提供食品的生产部门，厨房生产对餐饮店经营至关重要。厨房管理流程包括日常管理流程和菜品创新管理流程两大部分，厨房员工应当按照流程要求做好各自的工作。

第一节　厨房日常管理流程

厨房日常管理内容很多，如蔬菜加工、炒菜间加工、面食间加工等，每项内容都关系着厨房的正常运转，都必须按相关流程进行，如蔬菜加工要先做人员准备，然后磨刀等，最后做好细加工，确保蔬菜加工质量。

流程01：蔬菜加工流程

蔬菜加工流程如下表所示。

蔬菜加工流程

流程	流程说明
人员准备	（1）根据规定穿好工作服，将手清洗并消毒，穿上不易打滑的鞋。 （2）准备好使用的工具，并检查刀具是否有锈迹。如果有，则须先将刀具磨亮至无锈。 （3）检查砧板，砧板若凹凸不平影响正常工作，则应事先报告本部门负责人，请指定的人员前来削平。
↓ 磨刀 ↓	（1）磨刀前，先将刀面上的油污擦洗干净，再把磨刀石安放平稳，磨刀石以前部略低、后部略高为宜。 （2）磨刀时，先在粗磨刀石上磨出锋口，再在细磨石上磨快。 （3）磨刀的动作要前推后拉，关键要用力均匀。磨至石面起砂浆时再淋水继续磨。

（续表）

流程	流程说明
↓ 磨平墩头	（1）新墩头放在盐卤中浸泡24小时以上，以保证其更结实耐用。 （2）使用的过程中定时转动墩位，以使砧墩表面各处均匀用到。 （3）发现墩头凹凸不平时，可用铁刨轻轻刨除凸起部分或用刀砍平。
↓ 粗加工	（1）粗加工时，只能加工一种原料；对暂时不必加工的原料应将其清理出操作台，重新放回货架，并整理整齐。 （2）在粗加工的过程中注意力应集中，不得随意闲聊、开小差。如果不小心割伤、摔伤，应按规定程序处理。 （3）在粗加工过程中，应避免将残留物掉在地面上，注意保持地面干净。 （4）加工完一个品种后，应立即送到水池清洗干净，注意将黄叶、泥沙、杂草等清除干净。
↓ 细加工	（1）每次只能加工一个品种，对粗加工完毕，但尚不进行细加工的原料，应将其放在货架上或指定的位置，不得着地置放和层叠置放。 （2）注意合理用料并避免将残留物掉在地面上，同时注意保持地面干净。

流程02：炒菜间的加工工作流程

炒菜间的加工工作流程如下表所示。

炒菜间的加工工作流程

流程	流程说明
加工前的准备工作 ↓	各加工人员在上班前5分钟应当将准备工作做好。 （1）根据规定穿好工作服，将手清洗并消毒，穿上不易打滑的鞋。 （2）检查各使用工具如马勺、菜铲、大勺子、洗帚、抹布等是否准备好，并检查菜锅是否破裂，菜锅、马勺等是否干净。如果不干净，则应根据规定做好卫生工作。
领调料 ↓	工作人员应及时到调料仓库中将调料车拉到炒菜间，并检查本时间段（上午或下午）所需调料是否足够。如果估计可能在工作期间缺货时，则应及时到调料品仓库领足本时段所需的调料。

（续表）

流程	流程说明
处理原料	对各加工处所送过来的原料，则应将其用菜筐（熟食用菜盘）等盛器装好后，置放在货架上；置放时，应根据原料的性状，置放在相应的荤菜架或素菜架上。
打开炉灶设备	在领好原料和调味品后，根据规定将煤气灶等设备打开，打开时应注意安全，以防火灾、煤气泄漏等事故发生。
部分原料挂糊、上浆	对于里脊肉片、肉丝、大排、猪肝、鱼条等应事先根据不同的需要上浆、挂糊。
原料的初步熟处理	在烹饪前对于部分在烹调前还需进行初步熟处理的原料，应根据其不同的性状进行熟处理（焯水、过油、走红等）。
制作菜肴	厨师应根据本部门厨师长或领班的安排以及该品种的性状等对部分原料初步处理后，再根据不同原料的性状或相关人员的要求采用炒、烧、爆、熘、煎、贴、烹、煮、炖、焖、煨、扒、蒸、烩等方法制作出相应的菜肴，操作时应掌握好火候。
炒菜工作结束	（1）将本日所遗留的肉制品及水产品等送至冰库冷藏，在冰库中冷藏时，必须将之隔离。蔬菜用菜筐盛好后在蔬菜货架上摆放整齐，并用干净的纱布盖好。 （2）根据规定搞好灶台、地面、墙壁等处的卫生。

流程03：面食间加工流程

面食间是厨房中用于加工面食的区域。面食间加工流程如下表所示。

面食间加工流程

流程	流程说明
准备工作	各加工人员在加工前应做好以下准备工作： （1）根据规定穿好工作服，穿上不易打滑的鞋。 （2）用消毒水清洗干净手。

（续表）

流程	流程说明
加工制作	（1）听取餐饮经理或班长对各种面点的品种、数量等的安排。 （2）操作时必须注意人身和机械安全，必须根据设备操作程序与规定对各种机械设备进行操作；出现各种事故时应根据餐饮店的“应急准备与响应管理程序”进行处理。 （3）加工制作各种面食时，应将加工制作的面食名称、制作时间等登记在“制作加工记录表”上。
↓ 加工后的工作	工作结束后，工作人员应做好以下工作： （1）将本日所遗留的肉冻及其他肉馅、菜馅等送至冰箱中进行冷藏；在冰箱中冷藏时，必须将其隔离；面粉、酵母粉等应扎好袋口放回货架保存。 （2）所使用的工具、机械设备等应根据规定进行清洁，归类存放在指定位置；蔬菜用菜筐盛好后放回洗切间，在蔬菜货架上摆放整齐。 （3）将灶台、地面、墙壁、操作台、刀具等清洁、整理好。

流程04：厨房值班交接班流程

厨房值班交接班流程如下表所示。

厨房值班交接班流程

流程	流程说明
确定交接班流程	根据工作需要，一般由行政总厨负责安排厨房值班人员，并制定相关交接班规定。
↓ 提前上岗	接班人员必须提前抵达工作岗位，保证准点接班。
↓ 办理交接工作	（1）交班人员必须向接班人员详细交代交接事宜，并填写交接班日志，方可离岗。 （2）接班人员必须认真核对交接班日志，确认并落实交班内容。
↓ 值班 ↓	接班人员应自觉完成本职工作，工作时间不得擅自离开工作岗位，不得做与工作无关的事。

（续表）

流程	流程说明
↓ 填写值班日志 ↓	值班人员下班时要写好交接班日志，不得在上面乱画。并及时关闭能源开关，锁好门窗交钥匙。
检查	行政总厨等管理人员要定期或不定期检查交接班记录，确保记录无误。

流程05：厨房会议召开流程

厨房应定期召开会议，就相关事务进行商讨，如食材采购、工作安排等。厨房会议召开流程如下表所示。

厨房会议召开流程

流程	流程说明
提前通知 ↓	除例会和特殊会议外，各类会议召开至少提前一天通知，并告知开会时间、地点、到会对象及内容。
准备会议材料 ↓	与会人员都应清楚会议性质及讨论的要点，提前准备材料，会议主持者要做好会议进程的全部工作。
准时出席 ↓	参加会议的所有人员都应准时出席，如因特殊情况不能准时到会者，应事先向总厨请假。会议必须准时开始，与会人员中途不得随意离开会场。
召开会议 ↓	（1）会议非议论期间，与会人员不应私下交谈，争论抢白。如需发言，应等待合适时间。 （2）所有会议发言应简明扼要，直截了当，节省时间。 （3）与会人员应集中精力开会，不办理与会议无关的事宜。
会后事务处理 ↓	（1）会议一时不能解决的事宜，应另作处理，由专人跟办，不应费时讨论，不可纠缠不休。 （2）会议未形成决定的方案或未被通过的提议，应自觉保留，会后不乱议论。会上决定的事项，厨房各岗位必须自觉贯彻执行，其结果应主动上报。

（续表）

流程	流程说明
↓ 记录存档	会议应做好记录，记录可以以会议纪要的方式呈现，并存档。

流程06：厨房设备报修流程

厨房中用到的设备很多，如各类烹饪设备、空调设备等。这些设备一旦出现故障，就会影响厨房正常工作的开展，因此，厨房中各级人员发现设备故障后，应及时报修。厨房设备报修流程如下表所示。

厨房设备报修流程

流程	流程说明
发现问题 ↓	各岗位使用的设备，应按作业指导书中的规定每天维护，并进行检查，一旦发现问题，不论什么原因，均应及时报修。
报告 ↓	由设备使用人向厨师长报告报修内容和理由，厨师长进行审核。
报修 ↓	由厨师长填写报修单，签字确认后方可送至工程部，进行报修。
维修 ↓	工程部根据保修单安排修理人员开展维修工作。
记录存档	对设备的报修流程要做好记录，并存档，还要记入设备管理卡片中。

第二节　菜品创新管理流程

菜品创新是指通过不断研发新菜，创造新口味，来丰富餐饮店的菜式，从而不断吸引顾客到店用餐，提高经营收入。菜品创新流程主要包括基本流程与创新试制流程两大部分，通过流程来保障菜品创新有秩序地完成。

流程01：菜品创新基本流程

菜品创新基本流程如下表所示。

菜品创新基本流程

流程	流程说明
明确菜品创新要求	（1）凡在餐饮店从事烹调岗位工作的厨师，都必须树立起菜品开发与创新的意识，并将创新菜品的成果作为厨师晋级的依据之一。 （2）创新菜品的申报、试制、验证认定工作，严格按照有关规定执行。
↓ 建立菜品创新评价体系	为了公平、公正、公开地对创新菜品进行检验鉴定，餐饮经理必须首先建立一个较为科学、合理的创新菜品评价体系或制定相关文件，以确定评价创新菜品的统一标准。
↓ 明确菜品创新相关责任	餐饮店各厨房创新菜品的具体组织工作，则由行政总厨与各分厨房厨师长负责，并按照有关规定实施执行。
↓ 创新菜品申请	各厨房的厨师可以在不影响本职工作的情况下，在高等级厨师的指导下共同完成创新任务，其创新菜品的成果由协作双方协商分配，但不能重复上报。
↓ 菜品试制	各厨师可以在不影响日常工作的前提下进行菜品试制。
↓ 评价	由餐饮经理、行政总厨等餐饮店领导组成评委机构，对厨师的创新菜品进行评价，评价工作应按照已建立的评估体系进行，对创新合格的厨师予以奖励。
↓ 奖励	（1）厨师每完成一款被认定为合格的新菜品，就要对其进行奖励。 （2）对于特别受欢迎、持续旺销的创新菜品，并为企业创造了巨大声誉和经济效益的，餐饮店将根据具体的情况给予创新菜品制作人以特别奖励。

流程02：菜品创新试制鉴定流程

菜品创新试制鉴定流程如下表所示。

菜品创新试制鉴定流程

流程	流程说明
明确试制要求	（1）原则上由菜品上报人试制自己的菜品，但菜品上报厨师在技术水平不过硬的情况下，可由几个人同时试制同一菜肴，以出品质量高者为菜品制作人。 （2）初加工、切配、打荷（扎码）均应根据厨师的技术要求配合加工工作，必要时可以由菜品试制者对初加工、切配、打荷厨师进行技术培训。 （3）对一些特殊的创新菜品，试制的次数可以适当放宽，并在试制中不断对菜肴的技术指标进行改进，如果经过多次试制确实证实此菜的技术不成熟，则可将此菜品淘汰。
安排新菜品鉴定人员	新菜品试制鉴定人员由餐饮店经理、行政总厨、楼面主管、厨房领班、服务员代表或特邀人员组成。
新菜品鉴定	（1）厨师制作时由行政总厨全过程指导，制作完毕后，由传菜员放于指定位置。 （2）评委进行品尝，并按《菜肴评分标准》进行打分，85分以上为可推出菜品，80～85分为保留改进菜肴，80分以下为淘汰菜品。 （3）现场逐菜进行点评，并提出自己的建议，若有争议，由权威专家根据菜品质量作最后决定，厨师长现场做好记录。 （4）评委点评时，制作人和行政总厨要做好记录，并根据提出的合理化建议和意见进行现场整改，直到检验合格为止。
新菜品技术培训	（1）经过试制验证合格的新菜品，在每个月的月底之前，由行政总厨组织，配合新菜品制作人对新菜品的选料、加工、烹调、质量标准等进行准备。 （2）要对初加工、切配、打荷等岗位的厨师进行全面、严格的培训，直到达到熟练操作，符合出品质量为止，方可挂牌销售。

第三章　营销管理流程

营销管理是扩大餐饮店销售收入的重要措施。营销管理涉及广告营销、菜单营销、宴会营销、重大节假日营销以及网络营销等五个方面。营销人员应当按照相关流程做好这五方面的营销管理工作，为餐饮店带来更多客源，增加餐饮店的收入。

第一节　广告营销流程

广告营销包含电视广告、DM广告、户外广告等多种方式，每种营销方式都具有各自的特点和作用，如电视广告受众广，但费用较高，而DM广告则可以对目标顾客进行精准定位。每一种营销方式的开展都要按流程进行，例如电视广告营销要先选定营销主题，然后通过确定广告预算等一系列步骤完成营销工作。

流程01：餐饮广告策划流程

广告策划是指在广告工作正式开始之前对其进行的详细规划工作。只有做好了广告策划，才能保障各项广告工作的顺利开展。餐饮广告策划流程如下表所示。

餐饮广告策划流程

流程	流程说明
识别广告受众 ↓	识别广告要吸引的就餐对象，了解其地理分布、收入，对本餐饮店的态度及心理状况，有针对性地设计广告。
确定餐饮广告目的 ↓	餐饮广告的目标应该与餐饮营销目标及餐饮总目标一致。广告的目标可定为认识目标、感觉目标及行动目标。广告目标的不同，会引起广告的主题、正文及其他内容各不相同。
设计广告词和提纲 ↓	设计能打动、吸引人的广告词和广告提纲，突出自己的风格和特点。

（续表）

流程	流程说明
↓ 确定餐饮广告预算	可以根据餐饮店实际情况，运用相应的广告预算方法确定广告费用。
↓ 选择合适的广告媒介和广告公司	在确定广告预算费用之后，就可以选择合适的广告媒介和广告公司进行合作。
↓ 制作和审查广告稿	（1）一个优秀的广告应该是由广告标题、副标题、正文、插图、音响效果、识别标志等这些内容所组成的一个协调的整体。 （2）广告稿是指将广告的主题、广告的基本内容转化成为具体的、适合于某种广告媒介的，具有创造性的广告，一般由广告机构的工作人员去完成。
↓ 核定广告效果	衡量广告效果的方法有交流效果调研法和销售效果调查法两种。
↓ 广告执行和评估	当广告经过一段时间的宣传后，可根据事先确定好的检查方法来评估餐饮广告的实际效果，为以后的广告决策提供方便。

流程02：电视广告营销流程

电视广告是一种经由电视传播的广告形式。电视的受众非常广大，通过电视，可以将餐饮店的营销信息迅速传递给受众。电视广告营销流程如下表所示。

电视广告营销流程

流程	流程说明
选定营销主题 ↓	即确定需要通过电视广告展现给顾客的主题。餐饮店的营销主题主要是指各类菜品，适合电视广告营销的菜品一般是餐饮店的主打菜品或新推出的菜品。
确定广告预算 ↓	即根据主题确定餐饮店最终可提供的广告预算。

（续表）

流程	流程说明
↓ 制作电视广告	餐饮店应积极制作电视广告，制作广告时要考虑以下事项： （1）考虑社会大环境，融合文化传统。 （2）创意切合品牌、产品特征。 （3）优化和加强感官印象。 （4）善加利用名人代言。
↓ 选择电视媒体	电视媒体种类繁多，有中央级的电视台，也有地方级的电视台，还有各类卫星电视，餐饮店应搜集所有适宜的电视媒体信息，根据本店的营销主题和广告预算，选择最合适的电视媒体。
↓ 谈判	初步确定了电视媒体后，餐饮店就应当与其展开谈判，就广告的费用、投放时间段等一系列具体事项进行协商。
↓ 签约	谈判取得成功后，双方就应签订广告合同，明确双方的权利义务关系。
↓ 定时投放	电视台按照合同约定的条款，定时投放餐饮店的电视广告。
↓ 广告效果调查	仅投放广告后还不够，餐饮店应展开调查，如采用问卷调查法，确认广告效果。

流程03：DM广告营销流程

DM是英文Direct Mail Advertising的缩写，是指直接邮寄广告。DM是通过邮寄、赠送等形式，将宣传品送到消费者手中、家里或公司所在地。DM广告营销流程如下表所示。

DM广告营销流程

流程	流程说明
选定营销主题 ↓	即确定需要通过DM广告展现给顾客的主题。餐饮店的营销主题主要是指各类菜品，适合DM广告营销的菜品一般是餐饮店的主打菜品或新推出的菜品。

（续表）

流程	流程说明
确定广告预算	即根据主题确定餐饮店最终可提供的广告预算。
选定DM广告方式	DM形式有广义和狭义之分，广义上包括广告单页，如大家熟悉的街头巷尾、商场超市散布的传单，肯德基、麦当劳的优惠券亦能包括于其中，狭义上包括装订成册的集纳型广告宣传画册，页数在20多页至200多页不等。
DM设计制作	（1）餐饮店在设计制作DM广告时，应事先围绕它的优点考虑更多一点，这将对提高DM的广告效果大有帮助。 （2）设计人员要透彻了解商品，熟知消费者的心理习性和规律，知己知彼，方能百战不殆。设计要新颖有创意，印刷要精致美观，吸引更多的眼球。 （3）DM设计形式无法则，可视具体情况灵活掌握，自由发挥，出奇制胜。充分考虑其折叠方式，尺寸大小，实际重量，便于邮寄。 （3）可在折叠方法上玩些小花样，比如借鉴中国传统折纸艺术，让人耳目一新，但切记要使接受邮寄者方便拆阅。
邮寄DM广告	将餐饮企业商业性的信件、宣传小册子、明信片等直接邮寄给消费者的广告形式。它比较适合于一些特殊餐饮活动、新产品的推出、新店的开张，以及吸引本地的一些大公司、企事业单位、常驻机构以及老客户等活动。

流程04：户外广告营销流程

户外广告是指设置在户外的广告。常见的户外广告有：路边广告牌、高立柱广告牌（俗称高炮）、灯箱、霓虹灯广告牌等。户外广告营销流程如下表所示。

户外广告营销流程

流程	流程说明
领表	（1）申请自设性户外广告，携带本单位营业执照、法人证书等有效证件，到本单位所在地工商分局或工商所领取户外广告登记申请表。 （2）申请经营性户外广告，需携带广告公司的营业执照副本（原件）到本公司所在地工商分局，领取户外广告登记申请表。

（续表）

流程	流程说明
提交的文件、证件	（1）申请自设性户外广告：户外广告登记申请表、户外广告设置批准文件、营业执照、法人证书等有效证件。 （2）申请经营性户外广告：户外广告登记申请表、户外广告设置批准文件、营业执照有效复印件、广告发布合同、户外广告占地协议以及法律法规规定的其他证明文件。
↓ 受理	接待人员在审核以上文件、证件齐备后，开具受理行政许可申请决定书。
↓ 领取户外广告登记	申请人根据受理行政许可申请书开具的日期，携带受理行政许可申请决定书，领取户外广告登记证。

第二节　菜单营销流程

制作精美的菜单就是一种良好的营销方式。通过菜单来吸引顾客的注意，使更多顾客走进餐饮店消费，从而提高餐饮店的销售额。为了保证菜单的质量，营销人员应按流程做好制作工作，并根据情况定期对其进行修改。

流程01：菜单的制作流程

菜单的制作流程如下表所示。

菜单的制作流程

流程	流程说明
列举出所有菜色项目	根据一般市场的需求，从食谱、烹调书籍、餐饮杂志中列出所有适合的菜色，以供参考。
↓ 删除问题项目 ↓	删除会因产地、季节而改变的问题项目。

（续表）

流程	流程说明
↓ 逐列各种限制和缺失	将剩余的菜色，逐项分析其制备过程中所需的设备和能力，并且除去无法达成的项目。
↓ 建立菜单标准化	将现存的菜色逐一试做、试吃，建立每道菜的标准食谱，若烹调的品质难以维持，则应舍弃这道菜。
↓ 设计菜单外型	（1）干净且有效地运用空间，但也不要太过拥挤，一般以50%的留白最为理想。 （2）封面的设计需具吸引力，并且能与餐厅的室内装潢互相辉映。 （3）菜单的配置形式很多，不论采用哪一种形式，都需详细考量整体顺序，如上菜的顺序等，但是不妨匠心独具地配上不同的颜色、形状来显示创意。
↓ 菜单形成	经过前面五个步骤的筛选，代表一个餐厅的菜单就此产生。

流程02：菜单的修改流程

餐饮店应当根据情况变化，例如季节变化、菜品更新、菜品价格变化等，定期或不定期对菜单进行修改。菜单的修改流程如下表所示。

菜单的修改流程

流程	流程说明
情况发生变化	菜单制定后，不是一成不变的，它必须随着餐饮店外在和内在的情况变化而进行修改，以符合当前状况。
↓ 参考外在因素 ↓	菜单修改应参考的外在因素如下： （1）潮流趋势。例如有些菜去年受欢迎，今年已经不流行了，就要适时撤下来，添加那些流行的新式菜肴。 （2）价格。如果各类蔬菜、肉类等原料开始涨价，也有必要对菜单进行修改。 （3）同业竞争。如果同业竞争变得激烈，也要考虑对菜单进行修改，增加受欢迎菜品，以提升竞争力。

（续表）

流程	流程说明
↓ 考虑内在因素	（1）经营情况的变动。如餐饮店扩大经营面积，导致成本增加，必须提高菜品价格，这时必须修改菜单。 （2）人员变动。如厨师流失严重，素质不高，应适当削减供应菜品，也要修改菜单等。
↓ 修改	综合考虑外部和内部因素后，餐饮店就可以对菜单进行修改，去掉过时的菜品，添加流行菜品，需要涨价的涨价，可以降价的要降价。
↓ 记录存档	对菜单的修改必须做好记录，并存档。

第三节　宴会营销流程

各种类型的宴会，如婚宴、寿宴等，能为餐饮店带来大量收入，因此，营销人员要做好宴会营销工作，这包括宴会的预订与修改两项重点内容，都需要按照流程进行，只有这样才能确保宴会顺利进行。

流程01：宴会预订流程

宴会预订是指宴会的主办者通过亲自到店或者电话联系的方式，向餐饮店预订宴会的行为。宴会预订流程如下表所示。

宴会预订流程

流程	流程说明
查询 ↓	一般宴会的举办者会在电话上向餐饮店查询一些事项，餐饮店一定要予以热情的解答，并且可以再进一步邀请订户来餐饮店讨论有关事项。这样，可以增加预订宴会的机会。
了解 ↓	餐饮店要主动向顾客了解所有同宴会有关的要求，如举行宴会的日期、参加宴会的人数、宴会的形式、每人的消费标准（应告诉顾客在此标准下可提供的菜点和选择），以及所需提供的额外服务和物品，如专门的迎宾员、横幅、音响系统和鲜花等。

（续表）

流程	流程说明
洽谈	即双方都有合作意向以后，可以进行洽谈，以商定合作细节。
签订合同	洽谈成功后，就可以与客户签订合同。合同中要明确双方的权利和义务，所有经双方同意的特殊要求项目也要记入合同。
收取预付金	签完合同后，通常应收取一定比例的预付金。若举办者临时取消宴会，则根据合同规定将全部预付金或部分预付金交还顾客。收取预付金及退回预付金的数目各餐饮店是不同的，一般由餐饮店根据具体情况而定。

流程02：宴会预订修改流程

宴会预订修改流程如下表所示。

宴会预订修改流程

流程	流程说明
提出修改	客户预订宴会后，情况可能会发生一些变化，需要修改预订信息。不论客户是亲自来餐饮店修改预订信息，还是打电话修改，接待人员都要礼貌、热情地表示欢迎。
登记	准确登记客户的修改信息。客户叙述完毕后，要复述一遍，取得客户确认后，才能确认修改。
送别顾客	预订信息修改完毕后，接待人员应礼貌地送别顾客。如果客户通过电话修改预订信息，接待人员应让客户先挂电话。
下发“宴会预订变更通知单”	要及时向各相关部门下发“宴会预订变更通知单”，准确告知预订变更信息，以使其做好相应安排工作。
整理资料，并存档	对客户原预订信息、预订修改信息等相关资料进行整理，并存档。

第四节　重大节假日营销流程

重大节假日包括春节、端午节、中秋节、国庆节等，餐饮店应利用这些重大节假日开展营销活动，提高销售额。每项节假日活动的营销都应按流程进行，包括开展市场调查、制订营销方案、准备、实施等步骤，只有这样，才能确保活动最后取得圆满成功。

流程01：春节营销流程

春节是中国民间非常隆重、最富有特色的传统节日，也是最热闹的一个古老节日之一。餐饮店应做好春节营销工作。春节营销流程如下表所示。

春节营销流程

流程	流程说明
开展市场调查 ↓	市场调查的目的在于弄清顾客在餐饮方面的消费情况。调查内容应包括当地餐饮市场状况，顾客去年的消费情况，顾客喜欢的菜品、可以接受的消费价格等，并最终出具调查报告。
制订营销方案 ↓	根据市场调查状况，结合餐饮店上一年度的营销方案，制订本次春节的营销方案，方案基本内容应包括： （1）制作精美的春节传单、海报、广告牌，在节日之前吸引顾客注意。 （2）有条件的餐饮店与当地影响力较大的电视台洽谈，投放电视广告，吸引顾客注意。 （3）着重推出团年饭等餐饮主题，吸引顾客参与。
准备 ↓	在春节开始之前，餐饮店要根据餐饮营销方案的相关事项做好准备工作，如各种食材的采购、服务员的安排等，避免销售开始时大量顾客拥入导致无法接待。
实施 ↓	在春节到来之后，就要根据营销方案实施接待工作。接待期间，要对每一位顾客热情相迎，使顾客吃得开心。
总结与分析 ↓	春节营销过后，餐饮经理就要组织人员对整个营销活动进行总结分析，分析内容包括今年的营销收入状况，与去年相比的增长状况等，以确认本次营销活动的实施效果。
资料存档	餐饮店在分析后，要对活动相关资料做好存档工作。

流程02：情人节营销流程

情人节又叫圣瓦伦丁节或圣华伦泰节，即每年的2月14日，是西方的传统节日之一，但也逐渐为中国所接受。情人节营销流程如下表所示。

情人节营销流程

流程	流程说明
开展市场调查	市场调查的目的在于弄清顾客在餐饮方面的消费情况。调查内容应包括当地餐饮市场状况，顾客去年的消费情况，顾客喜欢的菜品、可以接受的消费价格等，并最终出具调查报告。
制订营销方案	根据市场调查状况，结合餐饮店上一年度的营销方案，制订本次情人节的营销方案，方案基本内容应包括： （1）制作并展销各式情人节糕饼。 （2）餐厅还可增加一个鲜花专卖区域，通过销售鲜花提高收入。 （3）举办情人节舞会或化装舞会，吸引年轻人入店。 （4）推出情人节情人套餐，吸引顾客入店消费。
准备	在情人节开始之前，餐饮店要根据餐饮营销方案的相关事项做好准备工作，如各种食材的采购、服务员的安排等，避免开始销售时大量顾客拥入导致无法接待。
实施	在情人节到来之后，就要根据营销方案实施接待工作。接待期间，要对每一位顾客热情相迎，使顾客吃得开心。
总结与分析	情人节营销过后，餐饮店就要组织人员对整个营销活动进行总结分析，分析内容包括今年的营销收入状况，与去年相比的增长状况等，以确认本次营销活动的实施效果。
资料存档	餐饮店在分析后，要对活动相关资料做好存档工作。

流程03：端午节营销流程

端午节为每年农历五月初五，又称端阳节、午日节、五月节等。端午节也是中国的一个传统节日。端午节营销流程如下表所示。

端午节营销流程

流程	流程说明
开展市场调查	市场调查的目的在于弄清顾客在餐饮方面的消费情况。调查内容应包括当地餐饮市场状况，顾客去年的消费情况，顾客喜欢的菜品、可以接受的消费价格等，并最终出具调查报告。
↓ 制订营销方案	根据市场调查状况，结合餐饮店上一年度的营销方案，制订本次端午节的营销方案，方案基本内容应包括： （1）制作精美的端午节传单、海报、广告牌，在节日之前吸引顾客注意。 （2）以端午节文化为内容推出多款适合家庭聚会的精美实惠的端午团圆宴，并推出几款特价端午菜品。 （3）举办端午节相关文化活动，吸引顾客前来参与，以增加店内用餐的几率。
↓ 准备	在端午节开始之前，餐饮店要根据餐饮营销方案的相关事项做好准备工作，如各种食材的采购、服务员的安排等，避免开始销售时大量顾客拥入导致无法接待。
↓ 实施	在端午节到来之后，就要根据营销方案实施接待工作。接待期间，要对每一位顾客热情相迎，使顾客吃得开心。
↓ 总结与分析	端午节营销过后，餐饮经理就要组织人员对整个营销活动进行总结分析，分析内容包括今年的营销收入状况，与去年相比的增长状况等，以确认本次营销活动的实施效果。
↓ 资料存档	餐饮店在分析后，要对活动相关资料做好存档工作。

流程04：中秋节营销流程

农历八月十五日，是我国传统的中秋节，也是我国仅次于春节的第二大传统节日。中秋节来临时，餐饮店应结合餐厅的实际情况和中国传统的风俗，开展营销工作，达到经济效益与社会效益双丰收。中秋节营销流程如下表所示。

中秋节营销流程

流程	流程说明
开展市场调查 ↓	市场调查的目的在于弄清顾客在餐饮方面的消费情况。调查内容应包括当地餐饮市场状况，顾客去年的消费情况，顾客喜欢的菜品、可以接受的消费价格等，并最终出具调查报告。
制订营销方案 ↓	根据市场调查状况，结合餐饮店上一年度的营销方案，制订本次中秋节的营销方案，方案基本内容应包括： （1）制作专门适合中秋节的套餐。 （2）设立月饼销售专区，向前来用餐的顾客销售月饼。 （3）在饭后赠送给顾客一些和中秋节相关的小礼物（上面要印上餐厅的名称、电话、地址、网址）。
准备 ↓	在中秋节开始之前，餐饮店要根据餐饮营销方案的相关事项做好准备工作，如各种食材的采购、服务员的安排等，避免开始销售时大量顾客拥入导致无法接待。
实施 ↓	在中秋节到来之后，就要根据营销方案实施接待工作。接待期间，要对每一位顾客热情相迎，使顾客吃得开心。
总结与分析 ↓	中秋节营销过后，餐饮店就要组织人员对整个营销活动进行总结分析，分析内容包括今年的营销收入状况，与去年相比的增长状况等，以确认本次营销活动的实施效果。
资料存档	餐饮店在分析后，要对活动相关资料做好存档工作。

流程05：国庆节营销流程

在中国，国庆节特指中华人民共和国正式宣告成立的10月1日。国庆节是中国的一个重大节日。国庆节营销流程如下表所示。

国庆节营销流程

流程	流程说明
开展市场调查 ↓	市场调查的目的在于弄清顾客在餐饮方面的消费情况。调查内容应包括当地餐饮市场状况，顾客去年的消费情况，顾客喜欢的菜品、可以接受的消费价格等，并最终出具调查报告。

（续表）

流程	流程说明
↓ 制订营销方案	根据市场调查状况，结合餐饮店上一年度的营销方案，制订本次国庆节的营销方案，方案基本内容应包括： （1）推出庆国庆超值双人套餐。 （2）推出“举国同庆宴”，将宴会与国庆结合起来。 （3）推出国庆大酬宾活动，所有菜品全面打折销售。 （4）推出满____返活动，即消费满一定金额，返还一定金额。
↓ 准备	在国庆节开始之前，餐饮店要根据餐饮营销方案的相关事项做好准备工作，如各种食材的采购、服务员的安排等，避免开始销售时大量顾客拥入导致无法接待。
↓ 实施	在国庆节到来之后，就要根据营销方案实施接待工作。接待期间，要对每一位顾客热情相迎，使顾客吃得开心。
↓ 总结与分析	国庆节营销过后，餐饮店就要组织人员对整个营销活动进行总结分析，分析内容包括今年的营销收入状况，与去年相比的增长状况等，以确认本次营销活动的实施效果。
↓ 资料存档	餐饮店在分析后，要对活动相关资料做好存档工作。

第五节　网络营销流程

网络营销就是以互联网为主要手段进行的，为达到一定营销目的的营销活动。网络营销方式很多，如自建网站、开微博、实行团购等，餐饮店可以通过对这些方式的灵活运用，来最大限度地提高网络营销效果，扩大销售额。

流程01：餐饮店自建网站流程

网站是餐饮店的窗口，也是综合性的网络营销工具。餐饮店应搭建自己的网站，使网站具有鲜明、动感、庄重、大方而又不失功能的特色，将其作为对外营销的载体。餐饮店自建网站流程如下表所示。

餐饮店自建网站流程

流程	流程说明
明确建站主题	餐饮店要明确建立网站的主题，主题的设计必须符合餐饮店的实际情况，能够突出餐饮店的特色。
设计网站首页	网站首页设计秉承简约大方的设计理念，力求在有限的空间里面，在最短的时间内把餐饮企业专业的特色展现在浏览者面前。浏览者一进入首页就能够了解整个网站最新内容，从而吸引浏览者经常访问网站。
设计核心栏目	餐饮网站核心栏目一般包括“餐厅介绍”、“幽雅环境”、“信息中心”、“美食展示”、“在线订餐”、“人力资源”、“客户反馈”这七个栏目，主要内容就是发布餐饮企业的餐厅的具体情况，让浏览者和会员通过网站对餐厅的相关介绍，来了解整个餐厅的情况，从而提升对餐饮企业餐厅的认知。
设计其他部分栏目	一般在餐饮店网站，要设置其他相关栏目，如人才招聘、客户服务、友情链接、站点地图等，这也是网站不可缺少的一部分。
运行测试	网站建好后要进行运行测试，找出网站存在的问题或漏洞，进行修正。
正式推出	经过测试无误后，就可以正式推出网站，用于日常运营。

流程02：微博营销流程

微博营销是指通过微博平台如新浪微博、腾讯微博、搜狐微博等进行营销活动的营销方式。通过微博的开设，可以使餐饮店获得大量关注餐饮店的粉丝，而每个粉丝都是餐饮店的营销对象。微博营销流程如下表所示。

微博营销流程

流程	流程说明
注册微博账号	微博是当前非常流行的一种信息沟通方式，也是一种很有用的营销方式。微博营销的第一步就是注册账号，可以到目前较流行的新浪微博、腾讯微博、搜狐微博等注册，应以企业实名注册，以加“V”，可以增加权威性。

（续表）

流程	流程说明
构建微博	一个完整的微博由LOGO（头像、商标）、标语、标志、热点话题设置等部分组成，主要部分具体如下： （1）微博昵称：简洁易记，以公司名称、品牌为宜。 （2）头像：以产品或企业LOGO为宜。 （3）背景：简洁、清晰为主，根据微博尺寸合理设计，充分利用其广告价值。 （4）标签：根据公司、产品或人群定位设置关键词，便于潜在用户搜索。
↓ 微博认证	餐饮店品牌微博最好进行认证，增加信赖感，也防止混淆，流程根据微博官方要求即可。
↓ 内容建设	需将餐饮店要发布的信息以140字的形式发布出来，如促销信息、降价信息等。如果微博长度不够，可以以长微博或图片的形式发布出来。
↓ 活动策划	微博活动一般分为新浪平台活动与企业独立活动： （1）微博平台活动：基于新浪微博平台发起的活动，如大转盘、砸金蛋、有奖转发等，通过新浪抽奖系统抽奖。 （2）餐饮店自建活动：是指餐饮店在自己微博中发起的各种活动，如有奖转发、晒单有礼、盖楼、随手拍等各种形式话题的活动。可分为独立活动和联合活动，独立活动就是自己发起的，联合活动就是与其他不同行业微博联合开展的活动。
↓ 互动	粉丝会对餐饮店发布的内容进行转发或评论，餐饮店就要与粉丝进行互动，争取其来店消费。
↓ 定时更新	餐饮店必须定时更新微博，以提供更新的信息，否则内容无变化，会失去粉丝的关注，也就会失去潜在的消费人群。

流程03：团购营销流程

团购就是团体购物，是指认识或不认识的消费者联合起来，加大与商家的谈判能力，以求得最优价格的一种购物方式。餐饮店应积极开展团购营销，增加销售额。团购营销流程如下表所示。

团购营销流程

流程	流程说明
选择团购网站	目前的团购网站非常多，餐饮店必须仔细选择合适的团购网站。
联系团购网站	（1）找到团购网站，将公司简介，产品品名、功效、规格、原价、现价、是否包邮等信息邮件提交团购网总部。 （3）由团购网总部运营专员筛选后交给分站，分站会主动联系餐饮店洽谈具体合作事宜。
洽谈	餐饮店与团购网站代表洽谈时应注意： （1）将餐饮店简介及产品的价格品质等优势报过去，争取更多合作机会。还可以将餐饮店以往的团购合作案例拿出来供他们参考。 （2）索取分站的联络地址及电话，直接将商品样品送上门洽谈。 （3）供货价尽量是团购价的9折，团购网站利润控制在10个点以内（最佳）。
签约	洽谈成功后，可以与团购网站签约，以安排团购事务。
开展团购业务	团购网站会发起一些团购订餐服务，餐饮店可以选择参与其中的活动，在约定的时间向参与团购的顾客提供餐饮服务，这时应注意，提供的服务应与团购网站上标注的内容相符，不能缺斤短两，使顾客产生上当受骗的感觉。
团购结束	（1）核对账务：团购网的账务与餐饮店的库存相对应。 （2）清算：餐饮店将双方认可的账务余款结算给餐饮店，即告结束。
总结分析	餐饮店要仔细总结分析活动得失。如果效果良好，可以与该团购网站长期合作下去；如果效果不佳，可以考虑换一家团购网站进行合作。

第四章　食材采购、验收及储存管理流程

采购是餐饮管理的重要事项，良好的采购能使餐饮店获得质优价廉的食材，并最大限度地节约成本。而只有做好了验收和储存工作，才能确保进入餐饮店的食材质量合格，三项工作都需要按照流程进行，以避免出现混乱现象。

第一节　食材采购流程

食材采购是一项非常重要的工作，食材采购要选择好供应商，并对供应商进行考核，以确保供应商的质量，同时要按流程做好常规食材采购工作，如制定采购标准、确定采购量等。

流程01：供应商开发流程

供应商是指为餐饮店供应各类食材的单位。餐饮店要积极开发合格的供应商，以便为自己提供质量最佳的食材。供应商开发流程如下表所示。

供应商开发流程

流程	流程说明
提出资格要求 ↓	鉴于经营特性，凡欲成为所属部门的供应商都必须具备下列条件： （1）有足够的质量、食品安全保证能力，能满足数量及交货期的要求。 （2）价格合理、服务良好、信誉可靠，能提供令人满意的售后服务保证。 （3）有提供令人满意的相同或类似产品的经历。 （4）必须具有合格的营业执照以及具有法律法规规定的相关证书。
供应商评审 ↓	（1）书面评估。供应商向采购部提供相关的资格证书原件和复印件各一份、产品说明书或样品及企业情况介绍，供采购部资格评审合格。 （2）样品评估。各餐厅根据需要对资格评审合格后的供应商所提供的产品和服务进行试用，主要检验其货品质量是否稳定，货品是否适销对路等。 （3）实地考察。必要时，采购部可根据实际情况或各餐厅要求，到该供应商所在地进行实地考察。

（续表）

流程	流程说明
供应商确认	采购部通过相关餐厅的试用情况，协同各餐厅主管对供应商进行评价，合格的供应商经公司总经理确认后，纳入公司合格供方名录，并及时把“合格供应商名录”下发到各餐厅，作为选用、采购的依据。
签订合同	在与供应商签订协议或合同时，应在协议或合同中提出原料的安全性保证及运输过程的安全可靠性等相关要求，以保证原料的卫生安全。

流程02：供应商考核流程

餐饮店应当定期对供应商进行考核，以考察供应商的供货质量。供应商考核流程如下表所示。

供应商考核流程

流程	流程说明
确定考核频次	采购部定期对供应商进行考核，考核频次可以一般为半年或者一年。
确定考核内容	考核的内容包括： （1）复审其资格要求。 （2）半年来为各餐厅（部门）提供的产品和服务的情况。 （3）各部门“供应商异常情况登记表”中所登记的异常情况。 （4）有无在产品和服务上更好的供应商。 （5）质量、价格、供货及时、服务的考核。（由各部门验收员/保管员评分）
实施考核	考核工作应选在业务不是太繁忙的时段，以避免影响餐饮店的正常运营。
考核结果处理	（1）对合格供应商进行表扬、激励。 （2）对不合格供应商提出书面整改意见，要求进行限期整改。 （3）对完全不合格，且给餐饮店造成重大损失的供应商，应取消供应资格。
考核资料存档	采购部应将供应商考核的相关资料进行存档，以备下次考核时作为参考依据使用。

流程03：采购计划编制流程

采购计划是指为保障具体采购工作的顺利开展而提前进行的采购规划工作。采购计划编制流程如下表所示。

采购计划编制流程

流程	流程说明
收集计划编制资料 ↓	计划制订人员应详细收集所需资料，如上一年度采购计划及其执行情况，本店实际食材消耗情况等。
整理、分析资料 ↓	计划制订人员要对收集到的资料进行整理、分析，找出最需要的资料作为计划编制依据。
编制计划初稿 ↓	计划制订人员根据分析的资料，编制计划初稿。
审核 ↓	一般由采购部主管和餐饮经理对采购计划进行审核，若审核未通过，计划制订人员必须仔细修订计划，若审核通过，可以编写定稿。
公布 ↓	采购部可将制订好的计划公布出来，以便所有人得知。
存档	对计划及编制计划所收集的资料要做好存档工作，方便下次制订计划时使用。

流程04：常规食材采购流程

常规食材采购流程如下表所示。

常规食材采购流程

流程	流程说明
制定采购标准 ↓	餐饮店应制定完善的食材采购标准，以便采购人员能够按照该标准开展此工作。

（续表）

流程	流程说明
↓ 确定采购量	采购量应根据厨房具体食材消耗量进行统计。
↓ 选择供应商	餐饮店可选择的供应商往往不止一家，因此，必须选择达到采购标准的合格供应商。
↓ 联络	联络供应商，安排供货事宜。
↓ 验收	供应商的货物送到之后，要安排验收，验收不合格必须予以退货。
↓ 付款	验收合格后才能付款。

第二节　食材验收与储存流程

验收与储存决定着最终用于制作菜品的食材的质量，验收与储存都应当按照相关流程进行。如储存工作中，要做好入库工作，然后经常对食材进行检查，确保食材质量合格。

流程01：食材验收基本作业流程

各类食材采购到店后，餐饮店验收人员要做好验收工作，只有验收合格才能入库储存，否则应退货。食材验收基本作业流程如下表所示。

食材验收基本作业流程

流程	流程说明
供应商送货 ↓	供应商将采购的物品送到餐饮店时，由采购部验收人员进行验收。

（续表）

流程	流程说明
↓ 验收	验收的内容主要包括采购物品的名称、数量、重量、质量、厂家、规格等是否与订货要求相符，下列情况不得验收： （1）无商标、无厂家及厂址，或不全（蔬菜、鱼等原料除外）。 （2）产品有效期已超过日期或有效期有被改动的痕迹，以及其他不符合食品标签规定的定型包装食品。 （3）无检验合格证明的卤味、熟肉制品。 （4）有毒、有害、腐烂变质、油脂酸败、霉变、污秽不洁的食品。
↓ 开具验收单	验收结束后，由验收员在合格产品的送货单上签名，交给保管员一份，由保管员根据送货单进行电脑入库处理。
↓ 入库	验收人员将已办理验收手续的货物入库储存。

流程02：食材储存管理流程

食材验收入库后，应当做好储存工作，确保食材储存质量。食材储存管理流程如下表所示。

食材储存管理流程

流程	流程说明
食材入库 ↓	食材入库时，仓库管理员必须填制“食材入库验收单”，并以此记明细账及送财务部记账，还必须逐一核对食材的名称、规格、数量、质量，然后才签发验收单。对于不符合采购计划要求和与发票缩写不相符的，必须拒绝入仓。
食材储存 ↓	（1）设立专职仓库管理员，负责保管入库的食材，仓库管理员每天必须记进出明细账，填写进货日报表，验收入库食材，核对出库商品食材的品种和数量。 （2）要节约仓容，合理使用仓容。重载商品食材不能与轻抛商品食材混堆，有挥发性食材不能与易吸潮性食材混堆。
食材检查 ↓	经常检查仓库各类货物及食品储存情况，防止变质和虫害。仓库杂物必须定期清理，保持通风干爽和环境卫生。

（续表）

流程	流程说明
食材出库	（1）食材的出库，必须先办妥出库手续，凭领料单或调拨单，认真核对规格、数量，确定已经有关领导签注，才给予发货。同时要及时登记明细账，并将有关单据送财务部出账。 （2）食材储藏必须执行“先进先出法”，将最先购进的放在最前面，以便发出时，尽先发出。 （3）无论哪一个部门，仓库都必须按常规出库手续发货，严禁先出货、后补办手续的错误做法，严禁白条发货。

流程03：食材盘点流程

盘点是指定期或不定期对库存食材的实际数量、重量等进行清点的作业。餐饮店应当定期开展食材盘点工作，以随时了解食材的具体储存状况，为食材的采购提供支持。食材盘点流程如下表所示。

食材盘点流程

流程	流程说明
确定盘点日期	食材是餐饮店的重要资产，必须定期进行盘点。贵重食材每周盘点一次，一般食材每月盘点一次，并且盘点必须在营业结束之后进行，不得耽搁正常营业。
盘点前准备工作	（1）准备好盘点表，这是盘点工作中主要的工具。 （2）做好盘点的人员安排。 （3）盘点前应将所有食材分类，并按类别集中存放。
盘点	营业结束后，盘点负责人向所有盘点人员分发盘点表，各盘点人员正式开始初盘工作，盘点结束后，将结果汇总。
复盘	初盘结束之后，盘点负责人就可以安排复盘工作，复盘人员应认真核对初盘人员的盘点结果，仔细找出差异，并如实记录下来。
汇总分析	（1）盘点负责人将所有盘点结果进行汇总，对差异较大的食材必须重新盘一遍，以避免复盘失误。 （2）出具分析报告，报告中必须指出盘点中出现的问题，并对下一步工作进行安排。

第五章　卫生管理流程

卫生管理是餐饮管理的核心工作。卫生管理主要包括人员与场所卫生管理、厨房卫生管理和垃圾与病虫害处理三个方面，每个方面都包含多项内容，都应当按照相关流程开展工作，只有这样才能确保餐饮店的卫生。

第一节　人员与场所卫生管理流程

餐饮店各级员工是各项卫生管理工作的实际承担者，因此，应当严格做好卫生管理，如健康检查、加强作业卫生管理等，同时对餐饮店的场所应当做好清理工作，确保场所清洁。

流程01：新员工健康检查流程

健康检查是指对员工的身体健康状况进行检查的行为。新员工入职时应当到餐饮店所在地的疾病预防控制中心进行体检，办理健康证和卫生证。同时餐饮店自己也应当对其健康状况进行检查。新员工健康检查流程如下表所示。

新员工健康检查流程

流程	流程说明
明确检查目的 ↓	新员工健康检查有三个目的： （1）判断是否适合从事此行业。 （2）依据身体状况分配适当的工作。 （3）作为日后健康管理的基本资料。
检查证件 ↓	仔细检查新员工的健康证和卫生证，如果证件不实或已过期，不得立即招聘，应安排该员工去卫生检查机构再检查一遍，在更新了健康证和卫生证后才可以录用。

（续表）

流程	流程说明
观察	该员工如果已经办理了卫生证和健康证，但管理人员经过仔细观察，发现其仍存在明显的疾病特征，应与其进行沟通，必要时应安排其去医院检查身体。
定期检查	定期健康检查的目的在于及早发现问题，解决问题。因为有的病菌携带者本身并没有疾病症状，所以健康检查有助于早期发现疾病并给予适当治疗，同时可帮助受检者了解本身的健康状态及变化。定期健康检查每年至少要进行一次。
记录存档	对新员工健康检查的相关资料必须做好记录，并存档。

流程02：员工个人卫生管理流程

员工个人卫生管理流程如下表所示。

员工个人卫生管理流程

流程	流程说明
卫生培训	餐饮店在员工日常卫生培训过程中应将个人卫生要求作为培训重点，告诉员工怎样保持个人卫生，以及不讲个人卫生会造成的后果。
卫生检查	管理人员应经常对员工进行卫生检查，监督工作应按如下标准进行： （1）不用指尖搔头、挖鼻孔、擦拭嘴巴。 （2）要勤洗手，饭前、厕后及接触食品或食品器具、器皿前都应洗手，保持双手的清洁卫生。 （3）不可以在他人面前咳嗽、打喷嚏。 （4）经常洗脸、洗澡以保持身体的清洁。 （5）经常理发、洗头、剪指甲。 （6）不随地吐痰、抛弃果皮废物等。
卫生考核	在员工日常考核工作中，将个人卫生相关知识作为考核重点，对不熟悉该项知识的员工要加强培训管理。
惩罚措施	对多次违反卫生要求的员工要进行惩罚，如罚款、记过等。

流程03：员工作业卫生管理流程

员工作业卫生管理流程如下表所示。

员工作业卫生管理流程

流程	流程说明
卫生培训 ↓	餐饮店在员工日常卫生培训过程中应教给员工卫生作业的要求和方法，并督促员工掌握。
卫生检查 ↓	管理人员应经常对员工的作业进行卫生检查，检查工作应按如下标准进行： （1）不可在工作场所吸烟、饮食和嚼口香糖，非必要时勿互相交谈。 （2）在工作中，必须随身携带的小物品应当放在较低的口袋中，防止弯腰时掉进食品中。 （3）每餐工作前应洗手消毒，装盘、取菜、传送食品应使用托盘和盖具。 （4）拿取餐具、食物都要采用卫生的方法，不要用手接触餐具上顾客入口的部位。
卫生考核 ↓	在员工日常考核工作中，将作业卫生相关知识作为考核重点，对不熟悉该项知识的员工要加强培训管理。
惩罚措施	对多次违反卫生要求的员工要进行惩罚，如罚款、记过等。

流程04：场所卫生管理流程

场所卫生管理主要是指对餐饮店工作场所的清洁工作。场所卫生管理流程如下表所示。

场所卫生管理流程

流程	流程说明
选定清洗时间 ↓	清洗工作必须在营业结束后进行，以免影响正常营业。

（续表）

流程	流程说明
准备清洁用品	（1）准备好清洁工具，如扫把、笤帚、清洁桶等。 （2）准备好清洁剂。
人员安排	餐饮店应注意做好人员安排工作，可以由本店人员进行清洁，也可以外包给专业的清洁公司进行。如果是外包，要做好清洁公司与本公司人员的沟通联系工作。
开展清洗工作	清洗人员按照既定清洗步骤开展清洗工作，具体应达到以下要求： （1）墙壁应光滑、明亮，无污渍、无脱落。 （2）天花板应干净、整洁，无污渍、无蛛网。 （3）地面应干净、整洁，无污渍。
检查	清洗工作结束后，管理人员要进行检查，如果检查不合格，还应再次清洗，确保清洁工作的完成质量。
清场	清洁人员要做好清场工作，确保离开时现场干净、整洁、有序。

第二节　厨房卫生管理流程

厨房是生产菜品的部门，也是卫生管理的重中之重，厨房一旦出现不卫生状况，很容易影响到菜品的质量，进而影响顾客的饮食健康。因此，厨房各级人员应当按照各项工作流程开展工作，严格保障厨房卫生，如清洁窗户时，要按照摘下纱窗、除尘、冲洗等一系列步骤进行。

流程01：厨房基本卫生管理流程

厨房基本卫生管理主要是从营业前、营业中和营业后三个方面进行的卫生管理工作。厨房基本卫生管理流程如下表所示。

厨房基本卫生管理流程

流程	流程说明
营业前的卫生工作	营业前，厨房人员要仔细检查厨房的卫生状况，发现有不整洁的地方或污迹，应立即整改。
营业中的卫生工作	营业中，厨房人员应时刻注意卫生，不乱扔垃圾、不乱放物品，严格按照相关标准、流程开展工作。
营业后的卫生工作	营业后，厨房人员要仔细清洗工作地面、各类刀具、墩头及其他烹调设备。管理人员要对清洁工作进行检查，确保清洁效果符合标准。

流程02：烹调过程中的卫生管理流程

烹调过程中的卫生管理流程如下表所示。

烹调过程中卫生管理流程

流程	流程说明
烹调前的卫生工作	烹调前要将炒锅、手勺、笊篱等用品清洗干净，并保持抹布的卫生。
烹调中的卫生工作	（1）烹调中要保证调味品、食品添加剂、油品的质量和卫生；对已变质或污染的原料不能进行烹制。 （2）烹制要烧熟煮透，防止里生外熟。 （3）对烹制的菜肴应用消毒后的碗碟盛装。在烹调操作尝试口味时应使用单独的汤匙，保证烹调食品的卫生。
烹调结束后的卫生工作	每日营业结束时，清洁台面、灶台、烤箱、蒸笼等设备，洗刷炒锅、汤锅、手勺等用具，清理调料，冲刷地面。

流程03：餐具洗涤的流程

餐具洗涤的流程如下表所示。

餐具洗涤的流程

流程	流程说明
预洗	预洗的目的在于刮去脏物，可用木制刮板将餐具内的剩余饭菜清除干净，然后用莲蓬式喷头以温水冲去油渍，清除餐具上的附着物。为了保证洗涤的效果，可以把餐具按不同的种类分开，以有效地节省洗涤剂与用水量。
清洗	清洗主要是为了除净附着在餐具上的油渍污物，并起到初步减少细菌的作用，但没有杀菌效果，清洗的效果取决于洗涤的方法、操作规程、洗涤设备、用水量、水温、洗涤剂的种类与浓度、洗涤的时间等因素。手洗一般是在水池内加入温水，按比例加入洗涤液，将预洗过的餐具放置水池内，经过一段时间的浸泡后，用软布依次将餐具内外洗涤干净。
冲洗	冲洗的主要目的是洗去洗涤液，操作时用清水将餐具上的洗涤液冲洗干净，最好是用流动水冲去洗涤液。
消毒	餐具洗净后的重要工作就是进行消毒处理，消毒的目的是为了确保餐具上的微生物杀灭干净，以保证餐具的卫生安全。现在，餐厅常用的消毒方法主要有以下几种： （1）水煮。在100℃的水中将餐具煮10分钟。 （2）气蒸。在100℃以上的蒸汽中将餐具加热5分钟以上。 （3）氯液。在万分之二的游离氯水溶液中，将餐具浸泡10分钟以上。 （4）干热。在110℃的干热环境中加热10分钟以上。 （5）微波。在微波内用高火力加热2分钟以上。
干燥	干燥就是把带水的餐具去净水分的过程，一般将消毒后的餐具以倒置状态控干或晾干水分，有条件的可用烘干机等设备将餐具上的水分去干净，使餐具保持在干燥状态。
保存	将经过干燥处理的餐具，放入专用的餐具柜内存放，存放餐具的柜子也应该先进行消毒处理，以免干净的餐具被再度污染。

流程04：洗碗机清洗流程

洗碗机是用来自动清洗碗、筷、盘、碟、刀、叉等餐具的设备。洗碗机清洗流程如下表所示。

洗碗机清洗流程

流程	流程说明
预洗 ↓	为了有效地进行清洗工作，餐具应在洗涤前做预洗工作，清除餐具上的残留菜肴，并分类集放餐具，以便于清理。预洗即清洗前用刮铲、刷子或其他工具把餐具上的脏饭菜刮掉。擦拭或用水冲洗餐具除了可去除固体污物外，也可冲去部分残留的油脂性污物。
准备 ↓	把预洗后的盘子叠好，做好送入机器的准备，同时要检查清洁剂是否充足，如果不足，要及时补充。
送入机器 ↓	（1）把盘子送入机器，注意不要超量。 （2）把需要清洗的碗、杯子倒扣过来。 （3）在单独的机层内清洗银质餐具。
取出	机器清洗完毕后，将餐具从机器中取出。

流程05：窗户清洁流程

窗户清洁流程如下表所示。

窗户清洁流程

流程	流程说明
摘下纱窗 ↓	摘下纱窗，注意不要弄破纱窗。
除尘 ↓	用软毛刷蘸清洁剂溶液洗刷除去窗框、横梁、窗台、玻璃上的油渍、杂物、灰尘。
冲洗 ↓	用清水冲洗，并用湿抹布将窗框、横梁、窗台擦拭干净。

（续表）

流程	流程说明
↓ 吸水	用不掉绒毛的软干布或吸水性能较好的纸巾把玻璃内外擦干水分，然后用干净抹布蘸酒精擦拭窗户上的玻璃。
↓ 放回原位	将清洁干净的纱窗安装在原来的位置上。

流程06：灶上用具清洁流程

灶上用具清洁流程如下表所示。

灶上用具清洁流程

流程	流程说明
清洗	将灶上用具放入按比例调制的洗涤剂溶液中，对灶上用具进行彻底的洗刷，以除去灶上用具上的污物、油渍等。
↓ 冲刷	用流动的净水将用具上的洗涤液冲洗干净。
↓ 消毒	灶上用具的消毒一般采用煮沸或蒸汽消毒的方法，可将灶上用具放入100℃的水中或100℃的蒸汽中加热5分钟以上。
↓ 存放	将消毒过的灶上用具晾干后放入专用的橱柜内存放，并确保橱柜干净卫生，以免造成灶上用具的再次污染。

流程07：调理台用具清洁流程

调理台用具清洁流程如下表所示。

调理台用具清洁流程

流程	流程说明
清洗除污 ↓	将所有用具放入按比例调制的餐洗剂溶液中，对调理台用具进行彻底的清洗，以除去用具上的污物、油渍等，如果调料盒等用具上有硬结物，则应用热水浸泡变软后，再用硬毛刷蘸清洁剂将污物清除洗净。
冲洗清洁剂液 ↓	用流动的净水将用具上的洗涤液冲洗干净，如果是在洗涤盆中冲洗，则要至少换3次清水，以确保用具上的清洁剂没有残留。
消毒灭菌 ↓	调理台上的用具洗涤干净后一定要进行消毒灭菌处理，消毒一般采用煮沸或蒸汽消毒的方法，可将用具放入100℃的水中或100℃的蒸汽中加热5分钟以上，如果是塑料等不耐高温的用具，则应使用消毒清洁剂或高锰酸钾溶液进行消毒处理。
卫生存放	将消毒过的调料盒等用具晾干后，放入专用的橱柜内存放，并确保橱柜干净卫生，以免造成调理台用具的再次污染。

流程08：洗手的流程

洗手的流程如下表所示。

洗手的流程

流程	流程说明
湿润 ↓	先用水完全湿润手部。
擦肥皂 ↓	（1）擦上肥皂或洗手液。如果使用肥皂，必须把使用后的肥皂用水冲洗，再放回肥皂盒中。 （2）两手心相对相互摩擦。 （3）用右手心叠在左手背上，自手背至手指相互揉搓擦拭，再以左手心叠在左手背上，同样的擦拭揉搓，也可用软毛细刷子分别洗刷双手的手指部位。 （4）用力互搓两手的全部，包括手掌、虎口与手背。
擦指甲 ↓	擦洗指甲，使指甲表面布满肥皂泡沫。

（续表）

流程	流程说明
↓ 清洗	将布满肥皂沫的手放在流动的水管下，冲去肥皂或洗涤液，洗净双手。
↓ 擦干	用纸巾擦干净双手，或用干手器烘干双手。

第三节　垃圾与病虫害处理流程

垃圾主要分为气态垃圾、液态垃圾和固态垃圾三大类。垃圾对环境会造成污染，因此，餐饮店必须根据各类垃圾的特点，按流程做好处理工作，避免对环境造成污染，同时也要做好对虫鼠的防治工作，以消除病虫害。

流程01：气态垃圾处理流程

气态垃圾是指厨房抽油烟机排出去的油烟。气态垃圾处理流程如下表所示。

气态垃圾处理流程

流程	流程说明
安装抽油烟机	油烟不但造成污染，也容易造成火灾，所以应安装抽油烟机，并将专管导出建筑物之外，导管应为防火材料。油烟管应设有自动门闸，温度过高时能自动关闭导管，切断火路，防止火苗蔓延。
↓ 浸水	油烟导入处理槽时，管口宜浸入槽内水中（可用苏打水化解油滴），处理槽面应以抽风机抽气，以造成密闭槽内负压，提高抽油烟机的效能。
↓ 清除油垢	油烟管内侧油垢应每两周请专人清除一次，或在导管内侧贴塑料布或铝箔以利换洗。

流程02：液态垃圾处理流程

液态垃圾包括厕所污水、排泄物、厨房污水等。液态垃圾处理流程如下表所示。

液态垃圾处理流程

流程	流程说明
疏通排污管道	一般排泄物设有专管排除，餐饮店必须定期疏通排污管道，使其能够顺利排污。
↓ 排污	厨房污水含有机质（有机质泛指含有生命机能的有机物质，有机质会消耗水中溶解的氧气，危及鱼类的生存；导致水中缺氧，致使需要氧气的微生物死亡，严重破坏环境）时，应先处理过滤后再行排放。
↓ 厕所管理	（1）厕所应为冲水式，应有适当的光线及通风设备，不得有臭味产生。 （2）厕所地板应保持平坦、干燥。 （3）每间厕所均需设有加盖垃圾桶，并时常处理。 （4）厕所入口处设置洗手台、洗手剂、烘干器等。 （5）工作人员有专用厕所，与顾客不可同用。
↓ 泔水处理	（1）泔水桶应坚固、可搬动、有加盖，泔水倒入时不宜过量，以免溢出。 （2）泔水应每日处理为佳。 （3）泔水清运处理后，泔水桶及其周围环境应冲洗清洁。

流程03：固态垃圾处理流程

固态垃圾是指形态为固体的垃圾，包括各类纸箱、木箱、破碎餐具、残余蔬菜叶等。固态垃圾处理流程如下表所示。

固态垃圾处理流程

流程	流程说明
垃圾分类 ↓	固态垃圾可分为可燃物（如纸箱、木箱）、不可燃物（如破碎餐具）等，对固态垃圾进行分类，有助于针对不同的垃圾进行处理。

（续表）

流程	流程说明
处理	（1）将各类不同垃圾分别装入垃圾袋中投入各类垃圾桶，垃圾桶应加盖。 （2）空瓶罐可以收集后进行售卖或退换，应先冲洗干净，放于密闭储藏室，以免招致苍蝇、蟑螂、老鼠等。 （3）残余蔬菜叶可以使用磨碎机加以磨碎，然后排入下水道，但下水道须做好油脂截流处理。
↓ 检查	固态垃圾较易储存，也容易散放，因此管理人员必须加强检查，确保无遗漏。

流程04：动物原料废弃物处理流程

动物原料废弃物处理流程如下表所示。

动物原料废弃物处理流程

流程	流程说明
严格密闭	盛放动物性废弃物的垃圾桶一定要有密封效果良好的盖，在随时放入垃圾后随时将桶盖盖严。
↓ 及时清理	一般不要等到一个班次结束以后再清理，而要定时、随时清理，夏季要每隔1小时清理一次，确保垃圾桶无腥臭等气味。
↓ 除污除味	每清理一次，都要将垃圾桶进行清洗以达到除污除味的目的，每次结束后连同放垃圾桶的周围地面都要消毒一次。

流程05：虫鼠的防治流程

虫鼠主要是指各类害虫以及老鼠。虫鼠容易传播疾病，污染食品，因此餐饮店必须严格做好虫鼠的防治工作。虫鼠的防治流程如下表所示。

虫鼠的防治流程

流程	流程说明
做好日常卫生工作	虫鼠的防治重在日常卫生管理，日常卫生工作做好了，虫鼠的存活几率就很低。
选择防治方法	（1）化学防除法。在使用化学药剂之前，最好先与虫害控制或卫生单位的专家协商，以确定药剂的种类、用量及使用方式是否在法令规章的许可范围以内。 （2）物理防除法。包括捕杀法和诱杀法两种。捕杀法，徒手或使用器械驱杀害虫的卵、幼虫或成虫。诱杀法，利用虫鼠的特殊习性，以适当装置诱其而杀之。
检查	厨房人员要经常检查容易产生虫鼠的部位，如各个角落，发现虫鼠要立刻消除。

第六章　安全管理流程

安全管理关系着餐饮店和顾客的切身利益，餐饮店一旦发生不安全事件，如食物中毒等，不仅会影响顾客健康，还会给餐饮店造成非常不利的影响。因此，餐饮店各级人员要从食品安全、日常安全和消防安全三个方面，按照相关流程要求做好安全管理工作，全面保障餐饮店和顾客的安全。

第一节　食品安全管理流程

食品安全管理重在预防，尤其要预防食物中毒和食物过敏情况的发生，因为这两种情况都会对顾客的健康造成不利影响，预防工作要按流程进行，如预防食物中毒应做好日常培训、保持加工过程的清洁等。

流程01：食物中毒预防流程

食物中毒是由于进食被细菌及其毒素污染的食物，或摄食含有毒素的动植物如毒蕈、河豚等引起的急性中毒性疾病。食物中毒会对顾客的身体造成严重的损害，因此，餐饮店必须对食物中毒做好预防工作，严格保障顾客的饮食安全。食物中毒预防工作流程如下表所示。

食物中毒预防工作流程

流程	流程说明
日常培训 ↓	加强对员工的培训，通过培训使员工熟练掌握相关食物中毒预防知识。
保持加工过程的清洁 ↓	（1）厨房员工在开始烹饪前，一定要把手部彻底洗干净，烹饪的器具比如餐具、砧板、抹布等厨房用品应该用水或消毒药水反复清洗。 （2）抹布必须经常用清洁剂清洗；餐具充分洗净后应保持干燥，否则消过毒的餐具再用不洁净的抹布来擦拭，便会功亏一篑。 （3）食品加工人员如果手指有伤口或脓疮，应该戴上手套或指套后再从事加工工作。

（续表）

流程	流程说明
避免食品存放太久	餐厅的食品原料采购回来后，不要放太久，应该尽快烹饪供食，因为食物中毒单从病原细菌来看，首要的一点就是细菌繁殖到一定的程度，放置时间越短细菌繁殖数量越少，越可以避免食物中毒。
注意食品的加热与冷藏	细菌通常不耐热，加热到70℃以上，大部分的细菌都会死掉，因此把食品加热以后再食用比较安全。另外，细菌比较耐冷，虽然冷却以后不会死掉，但是不容易繁殖，且温度非常低（−18℃以下）时根本不能繁殖。
加强检查	无论以上哪个步骤，都需要管理人员进行严格的检查，通过检查发现工作中存在的问题并及时纠正、解决。

流程02：食物中毒处理流程

食物中毒处理流程如下表所示。

食物中毒处理流程

流程	流程说明
发生食物中毒	顾客在餐厅用餐时，突发不明疾病晕倒或出现其他不良症状，离患者最近的服务员应立即上前将其扶到座位上，请人照看，及时向餐厅主管报告，同时迅速告知公司管理人员赶到现场。
通知120	（1）餐厅员工在第一时间请一位同事陪同将顾客送往就近医院（或医务室）进行抢救，紧急情况要拨打“120”急救电话。 （2）若出现第二例（含二例）以上症状病人，应立即停止该类菜的销售，做好现场保护工作，必要时拨打“120”急救，并通知食品卫生监督部门人员到场，配合调查处理。
留样	保存好出售食品的留样，以备相关部门化验检查。
赔偿	如果医院出具的检测报告显示属于餐饮店的过失导致顾客食物中毒，应与顾客协商进行赔偿。

（续表）

流程	流程说明
↓ 查找原因	餐饮经理应立刻组织人员查找食物中毒产生的原因，查找过程应包括该食物原料的供应商、采购人员等。
↓ 处罚	对食物中毒存在过失的员工进行处罚。
↓ 总结	餐饮经理要组织相关人员做好总结工作，得出经验教训，避免下次再犯类似的错误。

流程03：食物过敏预防流程

食物过敏也称为食物变态反应或消化系统变态反应、过敏性胃肠炎等，是由于某种食物或食品添加剂等引起的IgE（也称免疫球蛋白E，是人体的一种抗体）介导和非IgE介导的免疫反应，而导致消化系统内或全身性的变态反应。食物过敏预防流程如下表所示。

食物过敏预防流程

流程	流程说明
了解过敏原	餐饮店各级人员都应充分了解过敏原的类别以及含有过敏原的原料。餐饮店的日常培训工作应将过敏原的相关知识作为培训重点进行培训。
↓ 采购控制	（1）检查外包装，确认食材中是否含有已知的过敏原成分，同时，包装材料也应视为食材来检查和核对其是否含有过敏原成分。应采购满足规格的原料。 （2）运输工具也必须特别注意，因为它在运送不同物品时也可能导致交叉污染。
↓ 储存加工过程控制	（1）对含有过敏原成分的食材的隔离储存，要做好相应标示。严禁叠放在其他原料上，以防止跌落或飘洒引起其他原料污染。 （2）储罐中发现有过敏原成分，如果不能专用，则需要进行严格的清洗工作防止过敏原成分对其他成分的污染。避免来自其他生产区域或外部的交叉感染。
↓ 加强检查	无论以上哪个步骤，都需要管理人员，尤其是厨房工作人员进行严格的检查，通过检查发现过敏原，并及时清除。

第二节　日常安全管理流程

日常安全管理是指在餐饮店日常经营过程中的安全管理工作，如巡查、处理抢劫事件、处理斗殴事件等，每项工作都应当按流程进行。如发生顾客斗殴事件时，首先要予以制止，然后对斗殴双方进行劝解，最后要做好对事件处理的记录。

流程01：巡查工作流程

巡查是指巡视检查，通过巡查，可以及早发现存在的各类问题，并及时解决。巡查工作流程如下表所示。

巡查工作流程

流程	流程说明
巡查时机	管理人员应定时或不定时到各岗位巡视，餐饮店业务繁忙的时候要增加巡查次数。
↓ 内容	（1）巡查时，发现有不认真执勤或违纪、违章等情况，要及时纠正，并做好值班记录。 （2）检查各岗位交接是否清楚，手续是否完备，保安人员的着装、仪容仪表等是否符合规定。 （3）本班执勤中遇到疑难问题时，巡查人员应立即到场，按有关规定处理。
↓ 记录存档	对巡查的具体情况进行记录、存档。

流程02：抢劫事件处理流程

抢劫事件处理流程如下表所示。

抢劫事件处理流程

流程	流程说明
抢劫发生时处理工作	（1）保护收银、出纳人员，并机警地记下抢匪的容貌、口音、身高、身材、服装及所持器械等。 （3）以保障人身安全为第一，财物安全为其次。
↓ 记录	注意歹徒逃离方向，如使用交通工具，则记下车牌号码及车型、颜色等。
↓ 报警	（1）尽快报警处理，并向总公司或负责人报备。 （2）把门锁上，尽量保持案发现场的完整，直到警方人员抵达。
↓ 善后工作	（1）确定损失的金额，上报给警方，一旦抓获歹徒，可据此向其提出赔偿要求。 （2）如果已办理相关保险，应安排人员向保险公司索赔。
↓ 记录存档	做好事件处理的记录工作，并存档。

流程03：顾客斗殴处理流程

顾客斗殴处理流程如下表所示。

顾客斗殴处理流程

流程	流程说明
制止	保安人员执勤中发现顾客斗殴的现象时，要及时制止。制止原则为：劝阻双方住手、住口；对争吵或斗殴的双方或一方劝其离开现场；持有器械斗殴，则应先制止持械一方；有伤员则先送伤员去医院救治。
↓ 劝解 ↓	向斗殴双方了解情况，进行劝解。

（续表）

流程	流程说明
↓ 处理	（1）如果顾客不接受劝解，保安人员要将其劝离餐饮店。 （2）如果斗殴造成餐饮店财产损失，如打破餐具，损坏财物等，保安人员必须要求顾客照价赔偿。
↓ 记录存档	将斗殴的情况、处理措施记录下来，并存档。

流程04：顾客醉酒闹事处理流程

顾客醉酒闹事处理流程如下表所示。

顾客醉酒闹事处理流程

流程	流程说明
监控	醉酒顾客往往会失去正常的理智，处于不能自控的状态下，易对自身或其他人员造成伤害。保安人员应及时对其采取制止措施，避免对其他顾客造成伤害。
↓ 带离现场	如果顾客仍然有闹事的迹象，保安人员应采取强制措施，将其带离现场。
↓ 处理	（1）向醉酒顾客提供醒酒用的饮料，使其快速恢复神志。 （2）如果醉酒顾客已给其他顾客或餐饮店造成财产损失，必须让其赔偿所有损失后才能放人。 （3）如果醉酒顾客对其他顾客造成严重伤害，保安人员可通知当地公安机关前来处理。
↓ 记录存档	如实记录事件发生的经过、处理措施等，并存档。

流程05：顾客丢失财物处理流程

顾客丢失财物处理流程如下表所示。

顾客丢失财物处理流程

流程	流程说明
日常提醒 ↓	餐厅是公共场所，进出的人多且复杂，难免会发生失窃现象。在顾客的整个就餐过程中，服务员应经常提醒顾客注意保管好自己的财物。
帮助寻找 ↓	顾客丢失财物时，服务员应表现出同情与关心，尽量帮助顾客查找，一定要让顾客感到服务员是在诚心实意地帮助自己。
登记 ↓	服务员应问清顾客当时用餐的具体位置、餐桌的台号、物品的件数和特征等情况，并且当着顾客的面登记备查，或是通知保安部门帮助协查寻找。
通知	经过寻找，一时仍无着落的，可以请顾客留下联系地址和电话号码等，以便一有信息可以及时通报。

第三节　消防安全管理流程

消防安全管理是安全管理的重点内容，消防安全管理涉及的流程很多，如灭火器的使用流程、消防检查流程、火灾报警流程、火灾疏散流程等，各级人员都应当按照相关流程做好相应工作，确保餐饮店的安全。

流程01：手提式干粉灭火器的使用流程

干粉灭火器内充装的是磷酸铵盐干粉灭火剂。干粉灭火剂是用于灭火的干燥且易于流动的微细粉末，由具有灭火效能的无机盐和少量的添加剂经干燥、粉碎、混合而成微细固体粉末组成。干粉灭火器按移动方式分为手提式、背负式和推车式三种，使用最广泛的是手提式干粉灭火器。手提式干粉灭火器的使用流程如下表所示。

手提式干粉灭火器的使用流程

流程	流程说明
赶到火场 ↓	手提式干粉灭火器使用时，应手提灭火器的提把，迅速赶到火场位置，在距离起火点5m左右处，放下灭火器。

（续表）

流程	流程说明
↓ 上下颠倒	在室外使用时注意占据上风方向。使用前先把灭火器上下颠倒几次，使筒内干粉松动。
↓ 拔下保险销	使用时应先拔下保险销，如有喷射软管的需一只手握住其喷嘴（没有软管的，可扶住灭火器的底圈），另一只手提起灭火器并用力按下压把，干粉便会从喷嘴喷射出来。
↓ 灭火	（1）干粉灭火器扑救可燃、易燃液体火灾时，应对准火焰根部扫射。 （2）干粉灭火器扑救固体可燃物火灾时，应对准燃烧最猛烈处喷射，并上下、左右扫射。
↓ 保持直立	干粉灭火器在喷射过程中应始终保持直立状态，不能横卧或颠倒使用，否则不能喷粉。

流程02：手提式二氧化碳灭火器的使用流程

二氧化碳灭火器在加压时将液态二氧化碳压缩在小钢瓶中，灭火时再将其喷出，有降温和隔绝空气的作用。二氧化碳灭火器有推车式和手提式两种，使用最广泛的是手提式二氧化碳灭火器。手提式二氧化碳灭火器的使用流程如下表所示。

手提式二氧化碳灭火器的使用流程

流程	流程说明
赶到火场 ↓	使用时，可手提或肩扛灭火器迅速赶到火灾现场，在距燃烧物5m左右处，放下灭火器。
灭火 ↓	（1）二氧化碳是以液态存放在钢瓶内的，使用时液体迅速气化吸收本身的热量，使自身温度急剧下降到−78.5℃左右。所以在使用中要戴上手套，动作要迅速，以防止冻伤。如在室外，则不能逆风使用。 （2）灭火时一手扳转喷射弯管，如有喷射软管的应握住喷筒根部的手柄，并将喷筒对准火源，另一只手提起灭火器并压下压把，液态的二氧化碳在高压作用下立即喷出且迅速气化。

（续表）

流程	流程说明
↓ 连续喷射	在灭火时，要连续喷射，防止余烬复燃，不可颠倒使用。

流程03：消火栓的使用流程

消火栓的使用流程如下表所示。

消火栓的使用流程

流程	流程说明
打开箱门 ↓	发生火灾时，应迅速打开消火栓箱门，紧急时可将玻璃门击碎。
启动消防水泵 ↓	按下箱内控制按钮，启动消防水泵。
灭火 ↓	取出水枪，拉出水带，同时把水带接口一端与消火栓接口连接，另一端与水枪连接，在地面上拉直水带，把室内栓手轮顺开启方向旋开，同时双手紧握水枪，喷水灭火。
灭火后处理工作	灭火完毕后，关闭室内栓及所有阀门，将水带冲洗干净，置于阴晾干燥处晾干后，按原水带安置方式置于栓箱内。将已破碎的玻璃清理干净，换上同等规格的玻璃片。检查栓箱内所配置的消防器材是否齐全、完好，如有损坏应及时修复或配齐。

流程04：消防安全检查流程

消防安全检查流程如下表所示。

消防安全检查流程

流程	流程说明
检查消防系统 ↓	经常检查消防报警、探测器（温感、烟感）等消防设施设备，发现问题应及时报工程部进行维修。

（续表）

流程	流程说明
↓ 发现隐患	在检查过程中可能会发现一些消防隐患，应准确核查。
↓ 整改隐患	针对隐患的具体问题，采取相适应的整改措施。
↓ 复查	隐患整改完毕后，检查负责人应组织人员对火险隐患进行复查，并记录复查结果。
↓ 记录存档	对检查和隐患整改工作做好记录，并存档。

流程05：火灾报警流程

火灾报警流程如下表所示。

火灾报警流程

流程	流程说明
通知监控中心	（1）发现火灾时要使用最近的电话通知监控中心，通知时说明火警地点、类型、火势情况，以及自己的姓名、部门、职位。 （2）注意通知时尽量保持冷静，以免引起顾客恐慌。
↓ 按报警器报警	找不到电话时可击碎报警器玻璃或按下手动报警器，任何人在餐饮店任何地方发生或发现火警，须按程序报警。
↓ 报警后处理	报警后，返回火警发生处并召集火警现场的同事，使用最近且适合的灭火器控制燃烧范围。
↓ 等待管理人员	无论火能否扑灭，留驻于火警现场安全范围，等待主管或值班经理的到来。

流程06：火灾疏散流程

火灾疏散流程如下表所示。

火灾疏散流程

流程	流程说明
通告	利用广播向顾客告知火灾地点。
优先疏散	（1）最靠近火灾处的顾客优先疏散。 （2）老弱妇孺优先疏散。
指导疏散	（1）疏散当中如遇浓烟迫近时要使用湿手帕、湿毛巾将鼻、口掩住，必要时使用室内消防栓射水援护。 （2）将在火灾楼层下面的顾客，指导至各安全（门）、楼梯向下层疏散。 （3）将在火灾楼层的顾客指导至离开火灾地点反方向安全（门）、楼梯向下面楼层疏散。 （4）将在火灾楼层上面的顾客，如安全（门）、楼梯间无烟火冒出时，指导向下面楼层疏散。如遇烟火时，则改由反方向的安全（门）、楼梯向下面楼层疏散。
疏散结束	（1）一旦疏散至安全地带后，禁止顾客返回取物。 （2）关闭火灾区域的防火门，在此之前要先确认有无人员未疏散。
检查	检查餐饮店内是否还有人。

流程07：消防演习的流程

消防演习是指为强化员工处理火灾事件的能力，使员工在火灾发生时能迅速处理，而提前开展的消防演练工作。消防演习的流程如下表所示。

消防演习的流程

流程	流程说明
后勤保障 ↓	安排餐饮店保洁人员负责消防后勤保障，主要负责演练结束后的场地清扫工作。
疏散结束 ↓	在消防演习过程中组织安排人员有序进行疏散，防止拥挤及不安全隐患的发生，使人员在规定的时间内撤离火场。
组织灭火、安全警戒 ↓	由保安人员负责组织灭火，并做好现场安全警戒工作。
物资抢救 ↓	对一些重要物资及危险品应及时进行抢救，以免造成更大的损失。
总结消防演习的效果	每次消防演习结束后，区域主管应总结演习效果和经验教训，同时收集各方面对演习的反馈意见，将以上两份总结书报区域经理审阅后存档。

第七章　工程管理流程

良好的工程管理是保障餐饮店保持正常运转的前提。工程管理流程主要包括两大部分，即设施设备管理流程和节能降耗管理流程。通过对设施设备的管理，可以维持其正常运转，而通过节能降耗管理，则可以节约能源，进而节约成本，增加收益。

第一节　设施设备管理流程

各级工程人员的日常工作一般都围绕着各类设施设备进行，因此，应按照相关流程做好对设施设备的维修、采购、计划保养等工作，确保设施设备始终处于正常工作状态中。例如，在对设施设备进行计划保养时，先要制订年度保养计划，再对计划进行分解，然后安排好保养人员，做好保养工作。

流程01：维修人员日常工作流程

维修人员日常工作流程如下表所示。

维修人员日常工作流程

流程	流程说明
巡检设备 ↓	（1）检查设备是否正常，发现问题及时解决或上报处理，并做好记录。 （2）保持设备整洁，机房干净、无杂物。
解决当天报修项目 ↓	（1）能够修理的项目应当天修理，如遇属计划维修而暂不能解决的项目，须做好记录，统一进行维修保养。 （2）维修时尽量坚持“补修不更新”的原则，减少成本费用。

（续表）

流程	流程说明
↓ 与接班人员做好交接工作	（1）交接维修工具，所有维修工具须放在指定地点，方便使用和交接。 （2）交代特殊事项及未完成的工作。

流程02：维修业务开展流程

维修业务开展流程如下表所示。

维修业务开展流程

流程	流程说明
确认报修信息 ↓	维修人员收到报修信息后要立刻响应，仔细聆听报修内容，听完后复述，并报修内容，做好记录。
到报修地点 ↓	（1）根据报修内容携带好所需工具和配件，尽快到达报修地点。 （2）重大维修或紧急维修应在第一时间内赶到维修地点。
实施维修 ↓	检查出设备损坏或故障的原因，根据专业知识和工作经验给予修复或排除，不能及时解决的须采取必要措施；维修时，区域影响面要控制得当，无须无故扩张。
记录存档	及时向报修人通报维修结果，把维修情况记录于维修记录本上，并存档。

流程03：餐饮设备采购流程

餐饮设备采购流程如下表所示。

餐饮设备采购流程

流程	流程说明
设备购置申请 ↓	由工程部根据年度设备更新计划提出书面申请。
审核 ↓	由餐饮部经理进行审批。
选购 ↓	由采购部与工程部负责设备的选购，由财务部划拨采购资金。
验收 ↓	设备送到后，要逐一检验，确保设备无质量问题才能验收。
安装调试 ↓	对需要安装的设备进行安装调试，只有通过了安装调试，才能投入使用。
技术资料归档	由工程部将设备相关资料进行存档。

流程04：设施设备计划保养流程

设施设备计划保养流程如下表所示。

设施设备计划保养流程

流程	流程说明
制订年度保养计划 ↓	要维持各项设施设备的正常运行，就必须对其进行定期保养。工程部主管应首先制订年度保养计划。制订年度计划时，可参考往年的保养计划及其执行情况以及本年度设备变动情况相关资料。
年度保养计划分解 ↓	工程部主管应将年度保养计划分解到每个月，即制订月度保养计划，以便详细安排相关保养工作。

（续表）

流程	流程说明
↓ 安排保养人员	工程部主管根据月度保养计划安排好设施设备的保养人员，并为其排好班。
↓ 实施保养	保养人员按照保养计划的安排，依据相关保养标准对设施设备进行保养，保养时要充分考虑设备的特性。
↓ 记录存档	保养工作结束后，保养人员要做好记录，并存档。

第二节　节能降耗管理流程

节能降耗是指节约能源和降低损耗。节能降耗是餐饮管理的重要内容，应当按照流程进行。例如，实施节水时，要先建立节水制度，然后采取宣传引导等一系列措施，有步骤地完成节水工作。

流程01：节能降耗宣传引导流程

节能降耗宣传引导流程如下表所示。

节能降耗宣传引导流程

流程	流程说明
明确节能降耗方针 ↓	节能降耗方针对节能降耗工作起着非常重要的指导作用，这可以由餐饮经理亲自制定，工程部主管提供参考意见。
制订节能降耗宣传计划 ↓	餐饮店要制订系统的节能降耗宣传计划并予以实施。宣传计划和管理目标应符合实际的情况，并具有连续性。

（续表）

流程	流程说明
↓ 开展宣传工作	通过宣传物、宣传标志、宣讲会等方式对员工进行宣传，强调节能降耗对餐饮店的重要意义，引起他们的重视。
↓ 宣传效果反馈	可以通过问卷调查的方式获得宣传的实际效果，以便根据具体效果完善宣传计划。

流程02：节能降耗培训流程

节能降耗培训流程如下表所示。

节能降耗培训流程

流程	流程说明
制订培训计划 ↓	节能降耗工作主要由工程部主持。工程部主管应与餐饮店人力资源部经理进行沟通，协助其制订节能降耗培训计划，计划内容包括培训时间、培训事项等。
实施培训 ↓	由工程部安排指定人员对餐饮店员工进行节能降耗培训。培训要按照计划进行，且培训时间应选在餐饮店事务工作不忙的时候。
培训考核 ↓	（1）每次培训工作结束之后，都要对受训人员进行考核，以确认培训效果。 （2）培训人员对考核不及格者要安排进行下一次培训，或单独辅导。
签到 ↓	培训工作必须签到，以确认已参加和未参加人员，保证培训的普及率。
整理资料、存档	整理本次培训相关资料，并存档。

流程03：节电管理基本流程

节电是指节约电能，餐饮店应积极推行节电措施，以节省能源，降低经营成本。节电管理基本流程如下表所示。

节电管理基本流程

流程	流程说明
制定节电制度 ↓	（1）建立部门用电限额制度，即提前核算出部门本月用电量，如果出现非常规超出，要进行处罚。 （2）实行部门用电及重要用电设备管理考核制度。 （3）实施节电管理条例，对一切违反节电要求的行为进行严格限制或处罚。
日常宣传引导 ↓	餐饮店的各级管理人员要带头节约用电，同时通过各种措施向员工开展节电日常宣传引导工作，如悬挂标语、开展节电活动等，以加强员工的节电意识。
日常节电措施 ↓	（1）照明系统应保证有合理照度，根据不同场合要求，优先选用光效高、显色性好的节能光源及高效灯具。 （2）根据不同负荷要求，冷冻机选用几台机组并联运行。合理控制冷冻水、冷却水温度和水质，客房和空调调温控制。 （3）加热方式应优先选用燃烧加热的高效电加热设备。 （4）电动机、水泵、风机应选用高效节能型号。
检查	通过检查可以有效获知制度执行的效果以及日常阶段措施落实的状况。各部门管理人员应定期或不定期开展检查工作，指出违规行为，并予以批评处罚。

流程04：节水管理基本流程

节水管理基本流程如下表所示。

节水管理基本流程

流程	流程说明
建立节水制度	餐饮店可以建立一些节水制度，如用水定额制度、节约用水管理制度等，强化对水资源的制度化管理。
↓ 节水宣传引导	餐饮店的各级管理人员要带头节约用水，同时通过各种措施向员工开展节水宣传引导工作，如悬挂标语、开展节水活动等，以加强员工的节水意识。
↓ 日常节水措施	（1）主要用水部门实行分表考核，应有专人负责抄表，根据供水指标实行计划用水，建立供水责任制度。 （2）用水人员发现跑、冒、滴、漏现象应及时报修。 （3）对冷却水和锅炉凝结水应重复利用或一水多用。
↓ 检查	通过检查可以有效获知制度执行的效果以及日常阶段措施落实的状况。各部门管理人员应定期或不定期开展检查工作，指出违规行为，并予以批评处罚。

第四部分

怎样进行餐饮专项事务管理

餐饮店专项管理主要由专项制度管理、专项表格管理两大部分构成。其中，专项制度列举了专用的各项餐饮店管理制度，为餐饮店工作的顺利开展提供了良好的制度保障。专项表格则列举了餐饮店工作中最常用的一些表格，便于在工作中使用。

第一章　楼面事务专项管理

楼面可谓是餐饮店的“脸面”，直接给顾客留下对餐饮店的第一印象。楼面人员众多，因此，楼面管理人员必须对楼面的各项事务做好管理工作，确保楼面始终处于正常、平稳的工作状态中。

第一节　楼面事务专项制度管理

楼面部可以通过制定各种制度来规范员工的行为，明确奖罚要求，使楼面的管理趋于规范化和标准化。楼面部常用的制度，主要包括餐厅交接班制度、迎宾服务管理规范、备餐间管理制度等。

制度01：餐厅交接班制度

文件名称	餐厅交接班制度	编号	
		版本	A／0

一、目的

为加强对餐厅交接班工作的管理，特制定本制度。

二、适用范围

适用于餐厅中交接班的员工。

三、内容

（1）人员必须准点到岗，认真查看值班日志，有问题必须及时问清情况，以防遗漏。

（2）交班人员对需交接的事宜要有文字记录，并口头详细交代清楚。

（3）接班人员在认真核对交接班记录后，要确认签字，并立即着手处理有关事宜。

（4）交接时应对下列事项特别注意：顾客的预订、重要顾客的情况、未办完的顾客投诉、未办完的准备工作、顾客的特别要求等。

（续表）

（5）各班下班前，必须认真检查用电设施是否关闭。确认无任何问题后，将钥匙交总台保管，并由交送人签名，写清交送时间。 （6）餐厅钥匙，由各餐厅主管保管一套，下班前存于总台。 **四、附则** （1）本制度由总经理办公室主持制定，其修改、解释权归总经理办公室所有。 （2）本制度经总经理批准后，自颁布之日起实施。

编制		审核		批准	

制度02：迎宾服务管理规范

文件名称	迎宾服务管理规范	编号	
		版本	A / 0

一、目的

为加强对迎宾服务工作的管理，使所有顾客都能获得最尊贵、最真挚的迎宾服务，特制定本规范。

二、适用范围

适用于楼面所有迎宾员和服务员。

三、内容

1．迎宾员

（1）顾客进入餐厅，主动上前，热情询问顾客："先生/小姐，您好，欢迎光临，请问几位？"

（2）顾客回答后问："请问先生/小姐您贵姓？"但不可强求顾客把姓名告知。

（3）带顾客到座位后，拉椅让座，双手把菜谱递给顾客："某先生，这是我们的菜单。"

（4）告知上前服务的服务员以及该区领班顾客的尊姓。

2．餐厅服务员

（1）开餐前半小时，在分管的岗位上等候开餐前迎接顾客。

（2）站岗时注意姿势，两手自然下垂或向前，挺胸而立，不叉腰，不倚墙或工作台。

（3）入座：服务员应协助迎宾员安排顾客座位，先将女士要坐的座位拉出。

（续表）

（4）向迎宾员了解顾客尊姓，并把姓氏记在菜价单上。 （5）服务员在整个服务过程中，应以其尊姓为前提。 **四、附则** （1）本规范由总经理办公室主持制定，其修改、解释权归总经理办公室所有。 （2）本规范经总经理批准后，自颁布之日起实施。

编制		审核		批准	

制度03：餐前准备操作管理制度

文件名称	餐前准备操作管理制度	编号	
		版本	A/0

一、目的

为了明确餐前准备工作的各项事项，特制定本制度。

二、适用范围

适用于楼面所有员工。

三、内容

（1）把所有的备用物品摆放到指定位置，分类、陈列整齐。

（2）每个员工要注意自己的仪容仪表，备好自己的工作用具，如打火机、笔、开瓶器，并且参加班前会。

（3）服务员要保持微笑，并保持良好的精神状态，个人私事不能带入工作当中。

（4）清理楼面和餐桌，按标准摆台，摆位。

（5）备好客用开水及酱汁。

四、附则

（1）本制度由总经理办公室主持制定，其修改、解释权归总经理办公室所有。

（2）本制度经总经理批准后，自颁布之日起实施。

编制		审核		批准	

制度04：餐饮服务管理制度

文件名称	餐饮服务管理制度	编号	
		版本	A / 0

一、目的

服务是餐饮行业的核心要点，没有良好的服务，任何顾客都不愿光顾。因此，为加强对服务的管理，特制定本制度。

二、适用范围

适用于楼面所有员工。

三、内容

（1）当顾客进入餐厅时，以亲切的微笑迎接顾客，根据年龄及阶层先服务女士，但主人或女主人留在最后才服务，在服务时避免靠在顾客身上。

（2）在服务时尽量避免与顾客谈话，如果不得不如此，则将脸转移，避免正对食物，除非是不可避免，否则不可碰触顾客。

（3）在最后一位顾客用完餐后，不要马上清理杯盘，除非是他要求才处理，不可让顾客有这种印象：你对别的顾客的服务比对他的好。顾客走后可清理服务台或桌子。

（4）所有掉在地上的餐具均需更换，首先送上清洁的餐具，再拿走弄脏的餐具。

（5）顾客要入座时，一定要上前协助拉开椅子，用过的烟缸一定要换掉，在餐厅中避免与同事说笑打闹。

（6）在上菜服务时，先将菜式呈现在转盘上给顾客过目，确定每道菜需要用的调味酱及佐料没有弄错，需要用手拿的食物，洗手盅必须马上送上。

（7）保持良好的仪容，有礼貌地接待顾客，如果可能的话要直呼顾客的姓氏，尽量记住常客的习惯与喜好的菜式。

（8）仔细研究并熟悉菜单，口袋中随时携带开罐器、打火机及圆珠笔，清除所有不必要的餐具，但如有需要则须补齐，确定所有的玻璃器皿没有缺口。

（9）将配菜的调味料备妥，将酒倒满酒杯（红酒半满、白酒八分满），询问顾客是否满意。

（10）不可在工作区域内抽烟，不得吃东西，不得照镜子，或梳头发、化妆。

（11）在工作场所不得有不雅举动，不得双手交叉抱胸，不得在顾客面前打呵欠，忍不住打喷嚏时要使用手帕或面纸，并事后马上洗手，不得在顾客面前算小费或看手表。

（12）顾客有时想从你那学习餐饮知识，但并不希望被纠正；不得与顾客争吵，或批评顾客，或强迫推销；对待儿童必须有耐心，不得抱怨或不理睬。

（续表）

<table>
<tr><td colspan="6">（13）在餐厅中不准提高嗓音，不准用手触摸头和脸，或置于口袋内。
（14）不准斜靠墙或服务台，在服务中不准背对顾客，不准跑步或行动迟缓，不准突然转身或停顿。
（15）要预先了解顾客的需要，除非顾客有需求，避免聆听顾客的闲聊，在不影响服务的状况下才能与顾客聊天，联络感情，争取客源。
（16）保持服务处所的清洁，避免在顾客面前做清洁工作，勿将制服当抹布，经常保持制服的整洁，勿置任何东西在干净的桌布上，以免造成污损；溢泼出来的食物、饮料应马上清理；上热餐用热盘，上冷餐用冷盘；不可用手接触任何食物；餐厅中有餐具，需要用托盘盛装拿走，托盘要洁净。
（17）不准堆积过多的盘碟在服务台上，不准空手离开餐厅到厨房，注意不准拿超负荷的盘碟。
四、附则
（1）本制度由总经理办公室主持制定，其修改、解释权归总经理办公室所有。
（2）本制度经总经理批准后，自颁布之日起实施。</td></tr>
<tr><td>编制</td><td></td><td>审核</td><td></td><td>批准</td><td></td></tr>
</table>

制度05：备餐间管理制度

<table>
<tr><td rowspan="2">文件名称</td><td rowspan="2">备餐间管理制度</td><td>编号</td><td></td></tr>
<tr><td>版本</td><td>A／0</td></tr>
<tr><td colspan="4">一、目的
为加强对备餐间的管理工作，确保备餐间正常运转，特制定本制度。
二、适用范围
适用于备餐间所有员工。
三、内容
（1）做好备餐间准备工作。
（2）摆齐银器、托盘，准备好开餐时所需的配料、餐用具等。
（3）接到落单后，迅速加上标记并送到生产部门，点清品种通知楼面。
（4）厨房出菜时，应马上配上合适的配料餐具、用具，并在菜单上勾销该菜。</td></tr>
</table>

（续表）

（5）收餐后将所有的餐具清洗入消毒柜。 四、附则 （1）本制度由总经理办公室主持制定，其修改、解释权归总经理办公室所有。 （2）本制度经总经理批准后，自颁布之日起实施。					
编制		审核		批准	

制度06：餐间服务管理规定

文件名称	餐间服务管理规定	编号	
		版本	A／0

一、目的

顾客用餐过程中可能需要多种服务，为加强对餐间服务的管理，特制定本规定。

二、适用范围

适用于楼面所有提供餐间服务的员工。

三、内容

1．递巾问茶

递巾从顾客右边递，并说：“先生/女士，请用香巾”，同时询问顾客：“您好，请问喜欢喝什么茶”。

2．落巾、脱筷子套

席间解开餐巾花铺在餐碟底，在顾客的右边脱筷子套。

3．斟茶

从顾客的右边斟，按顺时针逐位斟上。

4．点菜

顾客示意后，即上前微笑询问：“某先生，请问你们需要点什么菜呢？我们有××、××菜式挺不错的，今天有特别的品种，品尝一下好吗？”如顾客点的菜没有供应时，应抱歉地说：“对不起”，并另建议一个菜。点菜完毕，应复述给顾客，并询问顾客是否有漏错及特殊要求等。

5．收去菜牌、酒水牌

由领班、迎宾员集中在迎宾台以作备用。

（续表）

6．落单 填写点菜单时间，分送各部门。 7．上菜 （1）为顾客斟上酒水，为点汤的顾客按人数摆上汤碗。 （2）菜上台后才揭开菜盖，报出菜名；上汤时，应为顾客分派，要求每碗均匀，然后主动把每碗汤端到顾客餐碟的左边（先女宾后男宾）。上头道菜时（应视顾客点的品种和数量）主动征求顾客是否需要白饭等，如顾客需要，则按落单程序填多用单给传菜班。若餐台上有几个菜已占满位置，不够位置放下一个菜，应看情况，征求顾客意见，将台上剩下最少的一碟分派给顾客或撤下换小碟，然后再上另一道菜；上最后一道菜时，要主动告诉顾客：“××先生，您的菜齐了。”并询问顾客是否需要加菜。 （3）菜上齐后，应向顾客介绍水果、甜品。 8．巡台 如发现烟缸内有三个以上烟头，要马上撤换；空菜碟以及汤碗撤走，撤出的餐具端到洗碗间，把垃圾倒入指定位置的垃圾桶内；菜上齐后把所有的酒水单及菜单拿到收银处预先打单。 9．收撤菜碟餐具 菜碟先征得顾客同意，才能撤，当顾客同意后，应在顾客的左边逐样收撤，先收银器、筷子，后收碗、匙羹、味碟水杯（除有饮品除外）。 10．上垫茶 把顾客原饮用的茶壶先倒掉一部分茶水，再加上开水，然后再为顾客斟上一杯饭后茶；巡台时发现顾客的茶壶揭开盖子的时候，要马上加开水，然后再为顾客斟上一次茶。 11．上甜品、水果 上甜品前，先派一套干净的小碗、匙羹，还有公勺、勺座，主动均匀地把甜品分给顾客；上水果前，视何品种，派上骨碟，刀（放右边），叉（放左边）等，把水果端到顾客桌上介绍，“这是我们餐厅赠送的，欢迎品尝。” 12．派热毛巾、结账 给顾客结账需用钱夹，在顾客右边，把钱夹打开，“多谢，××先生，这是多少钱。”找回零钱给顾客时同样要说“谢谢”，拉椅送客，并欢迎顾客下次光临。 **四、附则** （1）本规定由总经理办公室主持制定，其修改、解释权归总经理办公室所有。 （2）本规定经总经理批准后，自颁布之日起实施。

编制		审核		批准	

制度07：宴会服务操作管理制度

文件名称	宴会服务操作管理制度	编号	
		版本	A／0

一、目的

为加强对宴会服务的管理工作，确保宴会顺利进行，特制定本制度。

二、适用范围

适用于楼面所有员工。

三、内容

1．接待订席

（1）确定台数、人数、主人身份、订席标准、开餐时间、菜式品种等。

（2）了解风俗习惯、生活忌讳，以及有无特殊要求。

（3）走路轻、说话轻、操作轻。

（4）眼勤、手勤、口勤、腿勤。

2．上菜

（1）上菜的位置应在副主人右边第一、二位之间。

（2）如席上分菜，应在副主位右边第一、二位顾客之间。

（3）凡有造型、像生拼盘，拌花边或椭圆形的菜碟，上菜时应注意朝向主位。菜要一道一道趁热上，菜上台后才揭盖，介绍菜名后才撤到分菜台上分。

（4）分菜时脸向宾客，胆大细心，掌握好分量，件数要分得均匀，并将碟中的菜全部分完。

（5）分菜时尽可能地避免响声；分羹时，切忌用勺刮羹碗内壁，分菜要求一次分完，分不完的应征得顾客同意换小盘再上桌。

（6）递菜时应先女宾后男宾，先上宾后次上宾，按顺时针方向，最后才递给主人。

（7）递菜时托盘不能用来收拾餐具，席间撤换的餐具应严格按照右上右撤，不能跨越递撤。

（8）撤换骨碟时应尽可能在顾客吃完菜时才撤，凡有配料的菜，先上配料，后上主菜，重要宴会应每位上一份配料。

3．递巾

（1）客到时递巾，上汤后递巾。

（2）上炒饭后递巾，上虾、蟹需要用手来吃的菜时递巾。

（3）上水果后递巾，顾客离席回来后递巾。

（续表）

（4）用过的毛巾及时收回，给顾客上巾应尽量使用巾托，以免弄湿台布。 4．传菜 （1）托盘规范：托盘按用途分大、中、小三种，大托盘包括大方盘、中方盘和大圆盘，主要用于装运菜点、酒水、撤用餐具，中方盘和小方盘一般用于派酒、派菜、派咖啡；小圆盘主要用于送账单，收费等。 （2）传菜员操作规范：传菜必须准确记住所传单位，传错台依照《员工手则》及有关制度处理。传菜员对菜式的质量形式必须熟悉，有权拒绝厨房出品的不合格菜式往餐厅传送。传菜员将菜传到位后，静立桌旁，等该桌服务员进来将菜放入，传菜员不得动手上菜。传菜员托菜行走时，注意姿态准确。递菜的托盘不得同时收拾餐具，上菜撤餐具必须严格按制度进行。 **四、附则** （1）本制度由总经理办公室主持制定，其修改、解释权归总经理办公室所有。 （2）本制度经总经理批准后，自颁布之日起实施。

编制		审核		批准	

制度08：布草管理制度

文件名称	布草管理制度	编号	
		版本	A／0

一、目的

餐厅在每天正常运营过程中会产生许多脏布草，为加强对这些布草的管理工作，特制定本制度。

二、适用范围

适用于布草管理人员。

三、内容

1．送洗

（1）各餐厅送洗布草时间为每天09:30—10:00和14:30—15:30各一次，特殊情况除外。

（2）各餐厅将需要洗涤的布草抖干净杂物，按种类分开后，再送至洗衣房点数。

（续表）

（3）布草的特殊污渍必须有相关餐厅主管注明。 （4）脏布草清点完毕后，收送员和布草管理员签字确认。 2．领取 （1）以脏换净，脏、净布草数量应相对应。 （2）所有在布草房领出的净布草应按规定做签收记录。 3．盘点 （1）布草盘点的时间为每月最后一天。 （2）各餐厅按布草的不同规格提前整理，由布草房与餐厅布草管理人员共同盘点。 （3）布草房将盘点数据整理报洗衣房经理。 4．存放 （1）布草必须存放在干燥、干净的地方。 （2）分类及规格应清晰。 （3）待洗的脏布草应存放在布草柜内，防止蟑螂、老鼠等侵食。 **四、附则** （1）本制度由总经理办公室主持制定，其修改、解释权归总经理办公室所有。 （2）本制度经总经理批准后，自颁布之日起实施。

编制		审核		批准	

制度09：餐厅设备使用管理规定

文件名称	餐厅设备使用管理规定	编号	
		版本	A／0

一、目的

为加强对餐厅各类设备的管理，使所有设备正常运转，特制定本规定。

二、适用范围

适用于楼面所有设备使用人员。

三、内容

（1）各设备使用人对各自工作区域内的设施设备进行检查，及时报修。

（2）设施设备属顾客损坏的，服务人员必须立即报告当班领班或主管，以便顾客当场确认，属轻微损坏，报工程部维修，如属严重损坏，请顾客支付适当限度的损失赔偿费。

（续表）

（3）设施设备如属服务员违反操作规程损坏了，酌情由责任人予以赔偿，或对责任人罚款。 （4）各设备使用人必须爱护设施设备，严格遵守操作规程，不许违反操作，并做好日常维护与保养。 **四、附则** （1）本规定由总经理办公室主持制定，其修改、解释权归总经理办公室所有。 （2）本规定经总经理批准后，自颁布之日起实施。

编制		审核		批准	

制度10：餐厅现场急救预防管理制度

文件名称	餐厅现场急救预防管理制度	编号	
		版本	A／0

一、目的

顾客在餐厅用餐，有时会发生一些意外事故，如火灾、触电等。为加强对现场急救的管理工作，特制定本制度。

二、适用范围

适用于楼面所有员工。

三、内容

1．火伤急救

轻者用酒精涂抹灼伤处，重者须用油类，如蓖麻油、橄榄油兑苏打水均匀敷于其上，外加软包扎。如水泡过大，不要切开，已破水的皮肤也不可剥去。

2．皮肤创伤急救

（1）止血。

（2）清洁伤口，周围用温水或凉开水洗之，轻伤只要涂2%的红汞水。

（3）重伤用干净纱布盖上，用绷带绑起来。

3．触电急救

施救前应以非导体木棒等将触电的人推离电线，切不可用手去拉，以免传电，并及早联系急救或请医生诊治。局部触电，伤处应先用硼酸水洗净，贴上纱布。

（续表）

4．猝倒中暑急救 将猝倒者平放，胸衣解开，用冷水刺激面部，中暑者亦先松解衣服，移至阴凉通风处平躺，头部垫高，用冷湿布敷额胸，服用凉开水。呼吸微弱的可进行人工呼吸，醒后多饮清凉饮料，并送医诊断。 5．手足骨折急救 （1）为避免受伤部分移动，可先自制夹板夹住，最好用软布棉做夹，托住伤处下部，长度足够及于两端关节所在，然后两边卷住手或脚，用布条或绷带绑紧。 （2）如为骨碎破皮，可用消毒纱布盖住骨部伤处，用软质棉枕夹住，立即送医。 （3）若是怀疑手或脚折断，便不让骨折者用手着力或用脚走路，夹板或绷带不可绑得太紧，使伤处有肿胀余地。 **四、附则** （1）本制度由总经理办公室主持制定，其修改、解释权归总经理办公室所有。 （2）本制度经总经理批准后，自颁布之日起实施。

编制		审核		批准	

制度11：传菜十不传制度

文件名称	传菜十不传制度	编号	
		版本	A／0

一、目的 为加强对传菜的管理工作，特制定本制度。 **二、适用范围** 适用于楼面所有传菜员。 **三、内容** （1）餐具破损不传。 （2）不见菜单不传（传菜部有一份顾客点菜单，严格按照菜单上菜，防止上错或内部人员私自加菜）。 （3）菜品有异物不传。 （4）菜品分量不足不传。 （5）配菜不对不传（根据菜品名称，传菜部人员应该熟知每道菜的主料、副料）。

（续表）

（6）菜品有异味不传。 （7）菜品色泽不好不传。 （8）菜品没有夹子不传（每道菜品盘边有用夹子夹着从厨房打印的小单，上面有顾客就餐桌号、菜品名称、厨师号等，避免走乱）。 （9）装盘不符合规定不传。 （10）上菜顺序错误不传。 **四、附则** （1）本制度由总经理办公室主持制定，其修改、解释权归总经理办公室所有。 （2）本制度经总经理批准后，自颁布之日起实施。

编制		审核		批准	

第二节　楼面事务专项表格管理

餐饮店楼面管理中的各类表格主要用于记录各项工作的实施状况和结果，是保证楼面服务品质的客观依据。为了确保表格具有可溯性，相关人员必须正确填写表格。楼面常用的表格包括加菜单、酒水单、订餐单、退菜换菜单等。

表格01：加菜单

加菜单

日期	服务员	人数	台号

数量	项目	金额

说明：加菜单分为白色、粉红色、草绿色、蓝色一套四联单。白色联交收银员；粉红色联交传菜员；草绿色联交厨房；蓝色联留服务员交财务。

表格02：酒水单

酒水单

日期	服务员	人数	台号

数量	项目	金额

说明：酒水单分为白色、粉红色、草绿色一套三联单。白色联、草绿色联留收银台；粉红色联交吧台。

表格03：茶点单

茶点单

日期	服务员	人数	台号

品种	单价	数量	金额

说明：茶点单共三联。白色联留收银台用；粉红色联为小吃房用；草绿色联交吧台。

表格04：订餐单

订餐单

年　月　日

宾客姓名	用餐时间	人数	台号
用餐标准：			
有何特殊要求：			
处理情况	承办人：		

表格05：订席记录表

订席记录表

年　月　日

订席日期	时间	顾客姓名公司行号	地址、电话	人数	性质	场地	价格	接洽人	备注

说明：此为楼面订席专用，每日一张，合订成本，随时查阅记录。

表格06：退菜换菜单

退菜换菜单

桌号：　　　　　　　　　　　服务员：　　　　　　　　　　　　　　年　月　日

时间	菜名	退菜换菜原因	前厅、厨房审核
备注：			

说明：本单分两联，第一联白色，送收银台；第二联黄色，送厨房。

表格07：需用餐具物品清单

需用餐具物品清单

桌号		人数		服务员		餐具物品 到位时间	
瓷器：							
玻璃器皿类：							
不锈钢、金银器皿类：							
布件类：							
桌椅类：							
其他类：							

第二章 厨房事务专项管理

厨房是负责制作菜肴的地方，是餐饮店的“心脏”。因此，餐饮店必须加强对厨房的管理，确保厨房能够顺利供应菜品。厨房的日常管理中，可以实行专项管理，以保证管理的可执行性。厨房事务专项管理主要包括厨房事务专项制度管理、厨房事务专项表格管理。

第一节 厨房事务专项制度管理

厨房可以通过制定各种制度来规范员工的行为，明确奖罚要求，使厨房的管理趋于规范化和标准化。厨房常用的制度，主要包括厨房班前例会制度、煤气设备操作制度、厨房员工个人卫生标准等。

制度01：厨房班前例会制度

文件名称	厨房班前例会制度	编号	
		版本	A/0

一、目的

为加强对厨房班前例会的管理，使所有员工高度重视班前例会，特制定本制度。

二、适用范围

适用于厨房所有员工。

三、内容

会议由厨师长主持，所有厨房人员参加，会议时间为8~10分钟。

会议基本事项：

（1）检查厨师着装及仪表仪容、个人卫生、劳动纪律，评估员工表现，表扬先进，批评不良行为，提出注意事项。

（2）报当天宴会、酒会和客人订餐、订位情况；通报新菜点和厨房缺菜品种，并通

（续表）

<table>
<tr><td colspan="6">知餐厅。
（3）派厨师加工、配菜、上灶烹制工作任务，重点落实宴会、团队、会议用餐生产任务。
（4）检查前一天任务完成结果、存在问题，提出需要克服和注意的问题。
（5）临时会议，即大型活动、重要宾客等接待计划会议，由厨师长主持，有关接待人员出席，会议地点和时间及出席者由餐饮部临时通知。
（6）厨师长指定专人负责例会的考勤和记录整理工作。
四、附则
（1）本制度由厨房管理部门主持制定，其修改、解释权归厨房管理部门所有。
（2）本制度经总经理批准后，自颁布之日起实施。</td></tr>
<tr><td>编制</td><td></td><td>审核</td><td></td><td>批准</td><td></td></tr>
</table>

制度02：煤气设备操作制度

<table>
<tr><td rowspan="2">文件名称</td><td rowspan="2">煤气设备操作制度</td><td>编号</td><td></td></tr>
<tr><td>版本</td><td>A／0</td></tr>
<tr><td colspan="4">一、目的
为加强对煤气设备操作的管理，使厨房员工熟练使用煤气设备，特制定本制度。
二、适用范围
适用于厨房所有员工，尤其是直接使用煤气设备的员工。
三、内容
（1）各厨房在使用期间，不得任意关闭排风机。
（2）每天在开始使用煤气设备之前，必须进行检查，确信所有煤气设备的阀门均已关闭之后方可开启厨房的煤气总开关。
（3）在使用移动或点火棒引燃煤气设备炉之后，应及时关闭点火棒的供气阀。
（4）应先开启鼓风机，待鼓风几分钟后，将其调节到最佳风量。
（5）用移动或点火棒的火种对准炉膛的煤气出入口。
（6）开启煤气阀门，点燃煤气。</td></tr>
</table>

（续表）

（7）将点火棒退出炉膛。 （8）下班之前，必须关闭厨房内所有煤气阀门，并关闭厨房煤气总开关。 （9）特殊炉灶具，应根据使用说明及安装部门的要求操作。 （10）非煤气设备检修人员，不准任意拆动设备、设施。 **四、附则** （1）本制度由厨房管理部门主持制定，其修改、解释权归厨房管理部门所有。 （2）本制度经总经理批准后，自颁布之日起实施。

编制		审核		批准	

制度03：厨房生产各环节卫生管理制度

文件名称	厨房生产各环节卫生管理制度	编号	
		版本	A／0

一、目的

厨房卫生就是在食品贮藏、生产的全过程中，都确保其处在安全的状态。为加强对厨房各环节卫生的控制工作，特制定本制度。

二、适用范围

适用于厨房所有员工。

三、内容

（1）采购人员必须对所采购的物品负责。确保食品原料处于良好的卫生状态，没有变质、污染和其他感染。食品的来源必须符合有关标准和要求。

（2）建立严格的验收制度。各厨房、各班组必须有专人负责验收，并签字认可。发现有不符合卫生要求的原料，应拒绝接收。

（3）各厨房、各班组的原料必须合理贮藏，保证原料不受污染和浪费。

（4）厨房员工必须做到不领用、不加工不符合卫生要求的食品原料。烹调时要严格遵守卫生要求，保证菜点质量。

（5）粗加工区与出品区、生料区与熟料区要进行环境隔离与设备、用具隔离，杜绝交叉污染。

（6）用具、餐具、饮具都必须进行严格的消毒。

（续表）

（7）厨房所有员工都有义务、有权力制止闲杂人员进入厨房。 **四、附则** （1）本制度由厨房管理部门主持制定，其修改、解释权归厨房管理部门所有。 （2）本制度经总经理批准后，自颁布之日起实施。					
编制		审核		批准	

制度04：厨房员工个人卫生标准

文件名称	厨房员工个人卫生控制标准	编号	
		版本	A／0

一、目的

为强化对厨房员工的管理，使所有员工拥有良好的卫生条件，特制定本标准。

二、适用范围

适用于厨房所有员工。

三、内容

（1）平时要养成勤洗澡、勤洗手、勤剪指甲、勤换衣服的良好卫生习惯，工作时要穿戴整洁的工作衣帽。

（2）厨房员工必须持卫生健康证上岗。

（3）厨师长、领班必须对以上要求随时检查。

（4）在厨房工作时要避免以下不良行为：

①工作时用手摸头发、抠耳朵。

②把双手插在裤子口袋里。

③工作区域内抽烟，随地吐痰。

④工作时间内接触钱币等物而不洗手。

⑤直接用手随意拿食物。

⑥把工作围裙当毛巾用于擦手擦脸。

⑦用脏抹布擦抹盛菜的器皿。

⑧对着菜肴咳嗽或打喷嚏。

⑨便后不洗手。

⑩非工作需要串岗、离岗。

（续表）

四、附则 （1）本标准由厨房管理部门主持制定，其修改、解释权归厨房管理部门所有。 （2）本标准经总经理批准后，自颁布之日起实施。

编制		审核		批准	

制度05：粗加工间作业准则

文件名称	粗加工间作业准则	编号	
		版本	A／0

一、目的

为加强对厨房粗加工间的作业管理，保证粗加工间的安全卫生，特制定本准则。

二、适用范围

适用于厨房粗加工间所有员工。

三、内容

（1）刀、砧板、工作台面、抹布保持清洁，及时清除、洗涤水池的物料、垃圾和油垢，以防堵塞。

（2）购进的各类食品原料，按不同要求分类加工，分别盛装。对于易腐变质的原料，应尽量先加工并缩短加工时间。

（3）食品原料加工后，应分类摆放在不同的食品架上，以便取用。冷库要及时清除地面的污染、积水，定时整理食品架，食物不得超期存放。原料取用时应遵循“先存先用”的原则。

（4）各类食品加工机械使用完毕后，应除去食物残渣，及时清洁，使之处于最佳使用状态。

四、附则

（1）本准则由厨房管理部门主持制定，其修改、解释权归厨房管理部门所有。

（2）本准则经总经理批准后，自颁布之日起实施。

编制		审核		批准	

制度06：炉灶工作区作业准则

<table>
<tr><td rowspan="2">文件名称</td><td rowspan="2">炉灶工作区作业准则</td><td>编号</td><td></td></tr>
<tr><td>版本</td><td>A／0</td></tr>
<tr><td colspan="4">

一、目的

为加强对厨房炉灶工作区的作业管理，特制定本制度。

二、适用范围

适用于厨房炉灶工作区所有员工。

三、内容

（1）每日开餐前彻底清洗砂锅、手勺、笊篱、抹布等用品，检查调味罐内的调料是否充足和变质。开餐结束后调味容器都要加盖。

（2）食用原料在符合菜肴烹调要求的前提下，要充分烧透煮透，防止外熟里生，达不到杀灭菌的目的。

（3）切配和烹调要双实行双盘制。配菜时应使用专用配菜盘，菜品烹调后应换用消毒后的器皿。

（4）烹调过程中应随时注意原料的新鲜度，对在加热过程中有异味的应予以退换。

（5）每日营业结束后清洁用具，归位摆放，清洗汤锅，清理调料。

（6）每日擦洗排烟罩和灶台的油污，达到卫生、光洁。清洁烤箱、蒸笼内的剩余食品，除去烤盘内的油污。

四、附则

（1）本制度由厨房管理部门主持制定，其修改、解释权归厨房管理部门所有。

（2）本制度经总经理批准后，自颁布之日起实施。

</td></tr>
</table>

编制		审核		批准	

制度07：配菜间作业准则

<table>
<tr><td rowspan="2">文件名称</td><td rowspan="2">配菜间作业准则</td><td>编号</td><td></td></tr>
<tr><td>版本</td><td>A／0</td></tr>
<tr><td colspan="4">

一、目的

为加强对厨房配菜间的作业管理，保证配菜间干净卫生，特制定本准则。

</td></tr>
</table>

（续表）

二、适用范围 适用于配菜间所有员工。 三、内容 （1）每日开餐前，彻底清理所属冰箱，检查原料是否变质，尽量先用昨存原料。 （2）刀、砧板、抹布、配菜盘等用具要及时清洗，做到无污迹、无异味。 （3）配料、小料要分别盛装，摆放整齐；配料的水盆要定时换水；需冷藏保鲜的食品原料要放置在相应的冰箱内。 （4）在开启罐头食品时，首先把罐头表面清洁，再用专用开启刀具打开，要避免金属或玻璃片掉入。 （5）配菜过程中，要随时注意食品原料的新鲜度和卫生状况，认真配菜，严格把关。 （6）营业结束后，各种用具要及时清洁，归位放置，剩余的食品原料按不同的贮藏要求分别储存。 四、附则 （1）本准则由厨房管理部门主持制定，其修改、解释权归厨房管理部门所有。 （2）本准则经总经理批准后，自颁布之日起实施。

编制		审核		批准	

制度08：冷菜间作业准则

文件名称	冷菜间作业准则	编号	
		版本	A／0

一、目的 为加强对厨房冷菜间的作业管理，特制定本准则。 二、适用范围 适用于厨房冷菜间所有员工。 三、内容 （1）冷菜间要做到专人、专用具、专用冰箱，每日至少开启45分钟紫外线消毒设备。要保证防蝇、防尘设备健全良好。

（续表）

（2）每日清理所属冰箱，注意食品的卫生状况。生熟食品要分别放置。 （3）要严格操作规程，做到生熟食品的刀、砧板、盛器、抹布等严格分开，不能混用，防止交叉污染。 （4）营业结束后，各种调味汁和食品原料要设置在相应的冰箱内贮藏，用具彻底清洗，归位摆放；工作台保持清洁、光亮、无油污；一些机械设备如切片机要拆卸清洗食物残渣，以防机械损坏和设备污染。 **四、附则** （1）本制度由厨房管理部门主持制定，其修改、解释权归厨房管理部门所有。 （2）本制度经总经理批准后，自颁布之日起实施。					
编制		审核		批准	

制度09：面点间作业准则

文件名称	面点间作业准则	编号	
		版本	A／0
一、目的 为加强对厨房面点间的作业管理，特制定本准则。 **二、适用范围** 适用于厨房面点间所有员工。 **三、内容** （1）随时清理操作台、水池、设备、橱柜内的食物残渣和污物。 （2）合理利用、安全使用清洁剂。 （3）清洗消毒必须按照有关卫生法规规定的程序和标准进行。 （4）清洗消毒后的餐具要存放在指定的橱柜内，避免再次污染。 （5）洗涮工作结束后，必须彻底清理设备用具卫生及环境卫生。 **四、附则** （1）本准则由厨房管理部门主持制定，其修改、解释权归厨房管理部门所有。 （2）本准则经总经理批准后，自颁布之日起实施。			

编制		审核		批准	

制度10：厨房与餐厅沟通会议制度

<table>
<tr><td rowspan="2">文件名称</td><td rowspan="2">厨房与餐厅沟通会议制度</td><td>编号</td><td></td></tr>
<tr><td>版本</td><td>A／0</td></tr>
<tr><td colspan="4">
一、目的
为加强前后台的沟通，及时解决有关问题，提高菜品质量及服务质量，特制定本制度。
二、适用范围
适用于厨房与餐厅所有员工。
三、内容
（1）每周召开一次厨房与餐厅沟通会议。
（2）参加人员为厨房与餐厅主管以上人员。
（3）其宗旨是提出问题、解决问题、满足客人需要。
（4）沟通内容包括客人对菜肴的意见和如何改进提高的办法，以及在操作过程中，前后台如何改进和提高协作能力，新菜品的推出和培训，工作中矛盾的协调，合理化建议。
（5）会议要形成书面材料，并在日后工作中共同落实，同时上报分管领导。
（6）会议以后，要注意主管间的日常交流，及时解决出现的问题。
四、附则
（1）本制度由总经理办公室主持制定，其修改、解释权归总经理办公室所有。
（2）本制度经总经理批准后，自颁布之日起实施。
</td></tr>
</table>

编制		审核		批准	

制度11：变质食品管理制度

<table>
<tr><td rowspan="2">文件名称</td><td rowspan="2">变质食品管理制度</td><td>编号</td><td></td></tr>
<tr><td>版本</td><td>A／0</td></tr>
<tr><td colspan="4">
一、目的
为防止食物中毒，确保客人用餐安全，特制定本制度。
二、适用范围
适用于厨房所有员工。
</td></tr>
</table>

（续表）

<table>
<tr><td colspan="6">

三、内容

（1）厨房必须严格把好食品进货验收关，凡变质或有异样的食品一律予以退货。

（2）凡进新鲜原材料，厨房要妥善储藏，定期检查，防止食品变质。

（3）厨房在制作食品过程中，如发现个别或少量食品原料有异样，经厨师长确认后，按餐饮店报废程序及制度执行报废。

（4）厨房如有大量原料或食品变质，需报知餐饮部经理、财务部人员，到现场共同检验确定，填写食品报废单后，方可予以报废。有关厨房食品变质，厨师长要做出合理解释，如人为造成要追究责任并进行赔偿。

（5）凡变质报废食品必须予以销毁，以防外流。

四、附则

（1）本制度由厨房管理部门主持制定，其修改、解释权归厨房管理部门所有。

（2）本制度经总经理批准后，自颁布之日起实施。

</td></tr>
<tr><td>编制</td><td></td><td>审核</td><td></td><td>批准</td><td></td></tr>
</table>

制度12：厨房食品成本控制制度

<table>
<tr><td rowspan="2">文件名称</td><td rowspan="2">厨房食品成本控制制度</td><td>编号</td><td></td></tr>
<tr><td>版本</td><td>A／0</td></tr>
<tr><td colspan="4">

一、目的

为降低食品成本，确保餐饮毛利，特制定本制度。

二、适用范围

适用于厨房所有员工。

三、内容

（1）厨师长必须定期进行市场调查并经常与计财部保持沟通，及时掌握市场食品变化的第一手资料。

（2）采购食品要把好质量、规格、价格关。

（3）食品材料在制作产品过程中，要物尽其用，反对浪费。

（4）所有菜肴必须认真核定成本价（包括主料、辅料），严格按菜肴规格和标准配菜。既要杜绝缺斤短两，又要防止大手大脚，用料过多。

</td></tr>
</table>

（续表）

<table>
<tr><td colspan="6">（5）要注意节约调味品和其他辅料。
（6）加强监控，严禁员工吃、拿行为。
四、附则
（1）本制度由厨房管理部门主持制定，其修改、解释权归厨房管理部门所有。
（2）本制度经总经理批准后，自颁布之日起实施。</td></tr>
<tr><td>编制</td><td></td><td>审核</td><td></td><td>批准</td><td></td></tr>
</table>

制度13：厨房设备使用制度

<table>
<tr><td rowspan="2">文件名称</td><td rowspan="2">厨房设备使用制度</td><td>编号</td><td></td></tr>
<tr><td>版本</td><td>A／0</td></tr>
<tr><td colspan="4">一、目的
厨房设备的正确使用，不仅关系到设备的使用寿命，也关系到出品的质量和生产效率，同时还关系到使用者的人身安全和能源的节约。为加强对厨房设备的管理，特制定本制度。
二、适用范围
适用于厨房所有设备使用人员。
三、内容
厨房设备的管理应做到定人、定岗、定部门，遵循“谁使用谁负责清洁”的原则。使用时应遵守以下事项：
（1）设备使用前要首先检查电器开关和保险装置时否完好，若有损坏和短缺，要及时通知专业维修人员。要注意电器是否受潮，如果电器上有水，要立即切断电源，将水擦干。
（2）严格按设备性能和工作原理、程序进行操作。
（3）使用人员必须遵循安全规则，使用时注意力要集中，不得擅自离开正在运转的机器设备。
（4）一旦发现设备运转异常，要立即停机检查，分析原因（不懂设备性能者，不得随意拆卸设备，以防事故的发生），然后及时通知工程维修技术人员前来检查维修，以免酿成严重后果和影响正常工作。</td></tr>
</table>

（续表）

（5）严格设备使用纪律，属使用者人为因素损坏设备者，视情节轻重，从经济上、行政上予以处罚。 （6）注意设备的清洁卫生，严防通过机械设备污染食品。 （7）树立节能意识，合理使用动力设备，节约水、电，减少不必要的能源消耗。 （8）厨师长应定期邀请工程技术人员来检查保养厨房设备。 **四、附则** （1）本制度由厨房管理部门主持制定，其修改、解释权归厨房管理部门所有。 （2）本制度经总经理批准后，自颁布之日起实施。

编制		审核		批准	

制度14：厨房奖惩制度

文件名称	厨房奖惩制度	编号	
		版本	A／0

一、目的 为了保证厨房内工作的顺利进行，保证饭菜的出品质量，在遵守餐饮店《员工手册》和《安全消防手册》的基础上，特制定本制度。 **二、适用范围** 适用于厨房所有员工。 **三、内容** （1）工作区域内严禁吸烟，发现一次扣除工资50元，累计三次，记一次严重过失。 （2）工作时间内原则上不准陪同熟人或亲友用餐，确有特殊需要者，需总厨以上领导批准。 （3）岗位绝对不准就餐饮酒，发现一次处罚50元。 （4）非工作需要串岗或进入对客服务区域内每次处罚10元，累计三次记一次过失。 （5）值班人员未将剩余的原料合理存放而造成变质浪费的，按原料进价双倍赔偿。 （6）心存不满，有意浪费原料的，一经发现证实，双倍赔偿，并由部门经理报分管副总，建议开除。

（续表）

<table>
<tr><td colspan="6">

（7）由于工作不慎，无意间损坏餐具、用具、设备者酌情照价赔偿。有意损坏，一经核实，双倍罚款，建议开除。

（8）值班人员未按规定关闭水、电、煤气等，造成事故隐患，按情节轻重，给予值班人员20～100元罚款，值班负责人双倍罚款。需要特别强调的是，值班员下班前不关闭煤气阀门者每次每人处以100元罚款，值班负责人处以200元罚款，累计两次建议开除。

（9）偷拿餐饮店的用具、物品、食品原料，发现一次即处以3倍罚款，并予以开除。

（10）厨房员工私自给其他部门、岗位人员送食品原料者，发现后按3倍价值处以罚款，并建议开除。

（11）私自给熟人加菜或不按标准配菜，一经发现当即补交菜款，并按菜品售价处以双倍罚款，无单配菜按此处理，各工作环节参与者一并处罚。事发两次者建议开除。

（12）由于操作不慎或不负责任的个人原因造成客人投诉，并退回饭菜的，按售价予以赔偿，并处罚金20元。若属多个环节的责任则分别处罚，无法认定个人责任的则共同承担赔偿及罚款。

（13）未经总厨以上领导批准，不准带熟人或亲友进入工作区域内。若有外人私自进入厨房工作区域内，所有员工都有权询问、劝阻并向上级领导汇报的义务。

（14）工作时间内不准接听私人电话和会客，特殊情况需报厨师长批准。

（15）举报或阻止违纪现象者，一经核定，将给予举报人每次20～100元不等的奖励。

（16）发现并排除水、电、煤气、设备火灾、盗窃等重大事故隐患者，将给予50～200元不等的奖励。

（17）鼓励员工开发、创新、研制新菜品，但菜品的试制品尝需经厨师长组织实施，所需原料需厨师长批准。经各方品尝同意方可编入菜单，月统计点选量，进入中餐菜品前60位、西餐菜品前30位者，给予100元奖励。进入中餐菜品30位、西餐菜品前15位者，给予200元奖励。

（18）对工作提出良好建议，经采纳后确对工作有重大改革者，将报请部门经理及分管副总给予嘉奖。

四、附则

（1）本制度由厨房管理部门主持制定，其修改、解释权归厨房管理部门所有。

（2）本制度经总经理批准后，自颁布之日起实施。

</td></tr>
<tr><td>编制</td><td></td><td>审核</td><td></td><td>批准</td><td></td></tr>
</table>

制度15：厨房人员安全管理制度

文件名称	厨房人员安全管理制度	编号	
		版本	A／0

一、目的

为保证厨房所有员工的人身安全和工作安全，特制定本制度。

二、适用范围

适用于厨房所有员工。

三、内容

1．人的防护

（1）安全措施，从员工本身做起，工作服整洁合身，帽子或发罩、发网固定在头部。

（2）鞋子要穿得舒适，鞋跟必须坚固，鞋带也要扎牢，防止绊倒。

（3）带有危险品如随身饰物、别针等必须避免或清除，以免不慎掉落食品或机具内，造成严重后果。

2．行进的方向

（1）具有规模的餐厅都制定有安全规则，重视员工的路线安排，厨房动向设定成“单行道”方向行进。

（2）厨房在高峰时间，要在忙碌中仍有秩序，如在拐弯转角处或上下楼梯先打招呼，保持靠右方单行道的走路习惯，并且速度不要过快，以免碰撞。

（3）端送热的盘子要格外当心，要用毛巾垫住并拿稳。

（4）注意地上障碍物，通道若有积水潮湿，应即清除，以免绊倒。

3．机具的操作

（1）做好安全装置，如压力容量，压力负荷量表，蒸气锅炉隔热自动开关等。

（2）熟悉操作方法，如搅拌机的正确操作，用瓢勺喂进，切忌直接以手接近。

（3）熟悉电气用具，如电锅烤箱，电扇及工作灯等电线收藏、用电常识，湿手不得接触电源插座及开关，以免触电。

4．刀具的使用

（1）刀具的使用方法要正确，握刀永远握住刀柄，锐面朝下，不要急抓乱摸刀口，并握牢置平以防掉落或割伤。

（2）不得以刀具作为开罐器或螺丝刀使用，不用的刀具要稳当放置在安全刀架上，不得隐藏在橱柜或抽屉内，以免误伤。

（3）破损的玻璃器及陶瓷器或钝刀，不宜勉强使用，以免造成割伤。

（续表）

<table>
<tr><td colspan="6">

5．物料的搬运

（1）考虑人力的负重力量，应以普通人力予以移动的重量与容积程度为宜。

（2）使用手推车，注意搬运路线的障碍以免碰翻滑倒。

（3）物料箱或筐不可堆置过高或堵塞通道及出入口处，以免造成工作的不便利。

6．升降梯使用

（1）升降梯可协助将物料食品运至高层楼，注意其安全性，不可将头、手伸出升降梯外。

（2）普通攀高梯子的使用，采用人字型梯，事先要检查梯子的接头处有无脱节，摆放地面平坦而平衡稳固，以免梯子倾斜或滑倒，阶梯处均须有明显标志，以防踏空摔倒。

四、附则

（1）本制度由厨房管理部门主持制定，其修改、解释权归厨房管理部门所有。

（2）本制度经总经理批准后，自颁布之日起实施。

</td></tr>
<tr><td>编制</td><td></td><td>审核</td><td></td><td>批准</td><td></td></tr>
</table>

第二节　厨房事务专项表格管理

餐饮店厨房管理中的各类表格主要用于记录各项工作的实施状况和结果，是保证厨房工作质量的客观依据。为了确保表格具有可溯性，相关人员必须正确填写表格。厨房常用的表格包括厨房值班交接班日志、不合格菜品处理记录表、原料加工规格表等。

表格01：厨房岗位人员配备表

厨房岗位人员配备表

岗位 组别	厨师长	领班	厨师	厨工	合计

表格02：菜品反馈意见表

菜品反馈意见表

菜品口味		菜品分量	
菜品价格		服　务	
最满意菜品			
满意的原因			
最不满意菜品		不满意的原因	

表格03：厨房值班交接班日志

厨房值班交接班日志

交班内容	接班、值班记录
交班人__________　时间__________	接、值班人__________　时间__________
厨师长__________	时间__________

表格04：厨房日常工作检查安排表

厨房日常工作检查安排表

检查名称	卫生检查	纪律检查	设备、安全检查	生产检查	每日例查
检查人员	总厨及部门厨师长或主管				
检查内容	食品卫生、日常卫生、计划卫生	考勤，考核店规，店纪	设备使用、维护、安全工作	储藏职责；出品制度；质量及速度	餐前、餐后，工作过程；个人及其他卫生
检查周期	总厨每日一次，部门每周二次	每月二次	每月一次	每周一次	每日二次

表格05：厨师业务考核通知单

厨师业务考核通知单

工种/岗位	业务考核内容及范围	考核方式	考核时间	备注
粗加工				
切配				
炉灶				
冷菜				
面点				
其他				

表格06：厨师综合业务考核评分表

厨师综合业务考核评分表

参考号	菜点名称	加工预制	色泽	味道	质感	造型	卫生	操作时间	用料	姿势	合计得分	备注

考评人：　　　　　　　　　　　　时间：

表格07：不合格菜品处理记录表

不合格菜品处理记录表

日期	菜品名称	餐别	受理人	客人退菜原因与意见	站灶厨师	厨师长处理意见	备注

表格08：菜品规范管理表

菜品规范管理表

制作部门：　　　　　　　　　　　　　　　　制作人：

<table>
<tr><td>菜品名称</td><td></td><td>烹调方法</td><td></td><td>盛装器皿</td><td></td><td>风味</td><td></td></tr>
<tr><td rowspan="3">原料</td><td>项目</td><td>名称</td><td>重量</td><td colspan="4">质量标准</td></tr>
<tr><td>主料</td><td></td><td></td><td colspan="4"></td></tr>
<tr><td>配调料</td><td></td><td></td><td colspan="4"></td></tr>
<tr><td rowspan="5">制作程序和要求</td><td>粗加工</td><td colspan="6"></td></tr>
<tr><td>切配</td><td colspan="6"></td></tr>
<tr><td>打荷</td><td colspan="6"></td></tr>
<tr><td>烹调</td><td colspan="6"></td></tr>
<tr><td>技术关键</td><td colspan="6"></td></tr>
<tr><td>菜品特点</td><td colspan="4"></td><td colspan="3">彩色照片</td></tr>
<tr><td>备注</td><td colspan="7"></td></tr>
</table>

表格09：原料加工规格表

原料加工规格表

成品名称	用料	加工规格

表格10：冷菜配份规格表

冷菜配份规格表

菜名	用料		盛器	装盘要求	备注
	名称	数量			

表格11：原料加工成型规格标准表

1．鸡肉类的加工成型标准

鸡肉类的加工成型标准

成品名称	用料及部位	加工成型规格	适用范围
鸡丝	鸡脯肉	长8厘米、粗0.4厘米×0.4厘米	炒、熘、烩、煮
	鸡脯肉、腿肉	长6厘米、粗0.4厘米×0.4厘米	鸡丝卷
鸡片	鸡脯肉	长6厘米、宽4.5厘米、厚0.3厘米	炒、熘、烩、煮、锅贴
	鸡脯肉、腿肉	长6厘米、宽4厘米、厚0.4厘米	拌

2．猪肉类的加工成型标准

猪肉类的加工成型标准

成品名称	用料及部位	加工成型规格	适用范围
肉丝	里脊、弹子肉、盖板肉、肥膘	长8厘米、粗0.3厘米×0.3厘米	炒、熘、烩、煮
	里脊、弹子肉、盖板肉	长10厘米、粗0.4厘米×0.4厘米	炸
肉片	里脊、弹子肉、盖板肉、腰柳	长6厘米、宽4.5厘米、厚0.3厘米	炸、熘、烩、煮
	五花肉、宝肋肉	长8厘米、宽4厘米、厚0.4厘米	蒸
肚片	猪肚	长6厘米、宽3厘米、厚0.4厘米	卤、拌
舌片	猪舌	长6厘米、宽4厘米、厚0.2厘米	卤、拌

3．鱼肉类的加工成型标准

鱼肉类的加工成型标准

成品名称	用料及部位	加工成型规格	适用范围
鱼丝	草鱼、鳜鱼、乌鱼净肉	6厘米、粗0.4厘米×0.4厘米	熘、烩、煮
鱼片	草鱼、鳜鱼、乌鱼净肉	长6厘米、宽4.5厘米、厚0.4厘米	炒、熘、烩、煮、锅贴
鱼条	草鱼、鳜鱼、乌鱼、鲑鱼净肉	长6厘米、粗1.2厘米×1.2厘米	蒸、炸

表格12：食品原料加工试验单

食品原料加工试验单

供应单位名称：　　　　　　　　加工日期：　　　　　　编号：

原料名称	毛重	毛料单价	毛料总价	净料				成本系数
				品名	数量	单价	金额	

表格13：厨房菜品退菜管理表

厨房菜品退菜管理表

姓名	日期	上午	下午	退菜原因	处理结果	备注

表格14：退菜登记、分析表

退菜登记、分析表

________酒楼　　　　　　　　　　　　　　　　　　　　　　　　　　年　　月

日期	桌号	退菜菜名	退菜原因及说明	责任人签认	处罚结果
厨师长签字		餐饮经理签字		总经理签字	

说明：为减少餐厅的退菜，提高出品质量，应做好菜品的退菜登记和分析。由厨师长、餐饮经理共同确认导致退菜的责任人，并请责任人在“责任人签认”栏签字。

表格15：厨房领料单

厨房领料单

领料部门：　　　　　　　　　　　　年　　月　　日　　　　　　　　编号：

食品原料及商品名称	计量单位	需用量	实发量			领料人
			数量	单价	金额	

核准人：　　　　　　　　　　　　领料人：　　　　　　　　　　　　发料人：

第三章　营销事务专项管理

营销部门的主要责任是为餐饮店招揽更多顾客，提高餐饮店的收入，同时处理餐饮店各项公关事务。餐饮店营销的日常管理中，可以实行专项管理，以保证管理的可执行性。营销事务专项管理主要包括营销事务专项制度管理、营销事务专项表格管理。

第一节　营销事务专项制度管理

餐饮店营销部可以通过制定各种制度来规范员工的行为，明确奖罚要求，使营销的管理趋于规范化和标准化。营销部常用的制度，主要包括营销部工作制度、全员营销制度、日常工作汇报制度等。

制度01：营销部工作制度

文件名称	营销部工作制度	编号	
		版本	A／0

一、目的

为加强营销部门对开业前的检查工作，确保一切正常，特制定本制度。

二、适用范围

适用于对营销部所有员工的管理。

三、内容

（1）严格遵守餐饮店的各项规章制度和行为准则，强化餐饮店意识，树立良好形象。

（2）服从命令，听从指挥，统一步调，统一意志，下级向上级负责，努力完成工作任务。

（3）任务到人，各负其责，实行“四定”，即：定任务，层层制定年、月、周工作

（续表）

计划；定措施，按周制定，报上级审阅；定区域，实行划片包干，按行业分管，分头运作；定考核，按月进行任务考核，超额提成，完不成任务扣罚。

（4）实行报告制度，每周五下午为营销例会，总结上周工作，安排下周任务，向经理提交上周工作报告和下周工作计划；每月第一个例会同时总结上月工作，提交月工作报告。

（5）树立高度的信息意识，每个营销人员都要以信息为导向，真、快、准地捕捉信息，主动运作，把握信息时效，使信息产业化、效益化，并将捕捉的重要信息上报有关上级取得支持和协助。

（6）每位营销人员，都必须建立自己的营销网络和营销档案，形成比较固定的营销体系，做到方向明确，目标清楚，不断深化和开拓市场。

（7）坚持服务反馈，对于收集的客人投诉、意见和建议，必须及时反馈到相关部门，不能漠不关心，置若罔闻。

（8）加强销售价格管理，要以价格为指导，以价值为归宿，确定销售价格。营销部经理的价格权限可适当下放，按照不同时期的销售价规定出最低限价，超过最低限价报经理批准；超越经理价格权限的，上报主管副总或总经理批准。树立餐饮店一盘棋的整体意识，一些重大投诉、意见允许越级上报有关领导，以求从快处理。

（9）加强员工的思想教育和专业培训，除积极参加餐饮店的统一安排外，每周二下午集中学习、培训两小时，并定期进行考试和素质考核。对于新上岗的员工，实行传帮带，一帮一，加快培养提高进程。

（10）认真做好与餐饮店各部门之间的协作，创造一个团结和谐，相互支持，齐头并进的良好的工作环境，改善餐饮店整体工作氛围，提高办事效率。

（11）增强树立餐饮店形象的意识，办公环境保持优雅、干净，个人仪表端庄规范，言谈举止、接人待物高度体现出餐饮店的良好风范。

四、附则

（1）本制度由营销部主持制定，其修改、解释权归营销部所有。

（2）本制度经总经理批准后，自颁布之日起实施。

编制		审核		批准	

制度02：营销例会管理制度

文件名称	营销例会管理制度	编号	
		版本	A／0

一、目的

为规范营销部的例会管理，特制定本制度。

二、适用范围

适用于营销部的例会管理。

三、内容

1．销售分析例会

市场营销例会每月召开一次，参加人员为：总经理、楼面经理、行政总厨、营销部经理、财务经理等。会议内容如下：

（1）上月例会决定事项的落实情况，营销任务完成情况。

（2）分析上月餐饮店客源构成、消费结构、平均消费单价，存在的问题和原因。

（3）营销部经理和楼面经理分别报告当前市场状况、同类餐饮店的菜品销售率、平均消费单价、市场营销情况和市场竞争动态。

（4）分析上月以来的市场动向、特点、趋势，餐饮店市场营销策略和价格政策是否与市场竞争相适应，存在的问题，如何调整，下月如何实施。分析销售代表已完成的营销情况，已预订的酒席情况；讨论重点活动和重点顾客的接待方案。

（6）向总经理汇总，提出指导性意见，指明上月取得的营销业绩和存在的问题，明确下月营销任务。

2．营销部门例会

营销部例会每周召开一次，由营销部经理主持，全体员工参加。会议内容如下：

（1）传达餐饮店每周例会精神、工作指标、餐饮店经营信息。

（2）检查营销指标完成情况，评估上周促销活动成效，分析新市场扩展程度。

（3）每位营销代表汇报上周工作，主要包括接近潜在客户情况和提出工作中的问题。

（4）分析处理顾客投诉，汇集客户对餐饮店服务的需求，研究新的组合产品。

（5）讨论大型促销活动的重要顾客及相关接待方案。

（6）营销部经理制定下周营销工作重点和任务指标。

（续表）

四、附则 （1）本制度由营销部主持制定，其修改、解释权归营销部所有。 （2）本制度经总经理批准后，自颁布之日起实施。					
编制		审核		批准	

制度03：全员营销制度

文件名称	全员营销制度	编号	
		版本	A/0

一、目的

为树立全员营销意识，特制定本制度。

二、适用范围

适用于楼面所有员工。

三、内容

（1）全体员工都有推销餐饮店新产品（服务）的责任，要高度树立营销意识，没有营销就没有出路。

（2）餐饮店鼓励全体员工积极推销餐饮店产品（服务），对做出成绩的员工，按规定给予提成奖励。

（3）后勤部门一切工作，都要立足于有利营销、促进营销、保障营销，为扩大营销创造必要条件。

（4）经营一线的员工，要树立“服务即推销”的观念，发挥服务的营销窗口作用，做到“服务留人，部门互动，连锁营销”。

（5）营销部营销人员、餐饮部的营业部和部长以上人员，实行“自主营销，规定提成”。

（6）全体员工都要知道全员营销的有关规定，坚决反对和制止弄虚作假坑害餐饮店利益的违规违纪行为。

四、附则

（1）本制度由营销部主持制定，其修改、解释权归营销部所有。

（2）本制度经总经理批准后，自颁布之日起实施。

编制		审核		批准	

制度04：日常工作汇报制度

文件名称	日常工作汇报制度	编号	
		版本	A／0

一、目的

为了加强对营销部日常工作汇报的管理，特制定本制度。

二、适用范围

适用于对营销工作的汇报管理。

三、内容

（1）营销部的工作特点是每个人独立外出，“单兵作战”，所以除对每位营销代表的餐饮产品知识、文化程度、工作经验、语言表达能力、公关能力、沟通技巧方面有很高的要求外，还必须严格遵守纪律，定期汇报工作。

（2）每年年底，营销代表要写出年度工作总结和下一年度工作计划，上交部门经理。

（3）周五下午要上交本周工作小结和下周工作计划，部门经理批阅指示后退还营销代表。

（4）营销代表每次外出营销都必须填写营销报告表。

四、附则

（1）本制度由营销部主持制定，其修改、解释权归营销部所有。

（2）本制度经总经理批准后，自颁布之日起实施。

编制		审核		批准	

制度05：美工室管理制度

文件名称	美工室管理制度	编号	
		版本	A／0

一、目的

为加强对营销部美工室的管理，特制定本制度。

二、适用范围

适用于对营销部美工室的管理。

（续表）

三、内容

（1）自觉遵守餐饮店各项规章制度。

（2）美工室为美工人员的专门工作场所，无关人员请勿入内。

（3）各部门要求设计、制作广告，须在“美工服务申请表”上写明设计内容、材料要求、时间等，美工进行成本核算，由部门经理审批后，实施制作。

（4）对外业务联系，须事先向部门经理汇报，征得同意后方可实施。

（5）保管好餐饮店内广告架，节约美工费用开支。

四、附则

（1）本制度由营销部主持制定，其修改、解释权归营销部所有。

（2）本制度经总经理批准后，自颁布之日起实施。

编制		审核		批准	

制度06：营销部员工守则

文件名称	营销部员工守则	编号	
		版本	A／0

一、目的

为加强对营销部员工的日常管理，特制定本守则。

二、适用范围

适用于营销部所有员工。

三、内容

（1）严格按照《员工手册》履行职责。

（2）思想端正，责任心强，视餐饮店利益为第一位。

（3）礼貌待人，诚心待客，维护餐饮店形象。

（4）提高警惕，严格保守餐饮店机密，杜绝外泄。

（5）加强学习，不断创新，富有理想。

（6）爱护公物，维护餐饮店财物及安全。

（7）尊重领导，服从餐饮店的内部安排。

（8）遵守考勤制度，工作时间内严禁办理私事。

（续表）

<table>
<tr><td colspan="6">（9）主动与相关部门加强沟通，发现问题，协商解决。
（10）未经领导同意，严禁私自宴请，否则费用自理。
四、附则
（1）本守则由营销部主持制定，其修改、解释权归营销部所有。
（2）本守则经总经理批准后，自颁布之日起实施。</td></tr>
<tr><td>编制</td><td></td><td>审核</td><td></td><td>批准</td><td></td></tr>
</table>

制度07：营销接待规定

<table>
<tr><td rowspan="2">文件名称</td><td rowspan="2">营销接待规定</td><td>编号</td><td></td></tr>
<tr><td>版本</td><td>A／0</td></tr>
<tr><td colspan="4">一、目的
为了规范营销部对公关顾客的接待范围、分工、程序、接待标准，使之有章可循，特制定本规定。
二、适用范围
适用于营销部对公关顾客的接待工作管理。
三、接待规定
1．公关顾客的范围
（1）来店视察、指导工作的上级领导。
（2）上级旅游主管部门及相关组织的负责人和知名人士。
（3）与餐饮店有合作关系或能为餐饮店带来效益及良好声誉的顾客。
（4）餐饮店邀请的顾客。
2．接待分工及程序
（1）上述范围公关顾客原则上由营销部安排接待。
（2）总经理室的顾客由总经理安排或由行政办公室将公关顾客详细情况、接待要求通知营销部，营销部负责接待。
（3）各部门的公关顾客需在餐饮店食宿的，必须事先填写公关接待单，报总经理批准。
（4）需参观餐饮店的各部门公关顾客，由该部门经理签字，注明公关单位人数，由营销部签发参观单，由该部门自行负责派人接待。</td></tr>
</table>

（续表）

（5）公关顾客参观餐饮店一律凭营销部签发的接待单，否则各部门不予接待。 （6）如有特殊情况，报总经理审批。 3．公关开支的原则和结算 （1）公关费开支，以厉行节约、讲究实效为原则。 （2）接待公关顾客必须按先报批后消费的程序办理。 **四、附则** （1）本规定由营销部主持制定，其修改、解释权归营销部所有。 （2）本规定经总经理批准后，自颁布之日起实施。

编制		审核		批准	

制度08：菜单、饮料单定价、制作设计管理制度

<table>
<tr><td rowspan="2">文件名称</td><td rowspan="2">菜单、饮料单定价、制作设计管理制度</td><td>编号</td><td></td></tr>
<tr><td>版本</td><td>A／0</td></tr>
<tr><td colspan="4">

一、目的

为加强对楼面菜单和饮料单定价、制作设计的管理，特制定本制度。

二、适用范围

适用于楼面菜单和饮料单定价、制作设计的管理。

三、内容

（1）请专业人员帮助设计、编稿和印刷。
（2）由经理根据酒店档次和经营思路制定毛利率。
（3）由行政总厨开具一份清单，与经理筛选后制订一份简单的菜谱。
（4）折算成本定价然后交财务部审核。
（5）设计样板，改样后符合要求交付印刷房印刷。
（6）然后发放使用到相关部门。
（7）菜单一定要反映餐厅经营特点，经营范围，价格或地方风味。

</td></tr>
</table>

（续表）

四、附则 （1）本制度由营销部主持制定，其修改、解释权归营销部所有。 （2）本制度经总经理批准后，自颁布之日起实施。					
编制		审核		批准	

第二节　营销事务专项表格管理

餐饮店营销管理中的各类表格主要用于记录各项工作的实施状况和结果，是保证营销工作质量的客观依据。为了确保表格具有可溯性，相关人员必须正确填写表格。营销部常用的表格包括客户访问卡、公关活动情况统计报表、每日销售报告等。

表格01：客户访问卡

客户访问卡

单位名称：

编号	日期	被访者	访问结果或备注	交通费	招待费	促销品	其他	部门经理签名

表格02：客户与餐饮店往来记录表

客户与餐饮店往来记录表

客户编号		电话		电子邮箱	
日期	事项	联络人	部门经手人	备注	

表格03：公关活动情况统计报表

公关活动情况统计报表

年　　月

日期	公关媒介	宣传内容	活动形式	费用	次数	备注

表格04：每周销售公关拜访计划表

每周销售公关拜访计划表

营销代表：　　　　　　　　　　　　　　　　　　　　　　　　日期：

星期	日期	客户情况				拜访目的	准备材料	备注
		公司名称	地址	姓名	职务			

表格05：每日销售报告

每日销售报告

编号：

单位名称		联系部门	
地址			
联系电话		传真	
联系人及职务	1. 2.		
现状			
趋势			
客户具体要求			
合作意向程度			
价格	□门市价　□折扣价		
备注			

营销代表日期：

表格06：会员卡挂失（补办）通知单

会员卡挂失（补办）通知单

编号：

致：财务部

由：营销部　　　　（经办人）　　　　日期及时间：

会员卡号		会员姓名	
预留密码		余　额	
证件名称及号码		会员联系电话	
挂失（补办）说明： （盖章） 年　月　日			

财务部签收：　　　　（经办人）　　　　日期及时间：

附：挂失（补办）申请、确认单

注：此表一式两份，营销部、财务部各一份。

第四章　食材采购、验收及储存专项管理

餐饮店食材采购、验收及储存的日常管理中，可以实行专项管理，以保证管理的可执行性。食材采购、验收及储存事务专项管理主要包括食材采购、验收及储存事务专项制度管理和食材采购、验收及储存事务专项表格管理。

第一节　食材采购、验收及储存专项制度管理

餐饮店食材管理可以通过制定各种制度来规范员工的行为，明确奖罚要求，使食材管理趋于规范化和标准化。食材管理常用的制度，主要包括采购工作管理制度、采购定价管理规定、供应商选择管理制度等。

制度01：采购工作管理制度

文件名称	采购工作管理制度	编号	
		版本	A／0

一、目的

为加强对采购工作的管理，确保采购到最合适的食材，特制定本制度。

二、适用范围

适用于本店所有采购员。

三、内容

（1）严格遵守财务制度，在从事采购业务中，遵纪守法，讲信誉，不索贿、受贿，与供货单位建立良好的业务关系而不是钱权交易关系，在平等互利的原则下开展工作。

（2）每日审核各餐厅递交的采购计划单是否符合有关手续规定，确定采购内容，及时安排采购，确保各类物品原材料的正常供给。

（3）根据各餐厅采购货单，核对所需各类物品和原材料的名称、规格、产地等项目

（续表）

是否完整。遇到某项不清楚，就要向该项的使用部门了解、核对后再进行采购，避免出现错购。 （4）认真核实各餐厅的大宗采购计划，根据仓库存货情况，提出建议，报总经理审阅实际的采购计划。 （5）各项采购计划及每日所需的各类物品、原材料，必须选择三家供货商报价，并协同相关使用部门经理进行质、价评定，提出建议，报总经理审核，签订供货合同。 （6）对常用性的物品、原材料，必须执行库存规定，做好周期性的计划工作，及时补仓（库存计划由各餐厅经理编定，报总经理批准后执行）。 （7）采购人员必须协同仓管员及申购部门指定的收货人员共同按质按量把关验收，发现货品质量、数量出现问题时，要及时与供货商联系，作拒收或退货处理，切实保障餐饮店利益。 （8）每批购进的物品、原材料，必须及时办理入库手续，并立即到财务部报账，不得拖账、挂账。 （9）每周定期与财务部、总经理组织的人员一起进行市场物价调查。 （10）必须严格遵守物品采购程序。 **四、附则** （1）本制度由采购部主持制定，其修改、解释权归采购部所有。 （2）本制度经总经理批准后，自颁布之日起实施。

编制		审核		批准	

制度02：采购员管理制度

文件名称	采购员管理制度	编号	
		版本	A／0
一、目的 为加强对采购员的管理，特制定本制度。 **二、适用范围** 适用于本店所有采购员。			

（续表）

三、内容 （1）廉洁自律，严格供应商选择、评价、甄选以保证供应商供货质量，处理好与供应商的关系，不接受供应商礼金、礼品和宴请。 （2）严格遵守采购规范流程，按流程办事，能及时按质按量地采购到所需物品，在满足公司需求的基础上最大限度地降低采购成本。 （3）加强采购的事前管理，建立完善的设备价格信息档案，做好采购相关文档的存档、备份工作，以有效地控制和降低采购成本并保证采购质量。 （4）所有采购，必须事前获得批准。未经计划并报审核和批准，除急购外不得采购，急购需按《紧急采购管理流程》要求进行采购。 （5）凡具有共同特性的物品，尽最大可能集中办理采购，可提前核定物品项目，通知各申购部门提出请购，然后集中办理采购。 （6）采购物品在条件相同的前提下应在正在发生业务或已确认的供应商处购买，不得随意变更供应商。 （7）科学、客观、认真地进行收货质量检查。 四、附则 （1）本制度由采购部主持制定，其修改、解释权归采购部所有。 （2）本制度经总经理批准后，自颁布之日起实施。

编制		审核		批准	

制度03：采购定价管理规定

文件名称	采购定价管理规定	编号	
		版本	A／0

一、目的 为加强对采购定价的管理，特制定本规定。 二、适用范围 适用于本店采购定价的管理。 三、内容 1．设立询价员

（续表）

由采购部经理、厨师长、仓管员、质检员组成，每月初、月中分两次入市场询价，在市场调查的基础上，每半月制定一次，零星物品的采购询价可不定期进行。 2．定价程序 总经理同采购部经理一起根据市场调查的结果与供货商讨价还价后予以确认，并由总经理、采购部经理签字以书面形式告知库管、财务执行。 3．价格管理原则 对于供货价格实行最高限价制，根据不同的货品，其最高限价范围如下： （1）干杂、调料、粮油等执行价格不得高于市场批发价格的6%。 （2）低值易耗品的价格不得高于市场零售价的平均数。 （3）零星物品的价格不得高于市场零售价的5%。 （4）鱼类、肉类、鲜货价格不得高于市场批发价格的4%。 （5）蔬菜平均在一元以下者，其执行价格不得高于市场批发价格的15%。价格在一元以上者，其定价不得高于市场批发价的10%。 4．节假日定价 春节、国庆等节假日期间以及灾害性天气持续时间较长的月份，由于供货价格波动太大，其定价原则可适当放宽。 **四、附则** （1）本规定由采购部主持制定，其修改、解释权归采购部所有。 （2）本规定经总经理批准后，自颁布之日起实施。

编制		审核		批准	

制度04：供应商选择管理制度

文件名称	供应商选择管理制度	编号	
		版本	A／0

一、目的 为了确保能正确选择合格的供应商，为各餐厅提供合格的产品或服务，特制定本制度。 **二、适用范围** 适用于供应商的管理。

（续表）

三、内容

1．职责

（1）采购部：负责对供应商的选择、资格考核。

（2）各餐厅：参与供应商的选择、资格考核。

2．对供应商资格的要求

鉴于经营特性，凡欲成为本餐饮店的供应商都必须具备下列条件：

（1）有足够的质量、食品安全保证能力。

（2）能满足数量及交货期的要求。

（3）价格合理、服务良好、信誉可靠。

（4）有提供令人满意的相同或类似产品的经历。

（5）能提供令人满意的售后服务保证。

（6）必须具有合格的营业执照。

（7）必须具有法律法规规定的相关证书。

3．供应商资格评审的方式

对供应商资格的评审有书面评估、样品评估、实地考察等方式。

（1）书面评估。供应商向采购部提供相关的资格证书原件和复印件各一份、产品说明书或样品及企业情况介绍，经采购部资格评审合格后，通过电话或网络等形式通知各餐厅，由各餐厅对供应商进行评审确认。

（2）样品评估。必要时，各餐厅根据需要对资格评审合格后的供应商所提供的产品和服务进行试用。试用阶段主要检验其货品质量是否稳定，货品是否适销对路，送货是否及时，价格是否合适，货品、服务与其他供应商相比是否较好等。

（3）实地考察。必要时，采购部可根据实际情况或各餐厅要求，到该供应商所在地进行实地考察。评审的结果登记在“供应商评估表”中。

4．供应商的确认

（1）采购部通过相关餐厅的试用情况，协同质监部对供应商进行评价，合格的供应商经公司总经理确认后，纳入公司合格供方名录，并及时把“合格供应商名录”下发到各餐厅，作为选用、采购的依据。

（2）对餐厅在日常使用过程中有异议的供应商，采购部应重新对其产品质量、提供产品的能力、产品交付的服务及支持能力等进行评估，确定为不合格的供应商应从“合格供应商名录”中除名，并重新选择供应商。

5．签订合同

在与供应商签订协议或合同时，应在协议或合同中提出原料的安全性保证及运输过

（续表）

程的安全可靠性等相关要求，以保证原料的卫生安全。 四、附则 （1）本制度由采购部、仓储部主持制定，其修改、解释权归采购部、仓储部所有。 （2）本制度经总经理批准后，自颁布之日起实施。

编制		审核		批准	

制度05：供应商考核制度

文件名称	供应商考核制度	编号	
		版本	A／0

一、目的

为加强对供应商的考核管理，特制定本制度。

二、适用范围

适用于对供应商的考核。

三、内容

1．各餐厅（部门）在平时可将供应商所提供的不符合本部门要求的产品和服务，登记在“供应商异常情况登记表”中，并根据问题的严重程度报采购部，要求对供应商作出取消供货资格、限期整改等处理。

2．采购部每半年对所有列入“合格供应商名录”的供应商进行考核，并进行统计分析。

3．考核的基本事项

（1）复审其资格要求。

（2）半年来为各餐厅（部门）提供的产品和服务的情况。

（3）各餐厅“供应商异常情况登记表”中所登记的异常情况。

（4）有无在产品和服务上更好的供应商。

（5）质量、价格、供货及时、服务的考核。（由各餐厅验收员/保管员评分）

4．考核结果处理

对考核合格的供应商予以表扬。对考核不合格的供应商根据实际情况采取取消供货资格、限期整改等方式处理，并在“合格供应商名录”中予以除名。

（续表）

四、附则 （1）本制度由采购部主持制定，其修改、解释权归采购部所有。 （2）本制度经总经理批准后，自颁布之日起实施。

编制		审核		批准	

制度06：乳粉、罐头、鲜奶类采购标准

<table>
<tr><td rowspan="2">文件名称</td><td rowspan="2">乳粉、罐头、鲜奶类采购标准</td><td>编号</td><td></td></tr>
<tr><td>版本</td><td>A／0</td></tr>
<tr><td colspan="4">一、目的
为规范乳粉、罐头、鲜奶类的采购工作，使之有质量、有标准可循，特制定本标准。
二、适用范围
适用于乳粉、罐头、鲜奶类的采购管理。
三、内容
（1）乳粉类：奶粉宜选择乳白色不成块状的粉末，并选罐制或不透明袋装的产品，不要购买透明、塑胶袋装的不合法产品，外观必须有明确标示。
（2）罐头类：包装精美完整，罐头平整不向外凸出；标示说明清楚，包括容量、厂牌、厂址及制造日期等。
（3）鲜奶类：鲜奶味鲜美，且有乳香，色白而密黄；乳水油腻而不结块；注意制造日期、厂商销售期间的存放方式与储藏温度控制等情形；须经卫生检验机构检验合格。
四、附则
（1）本标准由采购部、仓储部主持制定，其修改、解释权归采购部、仓储部所有。
（2）本标准经总经理批准后，自颁布之日起实施。</td></tr>
</table>

编制		审核		批准	

制度07：蛋类采购标准

文件名称	蛋类采购标准	编号	
		版本	A／0

一、目的

为规范蛋类的采购工作，使之有质量、有标准可循，特制定本标准。

二、适用范围

适用于蛋类的采购管理。

三、内容

（1）鲜蛋类：新鲜蛋外壳粗糙无光泽，并且清洁无破损；以灯光照射，其内应透明，无混浊或黑色；蛋气量要小，用手摇之无震荡之感；放入盐水中会沉下去；蛋打开后，蛋黄丰圆隆挺，蛋白透明坚挺，包围于蛋黄四周而不流散。

（2）皮蛋类。外壳干净无黑点，手拿两端轻敲时，有弹性震动感。

四、附则

（1）本标准由采购部、仓储部主持制定，其修改、解释权归采购部、仓储部所有。

（2）本标准经总经理批准后，自颁布之日起实施。

编制		审核		批准	

制度08：蔬菜类采购标准

文件名称	蔬菜类采购标准	编号	
		版本	A／0

一、目的

为规范蔬菜类的采购工作，使之有质量、有标准可循，特制定本标准。

二、适用范围

适用于蔬菜类的采购管理。

三、内容

（1）胡萝卜：头尾粗细均匀，色红而坚脆，外皮完整光洁，并有充足水分。

（续表）

（2）白萝卜：头尾粗细均匀，色白而表皮完整细嫩，用手弹打具结实感。

（3）马铃薯：表皮洁净完整，色微黄，水分充足无芽眼。

（4）小黄瓜：头尾粗细均匀，表皮瓜刺挺直、坚实、碧绿而带有绒毛，瓜肉肥厚。

（5）大黄瓜：头尾粗细均匀，表皮光洁平滑，瓜肉肥厚、坚脆、水分充足。

（6）青椒：外观平整均匀，表皮滑亮，色绿而坚挺。

（7）茄子：表皮光滑呈深紫色，茄身粗细均匀、坚挺而蒂小者为佳。

（8）笋：笋身粗短，笋肉肥大，肉质细嫩。

（9）茭白笋：色白光滑肥嫩，切开后没有黑点。

（10）洋菇：蒂与基部紧锁而未全开放，呈自然白色，若过分洁白，则可能添加荧光剂。

（11）洋葱：表皮有土黄色薄膜，质地结实者为佳。

（12）芋头：表皮完整且丰厚肥嫩，头部以小刀切开呈白色粉质物为佳。

（13）香菇：选茎小而肥厚者，菇背有白线纹为上品菇，侧面越白越新鲜。

（14）甘蓝菜：叶片呈暗绿色、肥厚嫩滑而无虫害，茎部肥嫩者为佳。

（15）菠菜：叶片呈深绿色、肥厚滑嫩，茎部粗大硬挺，根部肥满而呈红色。

（16）丝瓜：表皮瓜刺挺立而带绒毛，瓜身粗细均匀、硬挺且重量重者为佳。

（17）包心菜；外层翠绿，里层纯白，叶片明亮滑嫩而硬挺，叶片包裹较宽松。

（18）茼蒿：叶片肥厚、嫩滑、硬挺、完整而无虫害。

（19）空心菜：茎部要短，叶片肥厚、完整而无虫害。

（20）芹菜：茎部肥厚而色白为佳。

（21）苋菜：叶片肥厚而无虫害。

（22）葱蒜：茎部粗肥而长者为佳。

（23）豇豆：粗细均匀而肥嫩者为佳。

（24）四季豆：粗细均匀而滑嫩者为佳。

（25）豌豆：肥嫩坚挺而完整者为佳。

四、附则

（1）本标准由采购部、仓储部主持制定，其修改、解释权归采购部、仓储部所有。

（2）本标准经总经理批准后，自颁布之日起实施。

编制		审核		批准	

制度09：水果类采购标准

文件名称	水果类采购标准	编号	
		版本	A / 0

一、目的

为规范水果类的采购工作，使之有质量、有标准可循，特制定本标准。

二、适用范围

适用于水果类的采购管理。

三、内容

（1）苹果：表皮完整无虫害及斑点，具自然颜色、光泽及香味，质重而清脆。

（2）橘子：皮细而薄、质重且具有橘味者为佳。

（3）柠檬：皮细而薄，质重多汁者为佳。

（4）香蕉：以肥满熟透，具香味者为佳。

（5）凤梨：表皮凤眼越大越好，以手弹之有结实感，质要重，具芳香味，表皮无汁液流出。

（6）西瓜：表皮翠绿、纹路均匀、皮薄、质重、多汁，以手敲之有清脆声者为佳。

（7）木瓜：表皮均匀无斑点，肉质肥厚者为佳。

（8）香瓜：皮薄且具光泽，底部平整宽广，轻压时稍软，摇动时无声响，并具香味者为佳。

（9）番石榴：表皮有光泽，果肉肥厚，颜色越浅者为上品。

（10）葡萄：果蒂新鲜硬挺、色浓而多汁者为佳。

（11）梨子：皮细、质重、光滑、多汁者为佳。

（12）桃子：表皮完整而有绒毛者较新鲜，果肉则要肥厚而颜色浅。

（13）李子：表皮有光泽，大而多汁者为佳，红李则色泽越深越好。

（14）杨桃：每瓣果肉肥厚、滑柔、光亮、色浅为佳。

（15）柚子：皮细而薄、质重且头部宽广为佳。

（16）枇杷：表皮呈金黄、有绒毛为佳。

（17）柳橙：皮薄、滑亮、细嫩、色淡为佳。

（18）龙眼：颗粒大、核小、皮薄、肉甜、肥厚为佳。

（19）荔枝：颗粒大、外皮鳞纹扁平、皮薄、肉厚、核小为佳。

（续表）

四、附则 （1）本标准由采购部、仓储部主持制定，其修改、解释权归采购部、仓储部所有。 （2）本标准经总经理批准后，自颁布之日起实施。					
编制		审核		批准	

制度10：验收管理制度

文件名称	验收管理制度	编号	
		版本	A／0

一、目的

为了确保餐饮店采购的食材能得到较好的检验，以防变质或损坏的食材进入加工制作过程，特制定本制度。

二、适用范围

适用于餐饮店的验收管理工作。

三、内容

1．职责划分

（1）验收员：负责对采购食材的检验。

（2）质监部、餐厅负责人：负责对验收和防护工作进行监督。

2．工作程序

（1）供应商将采购的食材送到所需部门时，由该部门的相关验收员进行验收。

（2）验收的内容主要包括采购食材的名称、数量、重量、质量、厂家、规格等是否与订货要求相符。

（3）在出现下列情况时：

①无商标、无厂家及厂址，或不全（蔬菜、鱼等原料除外）；

②产品有效期已超过日期或有效期有被改动的痕迹，以及其他不符合食品标签规定的定型包装食品；

③无检验合格证明的卤味、熟肉制品；

④有毒、有害、腐烂变质、油脂酸败、霉变、生虫、污秽不洁、有不明沉淀物、混有异物，或其他感官性状异常的食品（青菜、包心菜、大白菜等腐烂超过重量的3%～5%）；

（续表）

⑤难以鉴别的鱼类、贝类等；

⑥非合格供应商提供的食材；

⑦其他较严重的现象，验收员应立即予以隔离和采取口头或其他的标示措施，并及时上报本部门负责人，经本部门负责人确认后，在“供应商异常情况登记表”上予以记录，提出退货或要求其重新供应合格货物，并把有关情况上报到采购部，由采购部对供应商作出处理。

（4）在出现下列现象时：

①数量、重量、价格或规格与所定要求不符；

②质量与所定要求不符但不会严重影响生产经营工作；

③合格供应商提供，且有商标、厂家、厂址，但与所定要求不符；

④产品有效期将至；

⑤干货受潮但未发霉，验收员应立即采取隔离和口头或其他的标示措施，并上报本部门负责人，确认后，采取下列措施：退货；更换货物；更换供应商供应该类货物；收下该批货物，但采取降价处理等措施。同时在“供应商异常情况登记表”上予以记录。

（5）验收时要注意根据不同的品种采取相应的验收方法。

①对批量采购回来且数量超过10个（含10个）的食材，可采取抽检的方法，即从所采购的食材中按总数10%～20%的比例抽检，但抽检的总数不得少于10个；对零星采购，或数量少于10个的食材须逐个验收。

②对蔬菜类、肉制品以及其他半成品的验收可采取外观检查的方式，但验收不得少于该品种重量的20%。

③有包装物的食品，应检查其标签标示是否标明：品名、产名、产地、生产日期、批号或代号、规格、配方或主要成分、保质期限、食用或使用方法。

④验收食品时，应检查食品的卫生质量及食品的包装是否完整，食品质量检查主要通过感官判断进行。

⑤特殊情况处理。对于通过以上的感官判断还不能确定的原料，应进行试样（即将原料应用于实际加工制作中，通过成品来判断）。

（6）根据相关规定，对下列食品必须索取检验合格证明或化验单：

①乳或乳制品。

②酒类（蒸馏酒、发酵酒、配料酒）。

③饮料（固体饮料、软饮料、瓶装矿泉水）及冷冻饮品。

④酱油、食醋、味精、食盐及复合调味品等。

（续表）

⑤罐头食品（含软包装罐头）。 ⑥糖果、糕点、蜜饯类。 ⑦肉与熟肉、卤味等肉制品。 ⑧粮油包装（制）品（包括速冻粮食制品等）。 ⑨食用酒精、食品添加剂。 ⑩进口和出口转内销食品。 ⑪特殊营养食品、保健食品、新资源食品。 ⑫卫生行政部门认为需要索证的其他食品。 （7）验收结束后，由验收员在合格产品的送货单上签名，交给保管员一份，由保管员根据送货单进行电脑入库处理。 （8）质监部和餐厅（部门）负责人对验收工作进行监督检查，严防不合格原料进入操作间。 **四、附则** （1）本制度由采购部、仓储部主持制定，其修改、解释权归采购部、仓储部所有。 （2）本制度经总经理批准后，自颁布之日起实施。

编制		审核		批准	

制度11：物资入库管理制度

文件名称	物资入库管理制度	编号	
		版本	A／0

一、目的 为规范各类物资的入库管理工作，特制定本制度。 **二、适用范围** 适用于各类物资的入库管理工作。 **三、内容** （1）物资入库时，仓库管理员必须填写“物资入库验收单”，并以此记明细账及送财务部记账，还必须逐一核对物资的名称、规格、数量、质量，然后才签发验收单。对于不符合采购计划要求和与发票所写不相符的，必须拒绝入库。

（续表）

（2）每天在采购部收取采购单，以备接单验收到货，无采购单的货物一律不收。 （3）仓库管理员必须参与来货验收，正确填写收货记录。将验收合格的货物分类入库或直入厨房，或分送其他地点，并办理交付签字手续，及时编写收货报告。 （4）对不符合质量标准要求的货物，坚决拒收。发生争执时立即报告上级管理部门经理，待其到现场解决处理。 （5）审核各餐厅申领的货物是否属于供应计划内，数量是否合理，确认后始发货。 （6）对已入库的货物分类、整理、存放、登记入册、记录货牌，各种物品附上标签。 （7）确保货物出入库记录清楚、数量准确，各种单据、表格、账册、文件完整存档。 （8）经常检查各类周期性定型且常用的货物的库存量。需作及时补仓的货物品种，按规定的库存计划，不需经使用部门，由仓库主管直接编写采购单，报总经理审批，然后送采购部或采购员。 （9）每月必须盘点，保证存货数量正确，仓管员必须编写月终盘点报表及货物消耗报告。 （10）对部门退回仓库的废旧物品，设账登记。 （11）经常检查仓库各类货物及食品储存情况，防止变质和虫害。仓库杂物必须定期清理，保持通风干爽和环境卫生。 **四、附则** （1）本制度由采购部、仓储部主持制定，其修改、解释权归采购部、仓储部所有。 （2）本制度经总经理批准后，自颁布之日起实施。

编制		审核		批准	

制度12：物资出库规定

<table>
<tr><td rowspan="2">文件名称</td><td rowspan="2">物资出库规定</td><td>编号</td><td></td></tr>
<tr><td>版本</td><td>A／0</td></tr>
<tr><td colspan="4">一、目的
为规范各类物资的正常出库，特制定本规定。
二、适用范围
适用于物资出库的管理。</td></tr>
</table>

（续表）

三、内容 （1）物资的出库，必须先办妥出库手续，凭领料单或调拨单，认真核对规格、数量，确定有关领导已经签注，才给予发货。同时要及时登记明细账，并将有关单据送财务部出账。物资储藏必须执行“先进先出法”，将最先购进的放在最前面，以便发出时，尽先发出。 （2）无论哪一个部门，仓库都必须按常规出库手续发货，严禁先出货、后补办手续的错误做法，严禁白条发货。 （3）为保证仓库安全，必须在指定地点发货。物资在发货地点由提货方点验离开后发生的短缺，概由收货方自负，仓库不负补偿责任。 （4）对一些部门退回仓库的可用废旧物品的领用，也必须按常规办理出库手续。 **四、附则** （1）本规定由采购部、仓储部主持制定，其修改、解释权归采购部、仓储部所有。 （2）本规定经总经理批准后，自颁布之日起实施。

编制		审核		批准	

制度13：仓库日常管理制度

文件名称	仓库日常管理制度	编号	
		版本	A／0

一、目的 为规范仓库的日常管理工作，特制定本制度。 **二、适用范围** 适用于餐饮店仓库所有员工。 **三、内容** （1）仓库是餐饮店的物资保管重地，除仓库管理员和因业务工作需要的有关人员外，任何人未经总经理以上领导批准，不得进入仓库。进入仓库的工作人员出库时，应主动请仓库管理人员检查。 （2）一切入库人员不得携带火种、易燃易爆物、背包、手提袋等物品。 （3）仓库范围不得生火，也不得堆放易燃易爆物品。仓库管理人员绝对不允许在仓

（续表）

库内使用电炉、微波炉、电池炉、电吹风等电器。 （4）仓库必须具备防火、防水、防潮、防盗的设施，应定期每月检查防火设施的使用实效，每季定期检查仓库电路是否有短路或电线损坏等火灾隐患，要自觉接受保安部的检查、监督。 （5）仓库必须有防鼠、防蟑螂、防苍蝇的设施。 （6）仓库内温度最好控制在10℃～20℃之间，湿度控制在50%～60%之间。 （7）仓库储量最好控制在使用3～5天的标准库存量。 **四、附则** （1）本制度由采购部、仓储部主持制定，其修改、解释权归采购部、仓储部所有。 （2）本制度经总经理批准后，自颁布之日起实施。					
编制		审核		批准	

制度14：一般饮料与酒类储存标准

文件名称	一般饮料与酒类储存标准	编号	
		版本	A／0
一、目的 为了规范各类饮料和酒类的储存工作，特制定本标准。 **二、适用范围** 适用于餐厅各类饮料和酒类的储存管理。 **三、内容** 1．饮料类 一般饮料包括汽水、可乐、果汁、咖啡、茶等，储存方法如下： （1）储放在阴凉干燥处或冰箱内，不要令其受潮或使阳光直射。 （2）不要储存太多，按照保存期限，尽快轮转使用。 （3）拆封后尽快用完，若发现品质不良，应立即停止使用。 （4）饮料打开后，尽快一次用完；未能用完的，应盖好存于冰箱中，避免氧化。 2．酒类 （1）一般储存要领。			

（续表）

因为酒类极易被空气与细菌侵入，一旦放置不良或保存不当，则变质几率将大增，所以买进的酒应适当储放，这可提高与改善酒本身的价值。 酒类储存的场所，需注意： ①位置：应设各种不同的酒架，常用的酒如啤酒置于外侧，贵重的酒置于内侧。 ②温度：所有的酒保持在室温15℃的凉爽干燥处。 ③光线：以微弱的能见度为宜。 ④不可与特殊气味物品并存，以免破坏酒的味道。 ⑤尽量避免震荡，导致丧失原味，所以密封箱不要经常搬动。 ⑥放置于阴凉处，不要使阳光直射。 （2）各种酒类的储存方法。 ①啤酒是唯一越新鲜越好的酒类，购入后不可久藏，在室内可保持3个月不变质。保管最佳温度为6℃～10℃，温度太高会变质。温度太低则会使啤酒混浊不清。应切忌冷热剧烈变化，如啤酒存放冰箱后取出放置一段时间，再放入冰箱，如此反复冷热，易发生混浊或沉淀现象。 ②葡萄酒由于是冷饮，故放在下层橱架。平放或瓶口向下成15度斜角，葡萄酒瓶均用软木塞，是为了使软木塞为酒浸润，不断膨胀，以免空气侵入。置于10℃的温度下，最能长期保存葡萄酒的品质。 ③其他酒类则不必卧置，一方面是比较方便，另一方面是因空气对它们没有太多影响。 **四、附则** （1）本标准由仓储部主持制定，其修改、解释权归仓储部所有。 （2）本标准经总经理批准后，自颁布之日起实施。

编制		审核		批准	

第二节　食材采购、验收及储存专项表格管理

餐饮店食材管理中的各类表格主要用于记录各项工作的实施状况和结果，是保证

食材品质的客观依据。为了确保表格具有可溯性，相关人员必须正确填写表格。食材采购常用的表格包括食品原料采购规格书、采购定量卡、合格供应商名录、供应商异常情况登记表等。

表格01：食品原料采购规格书

食品原料采购规格书

原料名称	原料用途	感官描述	技术指标	检验程序	彩色照片
备注					

表格02：采购定量卡

采购定量卡

年　月　日

原料名称	最高储备量	现存量	需购量

表格03：供应商评估表

供应商评估表

文件编号：

<table>
<tr><td>法定名称</td><td colspan="4"></td></tr>
<tr><td>地址</td><td colspan="2"></td><td>联系方式</td><td></td></tr>
<tr><td rowspan="6">评审内容</td><td>证件</td><td colspan="3">评审人/日期：</td></tr>
<tr><td>信誉</td><td colspan="3">评审人/日期：</td></tr>
<tr><td>性价比</td><td colspan="3">评审人/日期：</td></tr>
<tr><td>服务</td><td colspan="3">评审人/日期：</td></tr>
<tr><td>品种适应性</td><td colspan="3">评审人/日期：</td></tr>
<tr><td>其他</td><td colspan="3">评审人/日期：</td></tr>
<tr><td>确认</td><td colspan="4">各部门负责人/日期：</td></tr>
<tr><td rowspan="3">评审结论</td><td colspan="4">采购部负责人/日期：</td></tr>
<tr><td colspan="4">质监部负责人/日期：</td></tr>
<tr><td colspan="4">总经理/日期：</td></tr>
<tr><td>备注</td><td colspan="4"></td></tr>
</table>

表格04：合格供应商名录

合格供应商名录

序号	供应商名称	产品类型	联系方式	登记人/日期	审批人/日期

表格05：供应商考核表

供应商考核表

部门：　　　　　　　　年度/月份：

序号	供应商名称	产品类型	交易批次	合格批次	质量（满分40分）	价格（满分30分）	交货及时（满分20分）	服务态度（满分10分）	总分	备注

表格06：供应商异常情况登记表

供应商异常情况登记表

序号	发生日期	供应商名称	产品类型	异常情况	处理措施	登记人/日期	审批人/日期

表格07：采购订单

采购订单

年　　月　　日填

供应厂商：　　　　　　　　　　　　电脑编号：

地址：　　　　　　　　　　　　　　负责人签章：

服务类别：　　　　　　　　　　　　电话：

供应项目	规格	数量	单价	金额	备注

规程：

1.供应项目务必符合本公司规格及要求。

2.提供合理价位，供应优良品质。

3.调整货价时，应于一周前通知本公司采购单位，方可调价。

4.严禁与本公司有关人员有赠礼、回扣、暗盘操作等损及公司全体利益的行为。

5.对于配合良好、遵守规定的优良供应厂商，本公司决不轻易更换。

6.若本公司有不得已的决策改变，而无法再继续采购时，将于一星期前通知供应厂商。

7.若供应厂商无法配合本公司规程作业、价格太高、品质不稳定时，本公司可随时取消供应资格。

付款方式：

1.账单应于每月3日前将上月请款单送达总公司会计部门，以利账务作业。

2.每月15日领款，请准时领款。

3.货款开具收条，期票付清。

4.供应厂商领款图章留底。

备注：

1.本采购规程务必遵守以利双方共事。

2.本规程有效期为××××年××月××日至××××年××月××日，逾期自动失效。

3.本规程正本交于供应厂商，副本本公司留存。

总经理：　　　　会计部：　　　　采购部：　　　　接洽人：

表格08：食品原料进货申购单

食品原料进货申购单

单位		年　月　日	
品名	数量	规格	备注
备注：请提前三天填写好进货单。			

表格09：市场订货单

市场订货单

年　月　日

原料名称		现存量	应备量	已订量	需购量	市场报价（元/千克）		
						甲	乙	丙
肉类								
禽类								
海鲜								
果蔬类								
干制品								

食品原料管理员：　　　　厨师长：　　　　采购主管：

第五章　卫生事务专项管理

良好的卫生管理对餐饮店的正常运转起着非常重要的作用。在餐饮店的日常卫生管理中，可以实行专项管理，以保证管理的可执行性。卫生事务专项管理主要包括卫生事务专项制度管理、卫生事务专项表格管理。

第一节　卫生事务专项制度管理

餐饮店卫生管理可以通过制定各种制度来规范员工的行为，明确奖罚要求，使卫生管理趋于规范化和标准化。卫生管理常用的制度，主要包括员工个人卫生管理制度、餐厅卫生管理制度、食品仓库卫生制度等。

制度01：员工个人卫生管理制度

文件名称	员工个人卫生管理制度	编号	
		版本	A／0

一、目的

个人卫生是餐饮店卫生管理的基础，个人卫生状况不仅显示个人素质，也是餐饮店形象的重要方面。为加强对员工个人卫生的管理工作，特制定本制度。

二、适用范围

适用于餐饮店所有员工。

三、内容

（1）每天洗澡，换衣服。每天刷牙，每次用餐后漱口。

（2）上岗时，头发必须清洁，无异味和头屑，服装必须整齐干净。

（3）上班前必须洗手，特别是如厕后，要认真将手洗净。用洗涤剂（液体、固体）搓洗手数次，洗手完毕必须将手擦干或烤干。

（4）勤剪指甲，保持指甲卫生，不可在指甲上涂抹指甲油。

（续表）

<table>
<tr><td colspan="6">

（5）餐厅女员工工作时应戴酒店指定的发髻，不可用手挠头发，防止头发和头屑落在食物上，防止污染食物。

（6）工作时，不可用手抠鼻子；打喷嚏、擦鼻子，应该到客人看不见的地方去，可以用手纸，用毕，将纸扔进垃圾筐，手应清洗、消毒。

（7）禁止在餐厅和厨房内咳嗽、掏鼻子、挖耳朵等动作。

（8）保持身体健康，注意牙齿卫生、脚的卫生、伤口卫生等。当受到较轻的刀伤时，应包扎好伤口，决不能让伤口接触食物。

（9）餐厅和厨房的女员工化妆要适度，化妆完毕应洗手。

（10）餐厅员工禁止佩戴任何夸张的饰物，已婚者可以佩戴结婚戒指。

（11）餐厅、厨房、传菜间等工作区域严禁吸烟和吐痰。

四、附则

（1）本制度由总经理办公室主持制定，其修改、解释权归总经理办公室所有。

（2）本制度经总经理批准后，自颁布之日起实施。

</td></tr>
<tr><td>编制</td><td></td><td>审核</td><td></td><td>批准</td><td></td></tr>
</table>

制度02：餐厅卫生管理制度

<table>
<tr><td rowspan="2">文件名称</td><td rowspan="2">餐厅卫生管理制度</td><td>编号</td><td></td></tr>
<tr><td>版本</td><td>A／0</td></tr>
<tr><td colspan="4">

一、目的

为了加强对餐厅的管理，保持一个清洁、舒适、健康的就餐环境，特制定本制度。

二、适用范围

适用于餐饮店所有员工。

三、内容

（1）餐厅工作人员每日应对餐厅进行打扫、清理垃圾，做好以防鼠、防蝇为重点的防“四害”工作。

（2）餐厅物品要做到存放整齐，桌椅、餐具等保持卫生干净，并经常进行洗涤、消毒。

（3）餐厅工作人员在工作时应着工作服，工作服应经常洗涤，保持清洁卫生。

</td></tr>
</table>

（续表）

（4）餐厅工作人员要注重仪表，定期检查身体，讲究个人卫生，常换衣服，常洗澡、理发、剪指甲。 （5）确保各种饭菜的用料新鲜、卫生，严禁用污染、变质的材料进行下一道工序。 （6）餐厅操作间要做到生熟食物分开放置，分开操作，熟食要加罩。 （7）尽量避免用手直接接触熟食，不符合食品卫生要求的食品不准出售。 （8）餐厅工作人员在每天营业结束后，要彻底打扫地面，清理餐桌、橱柜、灶具、垃圾容器等。 （9）工作人员应遵守其他卫生规定。 **四、附则** （1）本制度由总经理办公室主持制定，其修改、解释权归总经理办公室所有。 （2）本制度经总经理批准后，自颁布之日起实施。					
编制		审核		批准	

制度03：清洁用品和清洁剂管理制度

文件名称	清洁用品和清洁剂管理制度	编号	
		版本	A／0

一、目的

为了加强对清洁用品和清洁剂的管理，特制定本制度。

二、适用范围

适用于餐饮店所有员工。

三、内容

（1）清洁用品和清洁剂以班组为单位领用。

（2）库房保管员负责发放、记录，并由领发人签字。

（3）每月由库房保管员汇总当月各班组清洁用品和清洁剂用量及费用情况。

（4）比较各班组当月用量，对于清洁用品和清洁剂耗用量较大的班组给予提示，分析原因加强控制。

（5）控制清洁用品与清洁剂的库存量，以月消耗量的三分之一存货，减少积压，确保安全。

（续表）

<table>
<tr><td colspan="6">四、附则
（1）本制度由总经理办公室主持制定，其修改、解释权归总经理办公室所有。
（2）本制度经总经理批准后，自颁布之日起实施。</td></tr>
<tr><td>编制</td><td></td><td>审核</td><td></td><td>批准</td><td></td></tr>
</table>

制度04：食品仓库卫生制度

<table>
<tr><td rowspan="2">文件名称</td><td colspan="3" rowspan="2">食品仓库卫生制度</td><td>编号</td><td></td></tr>
<tr><td>版本</td><td>A／0</td></tr>
<tr><td colspan="6">一、目的
为加强对食品仓库的卫生管理，特制定本制度。
二、适用范围
适用于食品仓库的管理。
三、内容
（1）食品进入仓库要验收，变质过期食品不得入库，做好食品数量进发货登记工作，做到先进先出，保管员要定期检查质量，发现问题要及时处理、报告，防止食品变质、过期。
（2）主、副食品分库存放，食品存放做到分类、分架、隔墙、隔地。
（3）库房应通风良好，保持干燥，地面、货架清洁整齐，做好防鼠、防虫、防蟑螂等工作。
（4）易霉食品冷藏保存，冷库内食品应分类堆放，并注意调节库温，冷库须做到定期清扫、除霜、除臭、消毒。
（5）易霉食品要做到勤翻、勤晒，储存容器须加盖密闭。
（6）食品库内不得存放私人物品和杂物，严禁存入有毒有害物品。
（7）从业人员每年进行健康体检，持健康证上岗。
四、附则
（1）本制度由总经理办公室主持制定，其修改、解释权归总经理办公室所有。
（2）本制度经总经理批准后，自颁布之日起实施。</td></tr>
<tr><td>编制</td><td></td><td>审核</td><td></td><td>批准</td><td></td></tr>
</table>

制度05：采购员、验收员岗位卫生制度

文件名称	采购员、验收员岗位卫生制度	编号	
		版本	A/0

一、目的

为加强对采购员、验收员的岗位卫生管理，特制定本制度。

二、适用范围

适用于本餐厅所有采购员、验收员。

三、内容

（1）采购食品必须坚持质量要求，根据需要与供方签订责任书。

（2）采购肉类、酒类、饮料、乳制品、调味品、豆制品等按规定必须索证的食品，要向供货方索取合格证明或检验报告单。

（3）腐败变质、发霉、生虫、有毒有害、掺杂掺假、不新鲜的食品不得采购、签收。

（4）验收食品做到严格把关，坚持保管员与验收员共同验收，杜绝不合格产品进入，并做好记录。

（5）检查所购食品有无合格证或检疫证明，检查是否加盖印章。

（6）从业人员每年进行健康体检，持健康证上岗。

四、附则

（1）本制度由总经理办公室主持制定，其修改、解释权归总经理办公室所有。

（2）本制度经总经理批准后，自颁布之日起实施。

编制		审核		批准	

制度06：餐饮店卫生检查制度

文件名称	餐饮店卫生检查制度	编号	
		版本	A/0

一、目的

为加强对餐饮店的卫生检查工作，确保一切正常，特制定本制度。

（续表）

二、适用范围

适用于餐饮店所有员工。

三、内容

（1）各岗位建立卫生责任制，部门进行定期检查和不定期抽查制度。

（2）各岗位管理人员每天对其所在岗位的食品卫生、操作卫生和包干区卫生等进行检查，发现问题及时提出改进意见，并督促纠正，同时做好检查记录。

（3）对会议、喜酒、旅行团队等团体性用餐，采用检查在前，同时做好样菜留样备检工作。

（4）对冷菜制作间各食品仓库与储藏柜进行重点检查，并加强重点部位的食品卫生安全、督促力度。

（5）定期对部门员工进行卫生安全意识培训，特别是对食品卫生的操作规范化进行培训，防止食物中毒。

（6）各部门明确划分包干区及分管负责人，每天坚持打扫一次，每周坚持全面打扫一次。

（7）冷菜间须保持空调和冰箱等设施设备的完好。进入冷菜间操作必须先双手消毒，穿上白大褂，戴好口罩，工作帽、白大褂、白口罩规定在其操作室使用，并保持清洁。

（8）部门卫生检查小组每月定日进行安全卫生检查一次，部门经理或指定人员进行不定期的抽查，对检查和抽查出来的问题，将作出必要的处理意见，对各点的情况及时作出处理和通报。

四、附则

（1）本制度由总经理办公室主持制定，其修改、解释权归总经理办公室所有。

（2）本制度经总经理批准后，自颁布之日起实施。

编制		审核		批准	

制度07：设备、餐具卫生管理制度

文件名称	设备、餐具卫生管理制度	编号	
		版本	A／0

一、目的

为加强对设备、餐具的卫生管理，确保所有设备、餐具保持干净，特制定本制度。

二、适用范围

适用于对餐饮店所有设备、餐具的管理。

三、内容

（1）所有设备、餐具都应洗涤之后再经消毒处理。

（2）加工食物原料用的设备、厨具，由于它们与生料直接接触，消毒应更加仔细。

（3）烹调设备和工具，如不注意清理油垢和残渣，往往影响烹调效果并会缩短设备的寿命，因此应注意及时清理。

（4）餐厅内冷藏设备的清洁卫生工作，应派专人负责。

（5）消毒设备保证清洁卫生，才能确保被洗涤食具的清洁卫生。

（6）储藏和输送设备要经常进行消毒、清理。

（7）制订设备卫生计划和各种设备洗涤操作规程。

（8）所有工作人员，讲究个人清洁卫生，养成良好的个卫生习惯。

四、附则

（1）本制度由总经理办公室主持制定，其修改、解释权归总经理办公室所有。

（2）本制度经总经理批准后，自颁布之日起实施。

编制		审核		批准	

制度08：场所卫生管理制度

文件名称	场所卫生管理制度	编号	
		版本	A／0

一、目的

为加强对餐饮店各场所的卫生管理工作，特制定本制度。

（续表）

二、适用范围

适用于本店所有场所的卫生管理工作。

三、内容

1．墙壁、天花板、地面

（1）厨房墙壁、天花板应采用浅色、光滑、不吸油的材料建成。用水泥或砖面砌成的内墙应具有易于清洁的表面，各种电器线路和水、气管道均应合理架设，不应妨碍对墙壁和天花板的正常清扫。

（2）厨房地面应采用耐久、平整的材料铺设，必须经得起反复冲洗，不至于受厨房内高温影响而开裂、变软或变滑，一般以防滑无釉地砖较为理想，必要时可在通道和操作处铺设防滑垫。同时，地面应有坡度，标准坡度为1%，以利冲洗、排水和干燥。

（3）墙壁、天花板、地面应及时维修，并保持良好状态，以免藏污纳垢，孳生蟑螂、老鼠等。

2．下水道及水管

（1）凡是有污水排出以及需水龙头冲洗地面的场所，如粗加工间、炉灶、厨房洗涤间等，均须有单独下水道和窨井，窨井直径宜大，以免在寒冷季节因油垢冻结而引起阻塞。

（2）饮用水管都应有防倒流装置，非饮用水管应有明显标记。应避免饮用水管和污水管道交叉安装。

3．通风、照明设备

（1）厨房应安装排烟罩、排气罩，以排出由烹调、洗涤产生的油烟、湿气、热气和不良气味，防止油烟、水汽在墙壁和天花板凝聚下滴而污染食品、炊具。

（2）厨房应有通风设备，输入热空气或冷空气，以调节厨房内的温度。

（3）在厨房、前场等重要场所安装防爆灯具，或使用防护罩，以免灯泡爆裂时玻璃片伤人或散入食物内。

4．洗手池设备

（1）操作人员的双手是传播病菌的重要媒介，餐厅应当在最容易使手沾上病菌的地方安装洗手池，如卫生间附近、更衣室内、厨房内等。

（2）洗手设备应包括洗手池、冷热水、肥皂或皂液、专用毛巾或吹干机。洗手设备应按时检修、打扫，及时补充卫生用品。

5．更衣室和卫生间

（1）员工的便服常从外界带入病菌，因此不能穿着上班，也不能挂在厨房、仓库或卫生间里。餐厅应有员工更衣室，让员工上下班时更换服装和存放私人物件。

（续表）

（2）更衣室一般不应靠近厨房、仓库和餐厅，要求通风、照明良好，并有淋浴、洗手池、镜子等卫生设备。 **四、附则** （1）本制度由总经理办公室主持制定，其修改、解释权归总经理办公室所有。 （2）本制度经总经理批准后，自颁布之日起实施。

编制		审核		批准	

制度09：食品粗加工及切配卫生管理制度

文件名称	食品粗加工及切配卫生管理制度	编号	
		版本	A/0

一、目的 为加强对厨房食品粗加工及切配卫生的管理，特制定本制度。 **二、适用范围** 适用于厨房食品粗加工及切配员工。 **三、内容** （1）餐饮单位应设置专用粗加工间或粗加工区域及设施，其使用面积应与生产供应量相适应。分设肉类、水产类、蔬菜原料加工清洗间或区域池，并有明显标志。食品原料的加工和存放要在相应位置进行，不得混放和交叉使用。 （2）粗加工间或粗加工区域地面应易清洗、不吸水、防滑、排水通畅，所用材料应无毒、无臭味或异味，耐腐蚀，不易发霉，符合卫生标准，有利于保证食品安全卫生。 （3）粗加工场地应设有层架，加工场所应防尘、防蝇、防鼠设施齐全并能正常使用。加工所用工具、容器、设备必须经常清洗，保持清洁，直接接触食品的加工用具、容器必须用后消毒。 （4）解冻、择洗、切配、加工工艺流程必须合理，各工序必须严格按操作规程和卫生要求进行操作，确保食品不受污染。 （5）动物性食品与植物性食品应分池清洗，水产品宜在专用水池清洗，并有明显标志。加工肉类、水产品与蔬菜的操作台、用具和容器要分开使用，并有明显标志。 （6）加工前应认真检查待加工食品，发现有腐败变质迹象或者其他感官性状异常的，

（续表）

的，不得加工和使用。禽蛋在使用前应对外壳进行清洗，必要时进行消毒处理。 （7）加工后食品原料要放入清洁容器内（肉禽、鱼类要用不透水容器），不落地，有保洁、保鲜设施。易腐食品应尽量缩短在常温下的存放时间，加工后应在规定时间内及时使用或冷藏。 （8）切配好的半成品应避免污染，与原料分开存放，并根据性质分类放在层架上。 （9）加工后的肉类必须无血、无毛、无污物、无异味；水产品无鳞、无内脏。 （10）加工后的蔬菜瓜果必须无泥沙、杂物、昆虫。蔬菜瓜果加工时必须做到一拣（拣去腐烂的、不能吃的）、二洗、三浸（必须浸泡半小时）、四切（按需要切形状）。 **四、附则** （1）本制度由总经理办公室主持制定，其修改、解释权归总经理办公室所有。 （2）本制度经总经理批准后，自颁布之日起实施。

编制		审核		批准	

制度10：烹调加工卫生管理制度

文件名称	烹调加工卫生管理制度	编号	
		版本	A／0

一、目的 为加强烹调加工的卫生管理工作，特制定本制度。 **二、适用范围** 适用于食品的烹调加工。 **三、内容** （1）加工前检查食品原料质量，变质食品不下锅、不蒸煮、不烘烤。 （2）熟制加工的食品要烧熟煮透，其中心温度不低于70℃。油炸食品要防止外焦里生，加工后的直接入口熟食要盛放在已经消过毒的容器或餐具内，不得使用未经消毒的餐具和容器盛放。 （3）烹调后至食用前需要较长时间（超过2小时）存放的食品应当在高于60℃，或低于10℃的条件下存放，需要冷藏的熟制品应在放凉后再冷藏。

（续表）

（4）隔餐、隔夜熟制品必须经充分再加热后食用。 （5）灶台、抹布随时清洗，保持清洁。不用抹布擦碗盘，滴在盘边的汤汁用消毒抹布擦净。 （6）严格按照有关规定要求，收集处理废弃油脂，及时清洗抽油烟机罩。 （7）剩余食品及原料按照熟食品、半成品、生食品的卫生要求存放，不可混放和交叉叠放。 （8）工作结束后，调料加盖，工具、用具洗刷干净，定位存放；灶上、灶下、地面清洗冲刷干净，不留残渣、油污，不留卫生死角，及时清除垃圾。 **四、附则** （1）本制度由总经理办公室主持制定，其修改、解释权归总经理办公室所有。 （2）本制度经总经理批准后，自颁布之日起实施。

编制		审核		批准	

制度11：面食制作卫生管理制度

文件名称	面食制作卫生管理制度	编号	
		版本	A / 0

一、目的 为加强对面食间制作的卫生管理，特制定本制度。 **二、适用范围** 适用于面食间的所有员工。 **三、内容** （1）加工前要检查各种食品原料，如米、面、黄油、果酱、果料、豆馅以及做馅用的肉、蛋、水产品、蔬菜等，如发现生虫、霉变、异味、污秽不洁，以及不符合其他食品安全要求的不能使用。 （2）做馅用的肉、蛋、水产品、蔬菜等原料要按照粗加工卫生制度的要求加工。蔬菜要彻底浸泡清洗，易于造成农药残留的蔬菜（如韭菜）浸泡时间应在30分钟以上，然后冲洗干净。 （3）各种工具、用具、容器应生熟分开使用，用后及时清洗干净定位存放，菜板、

（续表）

<table>
<tr><td colspan="6">菜墩洗净后立放。
（4）糕点存放在专库或专柜内，做到通风、干燥、防尘、防蝇、防鼠、防毒，含水分较高的带馅糕点存放在冰箱，做到生熟分开保存。
（5）按规定要求正确使用食品添加剂。
（6）各种食品加工设备，如绞肉机、豆浆机、和面机、馒头机等用后及时清洗干净，定期消毒。各种用品如盖布、笼布、抹布等要洗净晾干备用。
（7）加工结束后及时清理面点加工场所，做到地面无污物、残渣，面板清洁，各种容器、用具、刀具等清洁后定位存放。
四、附则
（1）本制度由总经理办公室主持制定，其修改、解释权归总经理办公室所有。
（2）本制度经总经理批准后，自颁布之日起实施。</td></tr>
<tr><td>编制</td><td></td><td>审核</td><td></td><td>批准</td><td></td></tr>
</table>

制度12：裱花制作卫生管理制度

<table>
<tr><td rowspan="2">文件名称</td><td rowspan="2">裱花制作卫生管理制度</td><td>编号</td><td></td></tr>
<tr><td>版本</td><td>A／0</td></tr>
<tr><td colspan="4">一、目的
为加强对裱花制作的卫生管理工作，特制定本制度。
二、适用范围
适用于所有裱花制作员工的管理。
三、内容
（1）进入裱花间必须更衣、洗手消毒。
（2）裱花用食品添加剂必须是允许使用的品种，并在允许使用量范围内使用，不能乱加。
（3）要定时进行空气消毒，保持室内清洁状态。
（4）专用裱花工具要定时清洁消毒，防止污染。
（5）加工人员要穿戴整洁的衣帽、口罩，定时洗手消毒，保持个人卫生。不允许戴首饰及染指甲等。</td></tr>
</table>

（续表）

（6）防蝇、防尘、防鼠等卫生设施要齐备。 （7）要定时整理室内卫生。 **四、附则** （1）本制度由总经理办公室主持制定，其修改、解释权归总经理办公室所有。 （2）本制度经总经理批准后，自颁布之日起实施。

编制		审核		批准	

制度13：气态垃圾处理规定

文件名称	气态垃圾处理规定	编号	
		版本	A／0

一、目的

气态垃圾是指厨房抽油烟机排出去的油烟。为加强对气态垃圾的处理，特制定本规定。

二、适用范围

本规定适用于所有气态垃圾的处理。

三、内容

（1）厨师做好烹饪工作，炒锅对准抽风口，避免油烟散在室内，难以排除。

（2）安装抽油烟机，同时对烟机、烟罩、排烟管道，每半年清洗一次，抽烟机下面抽风口每周清洗一次。

（3）设置专用排烟管道，对油烟进行疏导。油烟管道应坚固耐用，并每季度清理污垢一次。

（4）行政总厨每天对油烟机以及厨房排烟情况进行检查，发现问题及时处理，确保厨房油烟及时排除。

四、附则

（1）本规定由总经理办公室主持制定，其修改、解释权归总经理办公室所有。

（2）本规定经总经理批准后，自颁布之日起实施。

编制		审核		批准	

制度14：液态垃圾处理规定

文件名称	液态垃圾处理规定	编号	
		版本	A/0

一、目的

液态垃圾包括厕所污水、排泄物、厨房污水等。为加强对液态垃圾的处理工作，特制定本规定。

二、适用范围

本规定适用于所有液态垃圾的处理。

三、内容

（1）厕所应当宽大、明亮，通风状况良好。

（2）厕所内每个蹲位后应设有垃圾桶，用于存放用过的厕纸，并定时倾倒。

（3）定期对厕所进行清扫，确保厕所干净。

（4）厕所入口处设有洗手池、洗手液和玻璃镜面，洗手液快用完时要及时补充，同时玻璃镜面也要定期清理，保持干净。

（5）厨房各处设置专门的泔水桶，用于收集厨房污水。

（6）泔水桶应坚固耐用、不易破裂，同时倒入泔水时不要溢出。

（7）每日工作结束后，对泔水桶集中起来，委托专门处理泔水的机构进行处理，不得随处乱倒，污染环境。

四、附则

（1）本规定由总经理办公室主持制定，其修改、解释权归总经理办公室所有。

（2）本规定经总经理批准后，自颁布之日起实施。

编制		审核		批准	

制度15：固态垃圾处理规定

文件名称	固态垃圾处理规定	编号	
		版本	A/0

一、目的

为规范各类固态垃圾的处理工作，特制定本规定。

（续表）

二、适用范围 本规定适用于对所有固态垃圾的处理。 **三、内容** 固态垃圾是指形体为固态的各类垃圾，其处理规定如下。 （1）设置足够数量的垃圾桶，存放于各处，方便对垃圾进行收集，每日工作结束后进行清理。 （2）将纸类、破碎的木头等容易燃烧的垃圾和破碎的餐具等不易燃烧的垃圾分别放入不同垃圾袋或垃圾桶中。 （3）每天营业结束后，对各处进行清扫，将清扫的固态垃圾倒入垃圾桶中。 **四、附则** （1）本规定由总经理办公室主持制定，其修改、解释权归总经理办公室所有。 （2）本规定经总经理批准后，自颁布之日起实施。

编制		审核		批准	

制度16：加工设备与工具的卫生管理制度

文件名称	加工设备与工具的卫生管理制度	编号	
		版本	A／0

一、目的 为规范各类加工设备与工具的卫生管理，特制定本制度。 **二、适用范围** 本制度适用于所有加工设备与工具的使用人员。 **三、内容** 1．刀具 （1）生食及熟食使用的刀具应分开，避免熟食被污染。 （2）磨刀率与日常保养及其锐利程度有关系，磨刀最好每周一次，至少每个月一次。 （3）不常使用的刀较干燥，宜涂上橄榄油（或色拉油）以防锈，再用报纸或塑料纸包裹收藏。

（续表）

2．砧板

（1）木质砧板新使用前需涂上水和盐或浸于盐水中，使木质发生收缩作用，使其更坚硬牢固。

（2）使用后应用洗洁剂清洗，再用消毒液浸渍，之后再用热水烫或在阳光下曝晒，以起到杀菌作用，最好让砧板两面均能接触风面，使其自然干燥。

（3）砧板宜熟食、生食分开使用，如果砧板伤痕太多，最好刨平再用。

3．调理工具

（1）调理工具如切片机、煎炒、油炸等烹饪设备及输送带等均应使用不锈钢材料，不可以使用竹、木质等易生霉菌的材料制作。

（2）每日应拆卸清洗。

（3）生锈部分可用15%的硝酸或市面上有售的除锈剂将锈去除后水洗。

4．器具及容器

（1）洗涤后必须将洗涤剂冲洗干净，再以热水、蒸汽或是次氨酸钠消毒。

（2）若以次氨酸钠消毒，之后应以饮用水冲洗并干燥。

（3）塑料制的器皿耐热性差，最好以次氨酸盐或其他化学方法消毒。

5．食物搅拌机、切菜机

（1）食物搅拌机、切菜机等使用后应立即清洗。

（2）清洗部分包括背部、轴部、拌打轴、基座。

（3）清洗后利用空气烘干。

（4）每日清洗后，辅助力的轴部洞口应滴入5～6滴矿物油。

6．果汁机

（1）在玻璃容器内加清水或40℃左右的温水，再加少许清洁剂后，约旋转10秒钟，使容器清洗干净。

（2）拆开零件洗净。

（3）除去水分晒干、收存。

（4）刮刀不可浸水，应在水龙头下冲洗，注意不要割伤手。

（5）不可用洗剂药品（如溶剂、酒精），以免造成表面变色或涂料剥落。

（6）不可将水泼于基座上，电动机或开关泼水容易发生故障。

四、附则

（1）本制度由总经理办公室主持制定，其修改、解释权归总经理办公室所有。

（2）本制度经总经理批准后，自颁布之日起实施。

编制		审核		批准	

制度17：烹调设备和工具卫生管理制度

文件名称	烹调设备和工具卫生管理制度	编号	
		版本	A／0

一、目的

为规范各类烹调设备和工具的卫生管理，特制定本制度。

二、适用范围

本制度适用于对所有烹调设备和工具的使用人员。

三、内容

1．炉灶

（1）开始清理前，将炉灶完全冷却，遮板以热而湿的布料擦拭。

（2）去除油脂时使用热的机器清洁水溶液，冲净再拭干。

（3）表面烧焦物用金属绒制成的刷子刮除。

（4）热源采用湿布擦拭，不可浸人水中。

（5）火焰长度参差不齐时，可将炉嘴卸下，用铁刷刷除铁锈或用细钉穿通火焰孔。

2．烤箱

（1）烤箱内部应用金属球或手刮刀清洗，不可用水清理。

（2）打开烤箱门，用沾有厨房用清洁剂的泡棉或抹布去除污渍，用湿润抹布擦净，再用干抹布擦干。

（3）烤箱底部有烧焦的物质时，将烤箱加热再冷却，使坚硬物炭化，用长柄金属刮刀刮除干净。

（4）黏稠的污垢，宜用去污粉和钢刷刷除。

（5）用干抹布将烤箱内擦拭2～3分钟，应将水分完全去除，避免生锈。

3．微波炉

（1）使用完毕，应迅速用湿抹布擦拭。

（2）用泡棉洗净器皿及隔架。

（3）用软布擦拭表面机体。

（4）不可使用锐利的金属刷刷洗，也不可使用烤箱用的清洁剂、喷式玻璃清洁剂、化学抹布溶剂等擦拭，以避免机体上字体模糊，失去光泽或造成锈蚀。

4．油烟机

（1）应该有自动门栅，温度过高时，能自动切断电源及导管以防止火苗蔓延。

（续表）

（2）应定时找专人清除油烟机管上的油渍。 （3）油烟罩应每日清洗。 5．油炸锅 （1）内锅以长柄刷擦洗，并用水和半杯醋冲净。 （2）煮沸5分钟，然后再用水冲净并烘干。 （3）外部应擦拭或冲净。 6．油炸器具 （1）每日应将油吸出后彻底清洗器具，用中性清洁剂辅助清洗。 （2）油温温度计使用后也应用清洁剂洗净，用柔软干布擦干。 **四、附则** （1）本制度由总经理办公室主持制定，其修改、解释权归总经理办公室所有。 （2）本制度经总经理批准后，自颁布之日起实施。

编制		审核		批准	

制度18：餐（用）具洗涤、消毒管理制度

文件名称	餐（用）具洗涤、消毒管理制度	编号	
		版本	A／0

一、目的

为加强对餐（用）具的洗涤、消毒管理，特制定本制度。

二、适用范围

本制度适用于本餐厅所有餐（用）具的洗涤、消毒管理。

三、内容

（1）设立独立的餐饮具洗刷消毒室或专用区域，消毒间内配备洗刷、消毒、保洁设备。

（2）洗刷消毒员必须熟练掌握洗刷消毒程序和消毒方法。

①物理消毒。严格按照“除残渣→碱水洗→清水冲→热力消→保洁”的顺序操作。煮沸、蒸汽消毒保持100℃以上煮、蒸10分钟。红外线消毒一般将温度控制在120℃保持10分钟以上。洗碗机消毒一般水温控制在85℃，冲洗消毒40秒以上。

（续表）

<table>
<tr><td colspan="6">

②化学消毒。主要使用各种含氯消毒药物，使用浓度应含有效氯250mg/L（又称250ppm）以上，餐饮具全部浸泡入液体中，作用5分钟以上。化学消毒后的餐饮具应用净水冲去表面的消毒剂残留。

（3）消毒后的餐饮具要自然滤干或烘干，不应使用手巾、餐巾擦干，以避免受到再次污染。消毒后的餐饮具应及时放入餐具保洁柜内。盛放消毒餐具的保洁柜要有明显标记，要经常擦洗消毒，已消毒和未消毒的餐饮具要分开存放。

（4）每餐收回的餐饮具、用具，应立即进行清洗消毒，不隔餐隔夜。

（5）清洗餐饮具、用具用的洗涤剂、消毒剂必须符合国家有关卫生标准和要求。采购洗涤剂、消毒剂时要索取批准文件、许可证件、合格检验报告等。

（6）洗刷餐饮具应有专用水池，不得在洗餐饮具池内清洗食品原料，不得在洗餐饮具池内冲洗拖布。

（7）洗刷消毒结束，清理地面、水池卫生，及时清理泔水桶，做到地面、水池清洁卫生，无油渍残渍，泔水桶内外清洁。

（8）定期清扫室内设施、设备、地面，不留卫生死角，保持清洁。

四、附则

（1）本制度由总经理办公室主持制定，其修改、解释权归总经理办公室所有。

（2）本制度经总经理批准后，自颁布之日起实施。

</td></tr>
<tr><td>编制</td><td></td><td>审核</td><td></td><td>批准</td><td></td></tr>
</table>

第二节　卫生事务专项表格管理

餐饮店卫生管理中的各类表格主要用于记录各项工作的实施状况和结果，是保证卫生品质的客观依据。为了确保表格具有可溯性，相关人员必须正确填写表格。卫生管理常用的表格包括厨房每月安全卫生检查表、厨房卫生与安全检查表、原料加工区域卫生与安全检查表等。

表格01：厨房每月安全卫生检查表

厨房每月安全卫生检查表

项目		检查内容	检查日期（每周择一日）			
			日	日	日	日
一、个人卫生	1	从业人员仪容整洁，并穿戴整洁的工作服				
	2	从业人员手部保持清洁，无创伤脓肿				
	3	厨房无闲杂人员进入				
	4	不留长指甲、不涂指甲油、不佩戴饰物				
	5	工作中不得任意取食				
	6	洗手设备清洁，并有洗手液、擦手纸				
二、场所卫生	1	墙壁、天花板、门窗清洁				
	2	排油烟罩、炉灶清洁				
	3	排水系统良好、清洁、无积水				
	4	地面清洁、无积水				
	5	冷藏（冻）库内清洁				
	6	工作台清洁				
	7	调理器械清洁				
	8	食品原料新鲜				
	9	食品储放温度适当（冷藏7℃，冷冻-18℃）				
	10	切割生、熟食品的砧板应分开使用				
	11	生食、熟食应分开存放				
	12	食品应用容器盛装或包装后冷藏（冻）				
	13	食品、器皿不可直接置于地面				
	14	餐具、器皿洗涤方法、储存场所适当				
	15	抹布清洁消毒				
三、库房	1	库房通风且温度、湿度、照明良好				
	2	置品架物料排列整齐				
	3	不得存放非原（物）料				

（续表）

项目		检查内容	检查日期（每周择一日）			
			日	日	日	日
四、其他	1	有防止病媒（昆虫、鼠类等）侵入的设施				
	2	紧急照明、避难方向指示灯正常				
	3	消防器具、设备良好				
	4	下班前瓦斯、电源、水确定关闭				

经理：　　　　　　　　　　　　　　　　　　　　　检查人员：

说明：1．合格打✓，不合格打×。

2．每周自行检查一次。

表格02：厨房卫生与安全检查表

厨房卫生与安全检查表

序号	检查项目内容	检查人	抽查人	检查范围	责任人	如何处理
1	作业中操作台面是否干净、整洁，原料放置是否有序					
2	作业中墩、刀、抹布是否清洁卫生					
3	凉菜、粥档及厨房内门窗、墙面是否干净、无油污、水渍					
4	作业中的地面是否干净整洁、无垃圾、无杂物					
5	作业中的下脚料是否存放完好，废料是否随手放进垃圾桶					
6	菜肴出品是否有专用抹布、筷子					
7	各种盛放菜肴的器皿是否完好干净、无油渍、无水渍					
8	工作中员工如厕后是否洗手					
9	冰箱存放的原料是否合理，生熟是否分开，无腐烂变质					
10	菜肴出品是否认真检查，确保菜肴中无异物、无缺量现象					

（续表）

序号	检查项目内容	检查人	抽查人	检查范围	责任人	如何处理
11	盘饰用品是否干净卫生，摆放是否合理、有美化效果					
12	盛装菜肴的盘边是否干净卫生，无水迹、油污、手印					
13	备用餐具是否干净，无污迹、水迹、杂物					
14	收台后操作台是否干净整洁，无污迹，无杂物，工具摆放是否有序					
15	营业结束后墙面、地面是否干净，无杂物、无污迹					
16	油烟机排风罩、玻璃、冰箱、冰柜是否干净、卫生，无污迹、无油渍					
17	营业结束后的各种用具是否洗刷干净，摆放是否合理有序					

表格03：原料加工区域卫生与安全检查表

原料加工区域卫生与安全检查表

检查项目	是	否	备注
地面是否平整、光滑，有无积水			
下水道上的铁盖板是否俱全			
水池是否畅通，水龙头是否漏水或损坏			
垃圾箱是否有盖，是否每天有专人倾倒和洗刷			
工作台、货架是否摆放平稳			
砧板是否每天清洁并摆放好			
各种加工设备是否已清洁、保养			
电灯光照是否全面，亮度如何，灯的高度如何			
各种刀具是否安全存放			

表格04：烹调操作区域卫生与安全检查表

烹调操作区域卫生与安全检查表

检查项目	是	否	备注
厨房地面是否平整、清洁、干燥			
各种煤气炉灶的阀门、开关是否漏气			
电器设备是否有专用插座，电线容量是否够用			
设备是否接通地线，开关、插座有无漏电现象			
电器开关、插座是否安装在使用较方便处			
员工是否学会操作各种机械设备			
员工是否遵守安全操作程序			
员工是否按照规定的着装上班			
厨房过道上有无障碍物			
各种厨房用具是否安全摆放			
厨房内使用的清洁剂是否有专柜存放			
员工是否知晓清洁剂的使用			
烹调操作间的电灯有无安全罩，光照度够不够			
厨房门窗是否开启自如、有无松动或掉落可能			
厨房到餐厅过道门是否完好，进出是否分开走			
厨房内各种消防器材是否齐备、是否够用			
消防器材有无专人保管、是否定期进行检查			
每位员工对消防器材是否熟悉、会用			
厨房火灾报警器有无安装、是否有用			
厨房煤气阀、煤气罐附近是否有醒目防火标记			
厨房阀门、开关、插头等是否有专人负责检查			
有无医疗箱，常见刀伤、跌伤等药品是否齐备			
厨房的各种钥匙是否有专人保管			

第六章　安全事务专项管理

对餐饮店来说，安全管理至关重要。没有安全的食物、安全的就餐环境等，顾客就很难会光顾。在餐饮店的安全管理中，可以实行专项管理，以保证管理的可执行性。安全事务专项管理主要包括安全事务专项制度管理、安全事务专项表格管理。

第一节　安全事务专项制度管理

餐饮店安全管理可以通过制定各种制度来规范员工的行为，明确奖罚要求，使安全管理趋于规范化和标准化。安全管理常用的制度，主要包括员工食品安全知识培训制度、食品添加剂使用管理制度、餐饮员工健康检查制度等。

制度01：员工食品安全知识培训制度

<table>
<tr><td rowspan="2">文件名称</td><td rowspan="2">员工食品安全知识培训制度</td><td>编号</td><td></td></tr>
<tr><td>版本</td><td>A／0</td></tr>
</table>

一、目的

为加强食品安全管理，强化员工的食品安全意识，特制定本制度。

二、适用范围

适用于楼面所有员工。

三、内容

（1）员工必须在接受食品安全法律法规和食品安全知识培训并经考核合格后，方可从事餐饮服务工作。

（2）认真制订培训计划，在餐饮服务监督管理部门的指导下定期组织管理人员、餐饮员工进行食品安全知识、职业道德和法制教育的培训以及食品加工操作技能培训。

（续表）

<table>
<tr><td colspan="6">

（3）餐饮员工的培训对象包括负责人、食品安全管理人员和食品餐饮员工，前三次培训时间分别不少于20课时、50课时、15课时。

（4）新员工包括实习工，实习工必须经过培训、考试合格后方可上岗。

（5）培训方式以集中讲授与自学相结合，定期考核，不合格者离岗学习一周，待考试合格后再上岗。

（6）建立餐饮员工食品安全知识培训档案，将培训时间、培训内容、考核结果记录归档，以备查验。

四、附则

（1）本制度由人力资源部主持制定，其修改、解释权归人力资源部。

（2）本制度经总经理批准后，自颁布之日起实施。

</td></tr>
<tr><td>编制</td><td></td><td>审核</td><td></td><td>批准</td><td></td></tr>
</table>

制度02：食品添加剂使用管理制度

<table>
<tr><td rowspan="2">文件名称</td><td rowspan="2">食品添加剂使用管理制度</td><td>编号</td><td></td></tr>
<tr><td>版本</td><td>A/0</td></tr>
<tr><td colspan="4">

一、目的

为加强对食品添加剂的管理工作，确保安全使用食品添加剂，特制定本制度。

二、适用范围

适用于餐饮店所有食品添加剂的使用管理。

三、内容

（1）使用的食品添加剂必须符合《食品添加剂使用卫生标准》（GB2760-2011）和卫生管理办法的规定，不符合卫生标准和卫生管理办法要求的食品添加剂不得使用。

（2）购买食品添加剂必须索取许可证复印件和产品检验合格证明，进口食品添加剂应索取口岸食品卫生监督机构出具的卫生证明。

（3）食品添加剂使用必须符合《食品添加剂使用卫生标准》（GB2760-2011）或卫生部公告名单规定的品种及其使用范围、使用量，不得随意扩大使用范围和使用量。

（4）不得使用未经批准、受污染或变质以及超过保质期限的食品添加剂。

</td></tr>
</table>

（续表）

（5）不得以掩盖仪器腐败变质或以掺杂、掺假、伪造为目的使用食品添加剂。 （6）食品添加剂实行专人保管，专柜存放（要有标识），食品添加剂的领取、使用情况要有记录。 四、附则 （1）本制度由总经理办公室主持制定，其修改、解释权归总经理办公室。 （2）本制度经总经理批准后，自颁布之日起实施。

编制		审核		批准	

制度03：餐饮员工健康检查制度

文件名称	餐饮员工健康检查制度	编号	
		版本	A／0
一、目的 员工的个人健康事关餐饮店的食品安全。为加强对员工的健康检查，特制定本制度。 二、适用范围 适用于餐饮店所有员工。 三、内容 （1）餐饮员工必须每年进行健康检查。新参加工作和临时参加工作的餐饮员工必须进行健康检查，取得健康证明后方可参加工作。 （2）餐饮员工必须持有效健康合格证明从事餐饮服务活动。 （3）餐饮服务经营者应当建立并执行工作人员健康管理制度。从事接触直接入口食品工作的人员患有痢疾、伤寒、甲型病毒性肝炎、戊型病毒性肝炎等消化道传染病，以及患有活动性肺结核、化脓性或者渗出性皮肤病等有碍食品安全的疾病的，食品生产经营者应当将其调整到其他不影响食品安全的工作岗位。 （4）凡餐饮员工手部有开放性、感染性伤口，必须调离工作岗位。 四、附则 （1）本制度由人力资源部主持制定，其修改、解释权归人力资源部。 （2）本制度经总经理批准后，自颁布之日起实施。			

编制		审核		批准	

制度04：预防食物中毒制度

文件名称	预防食物中毒制度	编号	
		版本	A／0

一、目的

食物中毒会对顾客的身体造成严重危害。为加强对食物中毒的预防工作，特制定本制度。

二、适用范围

适用于餐饮店所有易引起食物中毒的食物。

三、内容

（1）豆浆、四季豆等含有天然有毒物质的食物，必须煮熟、煮透方能食用。

（2）马铃薯（土豆）发芽时，因芽内含有龙葵素，必须将芽彻底挖掉，才可进行烹调食用。

（3）未烧熟煮透的海产品不得食用，熟透的海虾、海蟹应一次或当天食用，如有剩余，放凉后立即妥善冷藏，再次食用前要加热煮透。

（4）夏、秋季多发细菌性食物中毒，要注意食物加工消毒及炊具、餐具消毒。

（5）严防发生投毒事件。外部人员不得随意进入食品加工经营场所，并注意加强餐饮服务人员的思想建设，及时化解矛盾，以免发生过激行为。

（6）食品仓库、加工间不得存放任何有毒、有害物质。

（7）餐饮店内不得有员工住宿、午休房间。

（8）如怀疑有食物中毒发生时，应迅速上报卫生行政部门和主管部门，采取及时有效的措施进行救治。

四、附则

（1）本制度由总经理办公室主持制定，其修改、解释权归总经理办公室。

（2）本制度经总经理批准后，自颁布之日起实施。

编制		审核		批准	

制度05：食物过敏原管理规定

文件名称	食物过敏原管理规定	编号	
		版本	A / 0

一、目的

食物过敏会影响顾客的身体健康。为加强对食物过敏的预防工作，特制定本规定。

二、适用范围

适用于餐饮店所有食物过敏原的管理。

三、内容

1．采购控制

（1）确认原材料中是否含有已知的过敏原成分，同时，包装材料也应视为原材料来检查和核对其是否含有过敏原成分。应采购满足规格的原料。

（2）运输工具也必须特别注意，因为在运送不同物品时也可能导致交叉污染。

2．储存加工

（1）对含有过敏原成分的原材料的隔离储存，应做好相应标示。严禁叠放在其他原料上，以防止跌落或飘洒引起的其他原料污染。

（2）储罐中发现有过敏原成分，如果不能专用，则需要进行严格的清洗工作防止过敏原成分对其他成分的污染。

（3）避免来自其他生产区域或外部的交叉感染。

3．品质检验

（1）对采购原辅材料、包装材料进行进一步识别确认。

（2）做好生产加工环节的日常监管工作，确保没有交叉污染。

（3）收集过敏原相关信息，增加识别潜在的食品安全问题的能力，协助各部门不断改进食物过敏原的控制措施。

4．过敏原标示、标注

对于过敏原，餐饮经理要做好各种标示、标注，提醒客人注意。

（1）过敏原标示、标注应准确、清晰、醒目、持久。

（2）过敏原标示、标注应与餐饮食品摆放在同一视野内，易于就餐人员辨认和识读。

（3）配料应在过敏原标示、标注中加以提示。如含有小麦、牛奶和蛋类。

（4）餐饮食品过敏原标示标注的字符高度不得小于5毫米。

（续表）

四、附则 （1）本规定由总经理室主持制定，其修改、解释权归总经理室。 （2）本规定经总经理批准后，自颁布之日起实施。					
编制		审核		批准	

制度06：烧烤制作安全管理制度

文件名称	烧烤制作安全管理制度	编号	
		版本	A／0
一、目的 为加强对烧烤制作的安全管理，特制定本制度。 二、适用范围 适用于烧烤制作的安全管理。 三、内容 （1）烧烤制作必须按宰杀→粗加工→腌制→烧烤、卤肉间→晾凉分设场所（间）的程序进行。 （2）所用畜禽肉类必须经过兽医检疫合格方可使用。 （3）所用食品添加剂必须是允许使用的品种，并在允许使用量范围内使用，不能乱加，严禁使用亚硝酸盐。 （4）制作间必须设洗手消毒水池及设施。 （5）切配烧烤卤制熟食品间要设紫外线消毒灯，定时对案板及空间进行消毒处理。 （6）切配烧烤卤制熟食品要专人负责，用专用工具，防止生熟交叉污染。 （7）防蝇、防尘、防鼠、防腐卫生设施要完备。 （8）作业人员必须穿戴整洁卫生的衣帽、口罩，保持个人卫生。 四、附则 （1）本制度由总经理办公室主持制定，其修改、解释权归总经理办公室。 （2）本制度经总经理批准后，自颁布之日起实施。			

编制		审核		批准	

制度07：保安部工作准则

<table>
<tr><td rowspan="2">文件名称</td><td rowspan="2">保安部工作准则</td><td>编号</td><td></td></tr>
<tr><td>版本</td><td>A / 0</td></tr>
</table>

一、目的

为规范保安人员的行为，加强对保安工作的管理，特制定本准则。

二、适用范围

适用于本店所有保安人员。

三、内容

（1）当值期间必须着装整齐、仪表大方，站姿、坐姿符合要求，不许抱胸插手。

（2）严格遵守上下班时间，佩戴工牌，经员工通道出入，同时打卡备案。

（3）做到无条件服从上级分配，听从上级管理。

（4）严格遵守交接班制度（下一班未接班时，当值不准离岗）。

（5）熟练掌握保安部岗位工作特点、职责与要求。

（6）对客人有礼貌，并注意语气态度。

（7）处理问题时，力求做到客观公正，以理服人。

（8）当值时不得聊天、看书报、玩手机、听音乐、吸烟、吃零食、打私人电话，并谢绝来访，如属要事，要保安部当值负责人批准方可。

（9）当值时只能与客人保持工作上的关系，不得在岗上与客人拉扯、闲聊。

（10）当值时不得利用个人职权与客人进行任何私人交易。

（11）当值时不得以任何理由、方式向客人索要小费或礼物。

（12）当值时不准睡觉、不得喝酒和酒后上岗。

（13）严禁当值时随意离岗，如需吃饭、喝水、去卫生间，需领班批准并派他人替岗后，方可进行。

（14）非特殊情况，严禁使用本店客用设施。

（15）熟悉本酒楼各种报警装置及消防器材的位置，并熟练掌握其使用方法。

（16）一旦发现火警，无论火情大小，都必须按规定的程序上报，并立即采用有效措施。

（17）熟悉酒楼各部门出口通道，包括员工通道、客用通道、消防通道等。

（18）无特殊情况，不得私入客房、仓库、办公室、厨房、服务员工作间等。

（19）不得以权谋私或者做任何有损酒店名誉的事情。

（续表）

（20）当值期间不得采用任何手段包庇、掩护违法犯罪分子。 **四、附则** （1）本制度由保安部主持制定，其修改、解释权归保安部。 （2）本制度经总经理批准后，自颁布之日起实施。

编制		审核		批准	

制度08：保安部奖惩制度

文件名称	保安部奖惩制度	编号	
		版本	A／0

一、目的

为规范保安部的日常工作，明确奖惩要求，特制定本制度。

二、适用范围

适用于本店所有保安人员。

三、内容

1．奖励

有下列表现之一者本部将给予奖励或作为晋升参考：

（1）对酒楼的安全管理有较大贡献者。

（2）拾到客人钱财缴公者。

（3）举报本部员工违章乱纪者。

（4）向本部提出良好建议，该建议被采纳者。

（5）对工作尽职尽责，受客人或外部门来函表扬者。

（6）为本店声誉和财产，勇于同违法犯罪行为作斗争者。

2．处分

有下列表现之一者如累计三次以上予以辞退：

（1）当值时不注意仪表、不佩戴工牌，经多次指出而无明显改观者。

（2）不服从工作分配、不服从上级指挥者。

（3）经常迟到、早退又不打卡备案者。

（4）无特殊情况（公务需要），擅自离开工作岗位者。

（续表）

<table>
<tr><td colspan="6">

（5）当值时睡觉者。

（6）当值时滥用权力，以权谋私者。

（7）当值时抽烟、吃零食、聊天、玩手机、听音乐、不听从劝告者。

（8）无特殊情况（公务需要）私入仓库、服务员工作间、办公室、厨房者。

（9）不遵守宿舍管理制度者。

3．辞退

有下列表现之一者，立即辞退：

（1）不请假，旷工两天以上者。

（2）无论何种原因与客人、酒店员工打架者。

（3）索取、私藏小费者。

（4）利用职权与客人进行非法交易者。

（5）盗窃酒楼物品、客人钱财，以及主使或参加酒楼员工盗窃酒楼、员工财物者。

（6）不服从上级管理，出于私利谩骂上级者。

（7）严重工作失误，造成酒楼损失者。

（8）不爱护保安装备、消防设施、办公室设施，造成严重损失者，除照价赔偿外，立即辞退。

四、附则

（1）本制度由保安部主持制定，其修改、解释权归保安部。

（2）本制度经总经理批准后，自颁布之日起实施。

</td></tr>
<tr><td>编制</td><td></td><td>审核</td><td></td><td>批准</td><td></td></tr>
</table>

制度09：停车场安全管理程序

<table>
<tr><td rowspan="2">文件名称</td><td rowspan="2">停车场安全管理程序</td><td>编号</td><td></td></tr>
<tr><td>版本</td><td>A／0</td></tr>
<tr><td colspan="4">

一、目的

为规范停车场管理人员的行为，加强对停车场的管理，特制定本制度。

二、适用范围

适用于本店所有停车场管理人员。

</td></tr>
</table>

（续表）

三、内容 （1）当值时对车辆安全进行仔细检查，发现问题，及时上报。来车时要将车辆指挥到位，要检查车辆有无损坏，车门有无上锁，车辆排列整齐。 （2）与客人沟通时要注意礼节、礼貌及使用文明用语，要做到举止大方，不亢不卑，避免与客人发生争执或冲突，不准向客人索取小费。 （3）当值时要站到车场较明显的位置，指挥车辆时动作手势要标准、正确。 （4）当值时不得群集闲聊；不得随意离岗、串岗；有事不要大声叫喊；使用对讲机时注意用语，不讲与工作无关的问题。 （5）当值时不得睡觉、看报，不得吸烟、吃零食。 （6）指挥车辆泊位时要注意自身安全，尤其是有醉态的司机，防止撞伤、碰伤、擦伤等。 四、附则 （1）本程序由保安部主持制定，其修改、解释权归保安部。 （2）本程序经总经理批准后，自颁布之日起实施。					
编制		审核		批准	

制度10：办公室安全管理制度

文件名称	办公室安全管理制度	编号	
		版本	A／0
一、目的 为加强办公室的安全管理，使之安全运转，特制定本制度。 二、适用范围 适用于办公室的安全管理。 三、内容 （1）本规定所指的办公室是指公司领导以及各餐厅（部门）负责人所使用的办公室。 （2）办公室的门窗必须完好。若有破损应立即通知有关部门前来维修配换，以防被盗或雨淋等不安全情况发生。 （3）办公室应通风、照明良好，地面应平整，地砖有翘起或破损要及时修补。			

（续表）

（4）办公室电脑、电气设备等，未经培训或未经本部门负责人批准不得使用，以免损坏或触电。 （5）办公室所有电气设备的维修或更换，必须由持证电工担任，其他人员不得随意修理或更换。 （6）办公室所有的电气设备必须注意避免超负荷使用，以免引起火灾。 （7）重要的文件、资料、档案等不得堆放在办公桌上，使用完毕后，立即放回档案柜，不得置留在桌面上；工作人员离开办公室时，应将桌面上使用的文件、资料、档案等收齐放回档案柜中，锁好。 （8）下班后，必须将所有的电源切断，关好门窗；档案柜应锁好。 **四、附则** （1）本制度由总经理办公室主持制定，其修改、解释权归总经理办公室。 （2）本制度经总经理批准后，自颁布之日起实施。

编制		审核		批准	

制度11：防火检查制度

文件名称	防火检查制度	编号	
		版本	A／0

一、目的

为加强防火检查工作，有效预防消防隐患，特制定本制度。

二、适用范围

适用于防火检查的管理。

三、内容

防火检查人员由各部门消防安全管理人员和单位保安人员担任。各部门防火检查应每天进行一次，单位防火检查应每周进行一次。防火检查内容应当包括：

（1）消防车通道、消防水源情况。

（2）安全疏散通道、楼梯，安全出口及其疏散指示标志、应急照明情况。

（3）消防安全标志的设置情况。

（4）灭火器材配置及其完好情况。

（续表）

（5）建筑消防设施运行情况。

（6）消防控制室值班情况、消防控制设备运行情况及相关记录。

（7）用火、用电有无违章情况。

（8）消防安全重点部位的管理情况。

（9）防火巡查落实情况及其记录。

（10）火灾隐患的整改以及防范措施的落实情况。

（11）易燃易爆危险品场所防火、防爆和防雷措施的落实情况。

（12）楼板、防火墙和竖井孔洞等重点防火分隔部位的封堵情况。

（13）消防安全重点部位人员及其他员工消防知识的掌握情况。

四、附则

（1）本制度由保安部主持制定，其修改、解释权归保安部。

（2）本制度经总经理批准后，自颁布之日起实施。

编制		审核		批准	

制度12：楼面防火安全管理制度

文件名称	楼面防火安全管理制度	编号	
		版本	A／0

一、目的

为保障餐厅安全营运，避免火灾等一系列的安全事故发生，特制定本规范。

二、适用范围

适用于本店楼面全体服务人员。

三、内容

（1）餐厅不得乱拉临时电线，如临时增加电炉制作食品时，要请工程部协助装接电源，其他人员不得随意乱拉电线。

（2）使用火锅和酒精炉时，不要将火种弄到桌布或地毯上，以免引起火灾。

（3）餐厅的各种电器设备要经常检查，发现短路、打火、过热等现象，要及时填与“设备维修单”，通知工程部维修。

（续表）

（4）收台布时，要认真检查有无未熄灭的烟头，防止未熄灭的烟头卷入台布内；清洁时，要将烟灰缸抽屉内的烟灰用水弄湿后，倒入垃圾箱内。 （5）餐厅内要有足够的烟灰缸，以便客人使用；在工作中随时注意客人是否将划着的火柴及未熄灭的烟头弹到烟灰缸外。 （6）餐厅工作人员要熟悉餐厅周围消防设施和消防器材的所处位置和使用方法，保持器材的清洁完好。一旦发生火警及时报警、及时扑救，并引导客人疏散。 （7）餐厅内严禁客人带入易燃易爆物品，如发现应立即报告保安。 （8）使用电烤箱、酒精炉时，要有专人看管，不得离人，不得靠近可燃物（安全距离保持在50厘米以上）。用完后，断气断火，不留火种隐患。 **四、附则** （1）本制度由总经理办公室主持制定，其修改、解释权归总经理办公室。 （2）本制度经总经理批准后，自颁布之日起实施。

编制		审核		批准	

制度13：厨房防火安全管理制度

文件名称	厨房防火安全管理制度	编号	
		版本	A／0

一、目的 为了保障厨房安全营运，避免火灾等一系列的安全事故发生，特制定本规范。 **二、适用范围** 适用于本餐饮店厨房全体工作人员。 **三、内容** （1）厨房必须制定安全操作规程，每个人都必须遵守操作规程。 （2）各种炉、灶点火时，应严格按照规程，不得违章操作。 （3）各种煤气灶点火时，要使用点火棒，不得使用火柴或纸张直接点火。 （4）在炼油或者油炸食品时，必须有专人看管，锅内的油不要放得过满，不得超过容量2/3，油温不能过高，防止因油温过高或溢出而引起的火灾。

（续表）

（5）使用煤气时，随时检查煤气阀门或管道有无漏气，发现问题及时通知工程部维修。 （6）经常检查各种电器、电源开关，厨房用水较多，水容易进入电器设备出现漏电，若发现打火等现象应立即报工程部和保安部。 （7）要定期清理烟罩和烟道，避免因积油过多而引起火灾。 （8）要经常清理灶面、灶具托和烤炉等，以免积聚过多油或杂物引起火灾。 （9）厨房内的各种来火设施和器材，要安全保管好，不得挪作他用。如发现丢失、损坏，立即报保安部。 （10）如发现火情，立即给保安部消防中心打电话并组织抢救。 （11）严格注意易燃易爆物品的存放与储存，杜绝隐患问题。油、煤等物品分离存放。 **四、附则** （1）本制度由总经理办公室主持制定，其修改、解释权归总经理办公室。 （2）本制度经总经理批准后，自颁布之日起实施。

编制		审核		批准	

制度14：停车场防火安全管理制度

文件名称	停车场防火安全管理制度	编号	
		版本	A／0

一、目的 为了保障停车场安全营运，避免火灾等一系列的安全事故发生，特制定本制度。 **二、适用范围** 适用于本餐饮店停车场管理。 **三、内容** （1）停车场内严禁吸烟，特别要禁止在驾驶室或车厢内吸烟，以防留下火种引起火灾。 （2）汽车停车要头朝外，关闭车门，切断电源，汽车上带有汽油、柴油或者是汽车油箱漏油时，不得允许车辆进入停车场停放。

（续表）

（3）停车场内不准存放散装的汽油或柴油，油纱头应集中放在加盖的金属柜内，以防自燃。 （4）不准用汽油擦拭车辆，清洗零件。 （5）保管好车上配置的灭火器材，掌握使用方法。 **四、附则** （1）本制度由保安部主持制定，其修改、解释权归保安部。 （2）本制度经总经理批准后，自颁布之日起实施。

编制		审核		批准	

制度15：火灾发生处理规程

文件名称	火灾发生处理规程	编号	
		版本	A / 0

一、目的 为应对突发性火灾，保障餐饮店顾客、员工的人身安全以及财产安全，特制定本规程。 **二、适用范围** 适用于本店所有员工。 **三、内容** （1）一旦起火，不要惊慌失措。如火势不大，应迅速利用备有的简易灭火器材，采取有效措施控制和扑灭火灾。 （2）油锅着火，不能泼水灭火，应关闭炉灶燃气阀门，鼓风机继续送风，使炉膛温度降低，直接盖上锅盖或湿的棉被直至熄灭。 （3）燃气罐着火，要用灭火器灭火，迅速关闭阀门。 （4）电线或电器着火，要先切断电源，再用干粉或气体灭火器灭火，不可直接用水灭火，以防触电或电器爆炸伤人。 （5）若火势较大，无法扑灭时，应迅速拨打火警电话“119”。报警时要讲清详细地址、起火部位、着火物资、火势大小，报警人姓名及电话号码，并派人到路口等候消

（续表）

防车。 （6）救火时不要贸然打开门窗，以免空气对流加大火势蔓延。 （7）厨房及餐厅应配备一定数量的消防器材，每个员工都要掌握使用方法。 （8）对灭火器要定期进行检查（干粉灭火器的指针在黄色或绿色区域为正常），以保证在应急时能正常使用。 **四、附则** （1）本规程由总经理办公室主持制定，其修改、解释权归总经理办公室。 （2）本规程经总经理批准后，自颁布之日起实施。					
编制		审核		批准	

第二节　安全事务专项表格管理

餐饮店安全管理中的各类表格主要用于记录各项工作的实施状况和结果。为了确保表格具有可溯性，相关人员必须正确填写表格。安全管理常用的表格包括保安交接记录表、安全隐患记录表、客人遗留物品登记单、物品处理登记表等。

表格01：安保当值安排表

安保当值安排表

日期：　　年　月　日

岗位	A：姓名 （8：00～16：00）	B：姓名 （16：00～24：00）	C：姓名 （24：00～8：00）
休息人员			
备 注		主管姓名	

表格02：保安交接记录表

保安交接记录表

班次		时间		人数	
工作情况					
器械情况					
交班人		接班人			
备 注					

表格03：安全隐患记录表

安全隐患记录表

<table>
<tr><td>受检查部门</td><td colspan="3"></td></tr>
<tr><td rowspan="2">检查人员</td><td rowspan="2"></td><td>日期</td><td></td></tr>
<tr><td>时间</td><td></td></tr>
<tr><td colspan="4">经检查，上述部门存在下列问题：</td></tr>
<tr><td colspan="4">部门领导批示：
签字：
年 月 日</td></tr>
<tr><td colspan="4">处理结果：
签字：
年 月 日</td></tr>
</table>

表格04：顾客财物被窃情况表

顾客财物被窃情况表

姓名		房号		报案时间	
发现财物被窃时间		最后一次见到财物的时间			
被窃财物描述：					
认为可能的情况：					
客人签字：			安全部经手人签字：		

表格05：客人遗留物品登记单

客人遗留物品登记单

上交部门		拾遗人		拾遗地点、时间	
客人身份资料					
物品登记	品名				
	品牌				
	规格				
	数量				
	颜色				
	其他				
安全部签收人			安全部签收时间		

上交人：　　　　　　　　　　制表人：

表格06：物品处理登记表

物品处理登记表

日期		送交物品部门		物品名称	
数量		特征		性质	
送交人姓名			接收人姓名		
领导意见					
处理结果					

表格07：紧急联系电话一览表

紧急联系电话一览表

部门：

序号	部　门	电话号码	主要负责人	备　注

审核：　　　　日期：　　　　拟制：　　　　日期：

表格08：重点安全防火位置登记表

重点安全防火位置登记表

部门：

序号	安全防火位置	所属单位	单位负责人联系电话	重点防火原因	备注
说明	本表根据部门实际情况，及时调整物业的重点防火位置。				

审核：　　　　日期：　　　　拟制：　　　　日期：

第七章　工程事务专项管理

餐饮店的正常运转离不开良好的工程管理，这需要工程部人员齐心协力做好相关工作，确保餐饮店正常运转。在餐饮店的工程管理中，可以实行专项管理，以保证管理的可执行性。工程事务专项管理主要包括工程事务专项制度管理、工程事务专项表格管理。

第一节　工程事务专项制度管理

餐饮店工程管理可以通过制定各种制度来规范员工的行为，明确奖罚要求，使工程管理趋于规范化和标准化。工程管理常用的制度，主要包括日常安全运行管理制度、工程部资料管理制度、工程部报告制度等。

制度01：日常安全运行管理制度

文件名称	日常安全运行管理制度	编号	
		版本	A/0

一、目的

为保证餐饮店日常安全运行，特制定本制度。

二、适用范围

适用于工程部所有工程人员。

三、内容

（1）根据劳动部门有关规定，组织对电工等特殊工种人员进行技术培训并考核，逐步做到持有操作证的人员才能上岗。

（2）制定各种维修操作规程和安全检查制度。

（3）加强安全教育，在进行有危险的作业时值班负责人应亲自到场。

（4）对变配电、锅炉、空调机组、电梯必须进行年度检查。

（续表）

（5）对中央空调、配电柜、锅炉的压力表、保险阀等必须定期报送有关单位进行校验。 （6）重要场所如配电房、空调机房、电梯机房应设警戒牌，严禁非工作人员入内。 （7）水箱、机房、配电柜均应上锁，钥匙由专人保管。 （8）木工作业场地禁止吸烟，并要求每天清除木屑。 （9）应对员工进行急救和消防知识的教育和考核。 （10）对外协施工人员，必须进行安全教育，签订安全协议书，并在施工中进行检查监督，避免事故发生。 **四、附则** （1）本制度由工程部主持制定，其修改、解释权归工程部所有。 （2）本制度经总经理批准后，自颁布之日起实施。

编制		审核		批准	

制度02：工程部报告制度

文件名称	工程部报告制度	编号	
		版本	A/0

一、目的 为了避免不必要的疏漏，保证工作顺利进行，强化对各类工程事务的报告管理，特制定本制度。 **二、适用范围** 适用于工程部所有员工。 **三、内容** 1．下列情况须报告当班领班： （1）主要设备非正常操作的开停。 （2）主要设备除了正常操作外的调整。 （3）设备发生故障，停机检修。 （4）零部件改造、更换或加工。 （5）运行人员、上岗人员短时间离开岗位。 （6）维修人员工作去向。

（续表）

（7）对外班组联系内容。

2．下列情况须报告主管：

（1）重点设备除正常操作外的调整。

（2）采用新的运行状态。

（3）主要设备发生故障或停机检修。

（4）系统故障及检修。

（5）重要零配件改造、更换或加工修理。

（6）领用材料、备件、工具。

（7）员工加班、换班、补班及休病假、年假情况。

（8）对外部的协作联系。

3．下列情况必须报告经理：

（1）重点设备发生故障或停机检修。

（2）影响营业的设备故障或检修。

（3）系统运行方式发生较大的改变。

（4）重要设备主要零、部件的更换。

（5）系统及设备的外协加工。

（6）主管、领班以下的人员调整及班组重大组织机构调整。

（7）主管、领班及员工的请假批示。

4．报告程序

（1）一般情况逐级上报。

（2）紧急情况下，可根据制度规定直接报告，但同时仍要逐级报告，并说明已经报告、处理的情况。

四、附则

（1）本制度由工程部主持制定，其修改、解释权归工程部所有。

（2）本制度经总经理批准后，自颁布之日起实施。

编制		审核		批准	

制度03：工具管理制度

文件名称	工具管理制度	编号	
		版本	A／0

一、目的

为了加强对各类工具的管理，特制定本制度。

二、适用范围

适用于工程部所有员工。

三、内容

1．工具管理规定

工程部购进的电工仪表、电动工具按产品说明检验后登记入账，工程部对工具实行二级管理。

（1）工具价格较贵且容易损坏的，应由专人保管。

（2）经常使用的工具和维修人员必备的工具记入班组工具单，建卡并由个人负责保管，班组内公用工具由领班负责保管。

2．工具报废制度

需要报废的工具要经相关主管检验，确认符合报废规定后统一处理，并在组内相关登记单注销。

3．工具赔偿规定

工具丢失或因违反操作规程而损坏的，要追究当事人的责任，根据工具的新旧程度或损害程度按工具原价的40%～100%酌情赔偿。

四、附则

（1）本制度由工程部主持制定，其修改、解释权归工程部所有。

（2）本制度经总经理批准后，自颁布之日起实施。

编制		审核		批准	

制度04：工程部值班制度

<table>
<tr><td rowspan="2">文件名称</td><td rowspan="2">工程部值班制度</td><td>编号</td><td></td></tr>
<tr><td>版本</td><td>A／0</td></tr>
<tr><td colspan="4">

一、目的

为搞好工程部的维修与管理工作，保证营业的正常进行，特制定本制度。

二、适用范围

适用于工程部所有员工。

三、内容

（1）负责处理各部门对设备故障的投诉电话并安排工程部的相关班组及时排除。

（2）须做好工程部正常维修工作的调度，切实解决好设备的维修，及时调派临时人员抢修，将投诉降到最低点。

（3）值班人员在经理不当班时对工程部所属的问题全面负责，重大问题须直接向部门经理汇报、请示。

（4）夜班时须及时、有效地完成公司领导交给的工作，主动配合营业部门搞好工作，完成情况须有记录。

（5）对影响营业的设备故障，须及时通知有关班组尽快排除，使设备正常运行。

（6）值班领班检查工作时须携带对讲机，检查班组的正常保养情况须记录，有问题须及时上报。

（7）值夜班时，须向各班组人员了解设备状况及使用状况。

（8）注意本店的电、水、气运行及使用情况，如有问题须记录，重大问题须及时上报。

（9）须全面向工程部经理汇报设备运行状况及班组工作情况。

（10）发现设备运行问题，须及时提出合理化改进建议，并直接向工程部经理汇报。

（11）如遇特殊情况（雷雨、地震、漏气、火灾），须迅速调动有关人员参加抢险并到现场指挥，且及时向单位领导报告处理情况。

（12）巡视公共设施、设备的运行情况和损坏程度，及时安排有关人员修复。

（13）发生特大设备事故时，值班人员须及时调集人员进行抢修，防止事故扩大，同时查清原因，并采取措施避免事故再次发生。

（14）及时了解各班组工作情况，解决工作中的困难。

</td></tr>
</table>

（续表）

（15）夜间值班，检查班组工作须记录时间及签名。 （16）值班领班须参与各班组的绩效考评工作。 四、附则 （1）本制度由工程部主持制定，其修改、解释权归工程部所有。 （2）本制度经总经理批准后，自颁布之日起实施。

编制		审核		批准	

制度05：工程部物料、备件管理制度

文件名称	工程部物料、备件管理制度	编号	
		版本	A／0

一、目的 为了加强对工程部物料、备件的管理工作，特制定本制度。 二、适用范围 适用于工程部所有员工。 三、内容 （1）直拨给班组的材料，须由班组建立材料明细。 （2）存库材料须按规定存放。 （3）备件须严格执行验货制度，对材料定购单和发票的名称、规格、数量、单价进行核定，对材料须开包检验质量的，若不符合要求须当日向供应部门提出，严禁入库。 （4）维修后用户和维修工须在维修单上签字，严格执行易损材料出库登记制度。 四、附则 （1）本制度由工程部主持制定，其修改、解释权归工程部所有。 （2）本制度经总经理批准后，自颁布之日起实施。

编制		审核		批准	

制度06：工程部交接班制度

文件名称	工程部交接班制度	编号	
		版本	A/0

一、目的

为了强化对工程部的交接班管理，维持工程部的正常运转，特制定本制度。

二、适用范围

适用于工程部所有参与交接班的员工。

三、内容

1．交接班前接班人员须做的工作

（1）接班人员须提前15分钟到达岗位，做好接班准备工作。

（2）查看交接班记录，听取上班的运行介绍。

（3）检查仪表、工具，并在交接班记录本上签名。

（4）检查设备运行情况。

2．下列情况不准交班

（1）上班情况未交代清楚。

（2）当班负责人未到或未经管理员同意指定合适的负责人。

（3）交接班人数未达到需要人数的最低限度。

（4）设备故障影响运行或影响营业。

（5）交接班人员有醉酒现象或神志不清而未找到替班人。

3．出现不能交接班情况时的处理办法

遇有不能交班情况，应逐级上报，寻求解决办法。管理人员应在职权范围内给予指示，帮助解决问题。

四、附则

（1）本制度由工程部主持制定，其修改、解释权归工程部所有。

（2）本制度经总经理批准后，自颁布之日起实施。

编制		审核		批准	

制度07：设备管理制度

<table>
<tr><td rowspan="2">文件名称</td><td rowspan="2">设备管理制度</td><td>编号</td><td></td></tr>
<tr><td>版本</td><td>A/0</td></tr>
</table>

一、目的

为了加强设备管理，建立健全设备管理条例，保证餐饮店的正常营业，根据设备运行规律，特制定本制度。

二、适用范围

适用于工程部所有设备的管理。

三、内容

（1）购进的设备须有说明和产品合格证，且由主管检验。

（2）设备须有报废、停用、维修保养的规定。

（3）设备应长期使用，已满使用年限，损坏严重又不能修复的，可以申请报废。设备报废须经管理员鉴定，由工程部和财务部办理报废手续。

（4）设备停用前须采取清洗、封闭等防护措施。不准任意拆卸或挪用，须建账建卡，妥善保管。

（5）由于事故造成的设备报废，须在调查、分析事故发生原因后，按设备报废手续处理。

（6）新设备正式运转前，首先要进行验收，新设备须符合质量标准，试运行合格后，方可运转；同时将设备设计图纸，以及设备技术说明、检修、安装、实验、鉴定、验收记录、随机附件、专用工具等交资料员管理。

（7）设备使用，须坚持维护与检修并重，以维护为主，严格执行岗位责任制，严格执行设备维护、保养规程及设备检修规程，确保在用设备完好。

（8）须建立健全设备档案，设备档案包括以下一些内容。

①建立设备卡片。设备卡片内容包括物品功能、主要使用规范、安装地点、使用日期，附属设备的名称与操作规范、操作条件及设备更新记录。

②设计数据或技术说明。

③设备结构及易损配件图纸和测绘备件图纸。

④历年设备缺陷及事故情况记录。

四、附则

（1）本制度由工程部主持制定，其修改、解释权归工程部所有。

（2）本制度经总经理批准后，自颁布之日起实施。

编制		审核		批准	

制度08：高空作业安全操作制度

文件名称	高空作业安全操作制度	编号	
		版本	A／0

一、目的

为了加强对工程人员高空作业的管理，特制定本制度。

二、适用范围

适用于工程部所有高空作业人员的管理。

三、内容

（1）凡在坠落高度基准面2米以上、有可能坠落的高处进行作业，均为高空作业。

（2）经体检合格的人员方可进行高空作业，凡患有心脏病、严重近视、高血压等不适合高空作业病症人员，严禁登高作业。

（3）高空作业人员须使用合格的脚手架、支架、跳板、安全带等进行工作。

（4）高空作业如无安全可靠的设施，须使用安全带，严禁使用绳子代替安全带。

（5）严禁坐在栏杆上、墙头上或踏在未安装牢固的跳板、设备、管道及物件上作业。

（6）高空作业地点如有冰块、霜雪须打扫干净，并采取防滑措施，遇有六级以上大风，以及暴雨、雷电、大雾等天气，须停止露天高空作业。

（7）楼板上的孔、洞须设置坚固的覆盖板和围栏，夜间登高作业须保证有足够的亮度。

（8）高空作业所用的工具，须放在工具袋内；暂时不用的工具须放置稳妥，严禁上下扔掷，须用绳索吊运等安全方式运送。

（9）尽量避免上下双层垂直作业，必要时，上下层的中间须设置隔离设施，下面工作人员戴安全帽，无隔离设施严禁在下方操作与逗留。

（10）靠近输电线路作业时，须注意空中的导线，间隔距离低压导线1.5米以上，距离高压导线2.5米以上，并须防止运送物件时触碰导线。

（11）进行高处焊接、气割作业时，须事先清楚火星飞溅范围内的易燃、易爆物品。

（12）杆、栓等物体端部，严禁做安全带的生根点，以免滑脱。

（13）在楼房顶上或在高大塔器上施工时，须有专人监护，并采取安全可靠的防范措施。

（续表）

四、附则 （1）本制度由工程部主持制定，其修改、解释权归工程部所有。 （2）本制度经总经理批准后，自颁布之日起实施。					
编制		审核		批准	

制度09：事故停电处理规程

文件名称	事故停电处理规程	编号	
		版本	A／0

一、目的

为了加强对事故停电的处理，特制定本规程。

二、适用范围

适用于工程部所有员工。

三、内容

（1）事故停电是指外供电线路发生事故造成停电，这种停电分大面积停电无法恢复和瞬间闪断两种。

（2）事故停电由于属于突发事件，所以一般情况下都非常紧急，需要各部门协调工作。

（3）配电值班人员发现停电后要第一时间询问供电部门停电原因，及时通知值班经理、部门经理及各相关值班岗位。

（4）查明原因后要立刻采取措施确定处理方案。

①严重事故停电无法立刻恢复要立刻按计划停电预案处理，进行备用线路转换投送。

②送电完毕要电话查询闪断故障原因，了解详细后在工作日志进行登记交接。

③如连续闪断超过两次要停止送电，进行备用线路转换，待供电部门查明原因处理完毕后，根据酒店经营情况进行专用线路恢复。

（5）当内部电气系统出现故障，造成内部照明系统及动力系统停电时，电梯被迫停梯，这时，维修人员应第一时间赶到现场采取措施，并与监控室联系，查清所有电梯位置及有无被困人员情况。

（续表）

四、附则 （1）本规程由工程部主持制定，其修改、解释权归工程部所有。 （2）本规程经总经理批准后，自颁布之日起实施。					
编制		审核		批准	

制度10：突然停电应急处理规程

文件名称	突然停电应急处理规程	编号	
		版本	A／0

一、目的

餐饮店有时会发生突然停电事件，为了加强对突然停电的处理，特制定本规程。

二、适用范围

适用于工程部所有员工。

三、内容

（1）配电值班人员接到或发现停电后，立刻到事故现场确定事故原因、事故造成停电面积及影响区域。

（2）如停电面积影响较小，要及时通知使用部门做好停电后的各项应急准备工作。

（3）如停电面积较大要及时上报，通知使用部门、大堂副理。夜间发生问题要及时通知值班经理，详细说明停电原因、影响面积、处理情况以及应急措施。

（4）需要立刻对事故现场进行处理时，首先要确定故障点，断开故障点将故障范围降到最小，减少影响营业区面积。

（5）要尽量采取临时线路保障营业区用电和必要的设备用电供应。

（6）对事故处理情况要及时与使用部门沟通，说明事故处理进展情况，让使用部门做好各项应急准备工作。

（7）事故处理完毕要及时恢复用电，并通知使用部门、夜值经理及相关岗位。

（8）供电正常后要对事故点进行监督跟踪，防止故障再次发生。

（9）事故处理完毕运行正常后，要对事故发生原因进行分析总结，找出发生故障的原因，从管理或防范角度对设备或线路进行相关改造，并整理文件备档。

（续表）

四、附则 （1）本规程由工程部主持制定，其修改、解释权归工程部所有。 （2）本规程经总经理批准后，自颁布之日起实施。

编制		审核		批准	

制度11：电梯停电应急处理管理规程

文件名称	电梯停电应急处理管理规程	编号	
		版本	A/0

一、目的

电梯停电时会引起消防系统报警，而消防系统报警会引起电梯停止运行。为了加强对电梯停电时的应急处理，特制定本规程。

二、适用范围

适用于工程部对电梯停电期间的应急处理。

三、内容

（1）当大厦出现停电事故后，电梯维修人员应手持应急照明设备第一时间到达监控室查看电梯位置。

（2）电梯维修人员到达电梯所在楼层，确定电梯的准确位置，判断是否可以放人。

（3）当电梯离地面80厘米以上时不可以放人，需要盘车到平层位置后才可放人。

（4）当确定电梯位置无法放人时，应安慰乘客："请您耐心等待，您在轿厢内最安全。"

（5）当放出被困人员后，应引导客人走安全通道离开大厦。

（6）电梯维修人员应到机房断掉所有电梯的总电源，防止电梯恢复后大电流冲击电子板。

四、附则

（1）本规程由工程部主持制定，其修改、解释权归工程部所有。

（2）本规程经总经理批准后，自颁布之日起实施。

编制		审核		批准	

制度12：节能减排管理制度

<table>
<tr><td rowspan="2">文件名称</td><td rowspan="2">节能减排管理制度</td><td>编号</td><td></td></tr>
<tr><td>版本</td><td>A／0</td></tr>
</table>

一、目的

为了做好节能减排工作，同时又不影响保养及对客服务，特制定本制度。

二、适用范围

适用于餐饮店所有员工。

三、内容

（1）餐厅有预订时，客人到后打开花灯，上菜时打开射灯，客人离开后只开工作灯收拾房间。

（2）客房室内温度控制在23℃～26℃，低于22℃或高于26℃时应通知工程部处理（指空房）。

（3）梅雨天可开抽风机、除湿机或开空调最高不超过5小时，有预订可提前30分钟开排气扇。

（4）节约用水，用水后及时关闭水龙头，发现水龙头漏水要及时处理，或通知工程部维修。

（5）不得使用酒店低值易耗品，如牙签、餐巾纸等。

（6）认真按以上规范执行，领班做好日常监督并填写节能记录，对能源浪费或违反制度者一律按50元/次进行罚款处理，累积出现3次违规则书面警告一次。

（7）各分部办公室应做到人离开时关电、关空调，违者对责任人处以10～20元罚款。

（8）前厅按照大厅灯光控制规定严格执行，违者处以10～50元罚款。

（9）花工注意节约用水并检查好水管等工具是否正常使用，违者对当事人及责任人处以10～50元罚款。

（10）违反酒店及部门其他节能项目的，根据情节处以10～50元罚款。

四、附则

（1）本制度由总经理办公室主持制定，其修改、解释权归总经理办公室。

（2）本制度经总经理批准后，自颁布之日起实施。

编制		审核		批准	

第二节　工程事务专项表格管理

餐饮店工程管理中的各类表格主要用于记录各项工作的实施状况和结果。为了确保表格具有可溯性，相关人员必须正确填写表格。工程管理常用的表格包括设备档案卡、设备设施巡查记录表、工程人员交班表等。

表格01：设备档案卡

设备档案卡

制表日期：

设备名称：＿＿＿＿＿＿（按设备铭牌填写）
设备编号：＿＿＿＿＿＿　固定资产编号：＿＿＿＿＿＿
管理类别：＿＿＿＿＿＿
相关设备编号：＿＿＿＿＿＿
规格型号：＿＿＿＿＿＿
总电功率：＿＿＿＿＿＿
制造单位：＿＿＿＿＿＿
出厂日期：＿＿年＿＿月＿＿日　出厂编号：＿＿＿＿　启用日期：＿＿年＿＿月＿＿日
保养维修电话：＿＿＿＿＿＿　免费保修至：＿＿年＿＿月＿＿日　联系人：＿＿＿＿
安装地点：＿＿＿＿＿＿　设备现状：□在用　□封存　□闲置　□报废
设备原值：＿＿＿＿＿＿　预计残值：＿＿＿＿＿＿　使用年限：＿＿＿＿＿＿
备注：＿＿＿＿＿＿

工程制表人：　　分管值班经理：　　财务：　　总经理（助理）：

表格02：设施、设备巡查记录表

设施、设备巡查记录表

位置：

签名	职务	日期/时间	检查情况（进入原因）
	□工程　□值班经理 □安保　□总经理（助理） □其他		

（续表）

签名	职务	日期/时间	检查情况（进入原因）
	□工程　□值班经理 □安保　□总经理（助理） □其他		
	□工程　□值班经理 □安保　□总经理（助理） □其他		

说明：用于电梯机房、锅炉房、配电间、泵房（给排水配设备间）、弱电房。

表格03：工程人员交班表

工程人员交班表

店名：

<table>
<tr><td colspan="2">日期：
交班人：</td><td>时间.
接班人（或值班经理）：</td></tr>
<tr><td>工具间钥匙：</td><td>对讲机：</td><td>各设备间钥匙：</td></tr>
<tr><td colspan="3">未完成保养：

原因：</td></tr>
<tr><td colspan="3">未完成维修：

原因：</td></tr>
<tr><td colspan="3">当日特殊事件：</td></tr>
<tr><td colspan="3">其他：</td></tr>
</table>

表格04：变配电间巡查记录表

变配电间巡查记录表

店名：

日期	时间	电压			电流			功率因数	变压器	计量表读数（有功）	实耗数
	8:00										
	14:00										
	20:00										
	8:00										
	14:00										
	20:00										
	8:00										
	14:00										
	20:00										

（实耗：以上午8：00与前一天上午8：00为计算单位）

表格05：电梯巡查记录表

电梯巡查记录表

店名：

日期	时间	机房温度	包闸系统	减速器油位	机组有无异常响声	机房有无异味	轿厢照明	备注
	8:00							
	14:00							
	20:00							
	8:00							
	14:00							
	20:00							
	8:00							
	14:00							
	20:00							

表格06：工程维修记录表

工程维修记录表

店名：

时间	维修地点	维修内容	维修结果	材料消耗	维修人

表格07：工程物料消耗统计表

工程物料消耗统计表

店名：

序号	名称	规格	数量	备注

表格08：消防报警系统巡视表

消防报警系统巡视表

序号	工程部巡视人	巡视时间	巡视项目				
			消防主机	烟、温感知器	消防广播电话	紧急疏散灯	喷淋头

备注：巡视项目正常的画“✓”，存在问题的画“×”。

表格09：水泵运行检查表

水泵运行检查表

检查人													
检查时间													
检查部位	1号泵	泵体											
		电动机											
		电流（A）											
	2号泵	泵体											
		电动机											
		电流（A）											
	切换开关	自动											
		手动											
		变频											
		恒定											

备注：巡视项目正常的画“✓”，存在问题的画“×”。

表格10：水、电用量年度统计表

水、电用量年度统计表

月份	水（吨）	电（度）
1月		
2月		
3月		
4月		
5月		
6月		
7月		
8月		
9月		
10月		
11月		
12月		
总计		

参 考 书 目

[1] 曾郁娟. 餐馆赢在细节. 北京：中国物资出版社，2007.

[2] 邹金宏，温俊伟. 餐饮企业岗位职责和管理制度大全. 沈阳：辽宁科学技术出版社，2007.

[3] 王穗萍. 中餐服务指南. 广州：中山大学出版社，2005.

[4] 罗光明，赵建民. 餐饮管理运行细则. 沈阳：辽宁科学技术出版社，2007.

[5] 陈树. 餐饮服务员岗位职业技能培训教程. 广州：广东经济出版社，2007.

[6] 赵涛. 餐饮企业管理制度表格流程规范大全. 北京：电子工业出版社，2012.

[7] 陈企华. 决定开餐厅盈亏的18个关键. 北京：中华工商联合出版社，2007.

[8] 尹刚. 优秀餐饮服务员工作技能手册. 北京：中国时代经济出版社，2007.

[9] 张世琪编著. 餐馆卖场设计. 沈阳：辽宁科学技术出版社，2002.

[10]《星级酒店服务培训指南》丛书编委会. 星级酒店餐饮服务员培训. 北京：中国时代经济出版社，2006.